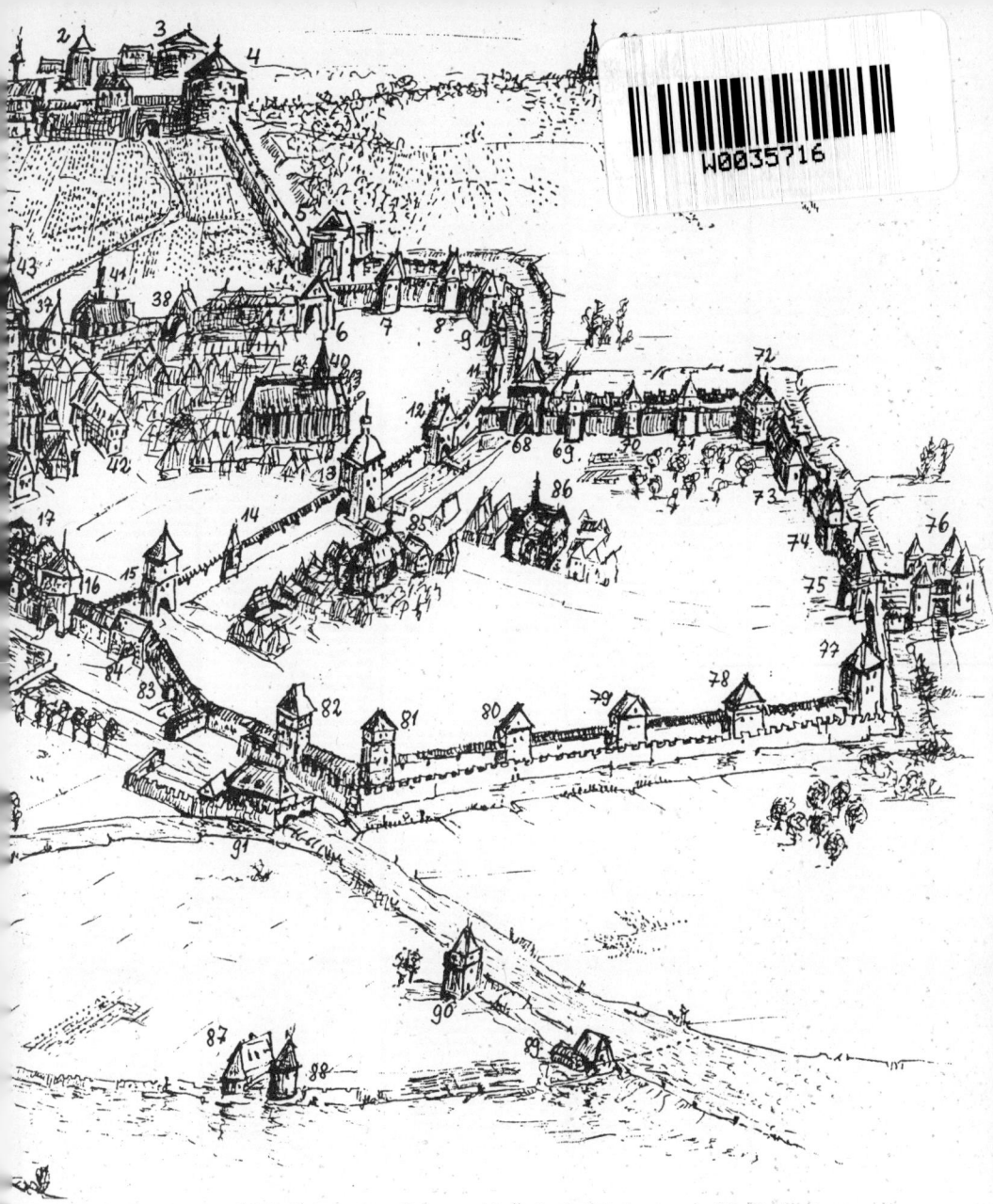

Dorothee Bayer · Esslinger Heimatbuch

Dorothee Bayer

Esslinger Heimatbuch

Illustrationen aus dem Skizzenbuch von
Ernst W. Bauer

[handschriftliche Widmung und Signatur: E. W. Bauer]

Verlag der Buchhandlung H. Th. Schmidt
Esslingen am Neckar

Inhalt

Vorwort

»Es gibt etliche Kriterien, um zu prüfen, ob einer wirklich ein rechter Esslinger ist. In der dritten Generation wenigstens sollte er aus Esslingen stammen, hier muß er zur Schule und in die Tanzstunde gegangen sein.« Das schrieb vor rund zehn Jahren Friederike Dann im Merian-Band über Esslingen am Neckar. Dorothee Bayer glaubt, diesen Kriterien gerecht zu werden. Sie ist noch an dem Rest der alten Stadtmauer beim Stumpenturm vorbei über »das Kies« zur Klavierstunde in die Bahnhofstraße geradelt. Sie erinnert sich an die alte Schmiede in der Küferstraße, an das Muhen von Kühen in den Stallungen in der Milchgasse, an Karussell und Schiffschaukel an Jakobi auf dem Hafenmarkt. Ihr sind noch Namen geläufig wie die »Froschweid'« in der Grabbrunnenstraße, der Rotenackerweg und natürlich die liebevoll-vertraulich »Pan're« genannte Panorama-, die heutige Mülbergerstraße. Ihr erstes Theaterstück hat sie »im« Kugels Saal in der Bahnhofstraße gesehen, ihr erstes Sinfoniekonzert im Gemeindehaus am Blarerplatz gehört.

Natürlich ist sie in Esslingen zur Schule gegangen, in die Schillerschule zuerst und dann in die Burgschule. Als man nach dem Krieg wieder in die Schillerschule umziehen konnte, sangen alle Kinder »Heut' ist ein freudenreicher Tag«. Und anschließend gab es Schulspeisung — Kakao mit Dampfnudeln, Grießbrei mit dicken Rosinen und süße Nudelsuppe. Die Weihnachtsfeier fand in der Waisenhofschule statt mit einer Erzählung von Selma Lagerlöf. Und zwischendurch war auch im Feuerwehrmagazin Unterricht — jedes Kind mußte zwei Briketts mitbringen, damit es einigermaßen warm wurde. Am Niklastag kam damals kein schwäbischer Pelzmärte, sondern ein Krampus, denn der Vater war noch in Frankreich, aber der Onkel Rudi aus Trautenau, dessen Familie es mittlerweile nach Esslingen verschlagen hatte, der war schon daheim. Später kam dann das Schulhaus in der Neckarstraße an die Reihe mit dem faulen und dem fleissigen Mädchen über der Tür. Es kam die Tanzstunde — im Motorenhaus »über der Brück'«, in der Friedrichsau und natürlich im Bürgersaal.

Um schließlich auch noch die dritte von Friederike Danns Bedingungen zu erfüllen: der Urgroßvater väterlicherseits war der Sulzgrieser Wengerter

Christian Friedrich Bayer in der Kelterstraße, und auch der Wiedertäufer Böhmerle vom Hainbachtal erscheint im Stammbaum. Da kamen die mütterlichen Vorfahren schon von weiter her, aus Kirchheim und aus Pfullingen. Aber als sie zu Beginn des Jahrhunderts nach Esslingen heirateten, zogen sie doch gleich mitten in die Stadt, in die Adlergasse 3, wo Rechtsanwalt Ernst Camerer, einer der Gründer des Schwäbischen Albvereins, ihr Hausherr war.

Legitimation das alles für ein »Esslinger Heimatbuch«? Ich meine ja. Dies ist kein historisches Werk wie jene von Karl Pfaff und Otto Borst. Es ist auch kein kunsthistorisches, geschweige denn ein naturkundliches Fachbuch. Es ist das Buch einer Journalistin, die ihre Heimatstadt nun schon seit mehr als vierzig Jahren erlebt – so lange, wie ein Schwabe angeblich braucht, um gescheit zu werden. Dieses Buch will den – nach Alter und Herkunft – jungen Esslingern erste Informationen geben, ihre Neugier befriedigen, ihre Fragen beantworten. Es will Zuneigung und Sympathie wecken für diese Stadt und schließlich bei den alteingesessenen Esslingern Erinnerungen bekräftigen und alte Bilder beschwören. Anspruch auf Vollständigkeit kann und will es nicht erheben. Andeuten aber und umreißen möchte es, was alles zu dieser Heimat Esslingen am Neckar gehört und was sie kennzeichnet. Von Häusern und von Menschen ist darum die Rede, von Figuren der Sage und von Esslinger Persönlichkeiten, von Spezialitäten, Sehenswürdigkeiten, Partnerstädten, vom Neckar und vom Wein. Denn Heimat ist mehr als nur ein Name und eine Postleitzahl. Heimat – das sind Orte, Menschen, Geschichten, Namen und Erinnerungen, Fixpunkte im Bild und im Jahreslauf einer Stadt, Charakteristisches und Unverwechselbares, das Orientierungshilfe gibt und es dem Menschen ermöglicht, sich mit seinem Wohnort zu identifizieren und ihn als Heimat zu erleben.

Alles, was aus diesem Buch zu erfahren ist, verdanke ich selbst dieser Stadt und ihren Menschen, zumal denen, die über sie nachgedacht, geforscht, geschrieben haben. Stellvertretend für viele nenne ich meine Lehrer und Meister Professor Dr. Helmut Dölker und Martin Kalliga, nenne ich so verdiente Stadtgeschichtsforscher wie Friedrich Fezer, Dr. Fritz Berger und Professor Dr. Otto Borst. Die »Esslinger Zeitung« hat vor Jahren die Neugierde geweckt. Die Esslinger Stadtillustrierte 7300 ES-CE, die 1200-Jahrfeier dieser Stadt, naseweise Schüler, Städtequiz-Fans, Gäste von weither – sie alle haben ihren Teil dazu beigetragen, daß dieses Buch geschrieben werden konnte. Das sei dankbar vermerkt.

Esslinger Geschichte

1200 Jahre Esslingen am Neckar

Wann Esslingen gegründet wurde, darüber schweigen selbst prominente Chronisten und bewährte Geschichtsbücher. Auch zum Jubiläumsjahr der Stadt anno 1977 konnten die Historiker mit keinem Gründungsdatum aufwarten. Dennoch durften die Esslinger in diesem Jahre mit Fug und Recht das 1200-jährige Bestehen ihrer Stadt feiern unter Berufung auf das Testament des Abtes Fulrad von St. Denis. Er hat im Jahre 777 für den Fall seines Todes seine Zelle über dem Neckar, wo der heilige Vitalis ruht, seinem Kloster St. Denis bei Paris vermacht. Aus einer Urkunde des Jahres 866 geht hervor, daß mit dieser Cella über dem Neckar nur »Hetsilinga« im Neckargau gemeint sein konnte.

1200 Jahre Esslingen am Neckar – das ist eine stolze Zahl. Die Geschichte der Stadt oder vielmehr des Platzes, an dem im Laufe vieler Generationen die heutige Stadt Esslingen entstanden ist, reicht noch weiter zurück. Bodenfunde bezeugen, daß die Gegend um Esslingen schon in der Jungsteinzeit (4000–1800 v. Chr.) und in der Bronzezeit (1800–800 v. Chr.) bewohnt war. Während der Eisenzeit (800 v. Chr.–40 n. Chr.) siedelten hier wie in ganz Süddeutschland die Kelten. Sie haben deutliche Spuren hinterlassen, Grabhügel bei der Katharinenlinde, die Viereckschanze beim Jägerhaus. Die wertvollsten Funde im Esslinger Raum stammen aus den bei Sirnau entdeckten Gräbern der Hallstatt-Zeit (ältere Eisenzeit 800– 400 v. Chr.). Ihr folgte die La-Tène-Zeit, die jüngere Eisenzeit (400 v. Chr.–40 n. Chr.), mit der die Vorgeschichte in Süddeutschland zu Ende geht.

Um 70 n. Chr. haben die Römer den Rhein überschritten. Sie bauten Kastelle bei Köngen und bei Cannstatt und die »Römerstraße« über den Schurwald. In Oberesslingen wurden Reste eines römischen Gutshofes, in Berkheim Spuren einer römischen Villa entdeckt. Dem Neckartal beim heutigen Esslingen aber scheinen die Römer keine weitere Beachtung geschenkt zu haben. Ganz anders die Alemannen, die um 260 in das römische Gebiet vordrangen. Im 5. Jahrhundert entstanden die Orte, deren

Namen auf -ingen enden, also vermutlich auch Esslingen. Hier ließ sich der Stamm der Ezzelinge nieder, der Leute eines gewissen Azzilo oder Hetsilo, über den wir Näheres nicht wissen. Zwischen 650 und 750 lebten im Neckargau und bis hinauf ins Filstal die Pleonunge, die Leute eines gewissen Pleono oder Plieno, dessen Name in dem Ortsnamen Plieningen vermutlich ebenso steckt wie in der Esslinger Pliensau, der Aue des Plieno. Der Name Plienshalde auf dem linken Neckarufer legt die Vermutung nahe, es könnte dort im Verlauf der Linie Deizisau − Sirnau einen alten Ort Pliensau gegeben haben, dessen Name im Laufe der Zeit auf eine Siedlung Pliensau auf der Neckarinsel übertragen wurde. Ob jener Alemanne namens Hafti, von dem Abt Fulrad von Saint-Denis die Vitaliszelle erhalten hat, auch zu den Pleonungen gehörte − wir wissen es nicht. Wir wissen auch nicht, ob es vielleicht Hafti und seine Familie war, deren Gräber man unter dem Schiff der ersten Vitalis-Kirche am Platz der heutigen Stadtkirche St. Dionys gefunden hat. Ein bedeutendes Geschlecht muß es jedenfalls gewesen sein, dessen Angehörige man dort begraben hat. Darauf läßt auch die steinerne Deckplatte des Kindergrabes schliessen, dessen lateinische Inschrift »In nomine domini Nordman« in das zweite Viertel des 8. Jahrhunderts datiert wird.

Aus dem Testament des Abtes Fulrad von 777 geht klar hervor, daß er die Cella über dem Neckar von Hafti erhalten hatte. Karl Pfaff nimmt an, daß auch Fulrad, der spätere Hofkaplan und engste Berater der Frankenkönige Pippin und Karls des Großen, aus einem angesehenen und wohlhabenden alemannischen Geschlecht stammte. Als nach dem Tode Karls des Großen das Frankenreich geteilt wurde, hielt es der Abt von Saint Denis offenbar für notwendig, den so weit entlegenen Besitz seines Klosters am Neckar dem besonderen Schutz des ostfränkischen Königs Ludwigs des Deutschen anzubefehlen. Ludwig der Deutsche entsprach diesem Wunsch, und zwar mit der Urkunde aus dem Jahre 866, in der zum erstenmal der Name Esslingen erscheint und in der zugleich bestätigt wird, daß dieser Ort Hetsilinga außer der Cella auch einen Markt besaß. Diesen Markt, den nach Corvey ältesten urkundlich nachgewiesenen in Deutschland, hatte es schon zur Zeit Karls des Großen gegeben. Die Kirche zum heiligen Vitalis in Esslingen muß zu jener Zeit ein beliebter Wallfahrtsort gewesen sein. Nimmt man die günstige Lage Esslingens an der wichtigen Straße von Flandern nach Oberitalien, die nur hier den Neckar überqueren konnte, und den Markt hinzu, so darf man getrost annehmen, daß Esslingen schon in karolingischer Zeit ein bedeutender Platz war, an dem Handel und Wandel blühten und der von vielen Menschen besucht wurde.

Otto Borst vertritt die Auffassung, Esslingen sei um die Mitte des 10. Jahrhunderts im Besitz der Herzöge von Schwaben gewesen. Dazu paßt die Tatsache, daß Herzog Rudolf von Schwaben, der Gegenkönig Heinrichs IV., in Esslingen einen Fürstentag abhielt, und zwar im selben Jahr 1077, als Heinrich IV. seinen Bußgang nach Canossa tat. Esslingen wäre wohl kaum als Schauplatz einer so bedeutenden Versammlung gewählt worden, wäre es nicht schon damals ein großer, für die Unterbringung zahlreicher Gäste geeigneter und natürlich auch ein gut befestigter Ort gewesen. Im gleichen Jahr fand bei Esslingen auch das Gefecht Heinrichs IV. gegen Rudolf von Rheinfelden, den Gegenkönig, statt. Karl Pfaff nimmt an, daß Esslingen nach dem Ende des Frankenreichs gleichsam als herrenloses Gut dem Reich zugefallen sei. An Ostern 1079, also zwei Jahre nach dem Fürstentag zu Esslingen, verlieh Heinrich IV. zu Regensburg einem seiner treuesten Gefolgsleute, Friedrich von Büren, die Herzogswürde in Schwaben und gab ihm zugleich seine Tochter Agnes zur Gemahlin. Laut Pfaff war neben dem Hohenstaufen auch Esslingen ein Teil der Morgengabe und kam somit in den Besitz der Hohenstaufen.

Im Glanze der Stauferzeit

Zur Zeit der Staufer erlebte Esslingen die erste, ja vielleicht die größte Blütezeit seiner Geschichte. In dieser Zeit wurde Esslingen Stadt, und zwar eine von des Reiches Städten, Freie Reichsstadt also, niemand untertan als dem Kaiser. Den Staufern verdankt Esslingen wesentliche Teile seiner Stadtbefestigung. Die Stauferzeit hat das Bild der Stadt geprägt bis heute, denn im 13. Jahrhundert entstanden bedeutende Bauten: die Stadtkirche in ihrer heutigen Gestalt, Dominikaner- und Franziskanerkirche mit ihren Klöstern, Tore, Türme und Pfleghöfe. Wann Esslingen zur Stadt erhoben, wann es zur Reichsstadt erhöht wurde, ist auf Jahr und Tag genau urkundlich nicht belegt. Es könnte unter Friedrich II., aber auch schon vor 1190 unter Friedrich I. Barbarossa gewesen sein. Als Stadt erscheint Esslingen erstmals in einer Urkunde des Jahres 1219.
Die Staufer haben sich der Überlieferung zufolge oft und gern in Esslingen aufgehalten. Es scheint, so schreibt Otto Borst − »als ob gerade Esslingen damals in diesem letzten Aufblühen Bürge gewesen sei für das, was Friedrich II. − von Cividale und Capua aus hat er Esslinger Angelegenheiten geregelt − als Wunschbild für eine ganze Epoche verkörpern mochte: hohes Menschentum, das heiter, beherrscht, über den Gezeiten stehend, in weiten Räumen zu denken und zu handeln gewohnt war. Die Umrisse der ‚Führerin der Städte unter der Alb‘ hat Esslingen in der Stauferzeit erhalten. Die bis in die Reformationszeit andauernde geistige Führerstellung gründet sich in dieser Epoche.«

Der 1208 in Bamberg ermordete Philipp von Schwaben war von Esslingen aus zum Kampf gegen Otto von Sachsen ausgezogen. Als sein Neffe Friedrich II. am 30. Dezember 1213 den Leichnam seines ermordeten Oheims im Dom zu Speyer beisetzen ließ, schenkte er die Esslinger Kirche mit allen Einkünften dem Domkapitel zu Speyer, auf daß dort alljährlich für seinen Vater Heinrich VI. und für Philipp von Schwaben Seelenmessen gelesen würden. Die Söhne Friedrichs II., Heinrich VII. und Konrad IV., hielten gern in Esslingen Hof. Ehe Konrad IV. 1241 zum Kreuzzug gegen die Mongolen aufbrach, sammelte er sein Gefolge in Esslingen. Konrads Sohn Konradin hat in einer Urkunde von 1267 Esslingen regelrecht als »seine Stadt« bezeichnet. Noch im selben Jahr, am 31. März 1267, brach er − von Esslingen aus − auf zur Reise nach Neapel, wo er ein Jahr später enthauptet wurde.

Im Jahre 1273 wurde Rudolf von Habsburg deutscher König. Neben den Geschlechtern, den alten Patrizierfamilien der Stadt, den Kirchhof, Burgermeister und Schöllkopf, den Ungelter, Remser, Steinbiß und Truhlieb, machten nun in zunehmendem Maße die Zünfte von sich reden. Sie wollten teilhaben an der Verwaltung der Stadt. Diese Mitwirkung an der kommunalen Selbstverwaltung ermöglichte ihnen die neue Verfassung, die Rudolf von Habsburg 1284 »zu Ehren und Frieden der Stadt« Esslingen gegeben hat. Kein Wunder, wenn die Esslinger nun den anfänglich nicht so sehr geliebten Rudolf »unseren lieben Kaiser« nannten. Es tat freilich auch not, daß die Reichsstädter und ihr Kaiser zusammenhielten, denn nun begann eine Zeit, die geprägt war von den Auseinandersetzungen zwischen der Reichsstadt Esslingen und den Grafen von Württemberg. Das begann zur Regierungszeit des Grafen Eberhard I., des Erlauchten (1265−1325), mit der Belagerung von Stuttgart, zu der König Rudolf 1286 von Esslingen aus aufgebrochen war.

Zwist mit den Nachbarn

Im Reichskrieg Kaiser Heinrichs VII. gegen Graf Eberhard I. (1310−1313) spielte Esslingen eine führende Rolle. 1310 haben die Städter die Grablege der Württemberger in Beutelsbach verwüstet und ihre Stammburg auf dem Wirtemberg, dem heutigen Rotenberg, niedergebrannt. Die Württemberger rächten sich, indem sie in die unbewehrten Filialorte der Reichsstadt einfielen. Die Methoden der Widersacher waren und blieben zwei Jahrhunderte lang dieselben: man zündete einander gegenseitig Klöster und Dörfer an, verwüstete Weinberge, fällte Obstbäume, trieb das Vieh weg und lieferte sich zu all diesen nachbarlichen Schikanen auch noch manche blutige Schlacht, der schlimmsten eine anno 1449 am Mutzenreis, wo die Städter arge Verluste hinzunehmen hatten. 1312 aber hatten sie noch die Oberhand, in dem denkwürdigen Jahr, in dem sich Stuttgart und einige andere württembergische Städte, darunter Neuffen, Waiblingen, Schorndorf und Backnang, »dem Reich und der Stadt Esslingen«, unterwerfen mußten. Vier Jahre lang, bis zum Friedensschluß von 1316, war Stuttgart eine Esslinger Landstadt.

Auch Karl IV., wohl der bedeutendste unter den deutschen Herrschern des Mittelalters, hielt sich in Esslingen auf, und zwar bei einem Reichskonvent im Jahre 1359. Und auch dieser kaiserliche Besuch hatte Händel zwischen den Esslingern und den Württembergern zur Folge, die diesmal allerdings die Reichsstädter sich selbst zuzuschreiben hatten. Die Zünfte hatten offenbar geargwöhnt, der Kaiser wolle bei seinem Aufenthalt in Esslingen die Zunftverfassung wieder abschaffen. Also inszenierten sie einen Aufstand gegen Karl IV., der sich den aufgebrachten Handwerkern nur durch eine rasche Flucht aus seinem Domizil im Franziskanerkloster entziehen konnte. Die Strafe folgte auf dem Fuße: der Kaiser ließ Esslingen durch Graf Eberhard II., den Greiner, belagern und erlegte der Stadt ein Bußgeld in Höhe von 100 000 Gulden auf. Neue Streitigkeiten zwischen den Grafen von Württemberg und den Reichsstädten begannen, ein Städtekrieg, der erst 1389 ein Ende fand. Es war der Krieg, dem Ludwig Uhland mit seinen Balladen »Der Überfall im Wildbad« (1367), »Die Reutlinger Schlacht« (1377) und »Die Schlacht bei Döffingen« (1388) ein anschauliches Denkmal gesetzt hat. Das alles aber hinderte Esslingen und seine Bürger nicht daran, ihren Reichtum zu mehren. Nach 1360 hat sich das Steuervermögen der Stadt innerhalb weniger Jahre verdoppelt. Esslingen war damit − Augsburg nahezu vergleichbar − eine der reichsten Städte jener Zeit. Doch dem Reichtum drohte Gefahr. Um die Mitte des 15. Jahrhunderts, zur Regierungszeit Ulrichs V., des Vielgeliebten, brach der sogenannte Große Städtekrieg aus, der erst durch den Friedensschluß zu Ansbach 1454 beendet wurde. Die Esslinger hatten unterdes erkannt, daß sie in einem schwachen und fernen Kaiser weniger Beistand hatten als in einem Beschützer, der zugleich stark und in ihrer Nähe war. So begaben sie sich zunächst unter die Schirmherrschaft der Markgrafen von Baden und dann sogar unter die ihrer langjährigen Widersacher, der Grafen von Württemberg. 1473, in der Regierungszeit des Grafen Eberhard V. im Barte (1450−1497), wurde der erste Schirmvertrag der Esslinger mit den württembergischen Grafen geschlossen; 1477 wurde dieser Vertrag erneuert. Mit Eberhard im Bart, »Württembergs geliebtem Herrn«, scheinen sich auch die Esslinger gut verstanden zu haben. Das gute Einvernehmen zwischen den Nachbarn am Neckar und am Nesenbach änderte sich aber rasch wieder, als Herzog Ulrich (1498–1550) an die Regierung kam. 1519 entbrannte der letzte erbitterte Streit zwischen Württemberg und Esslingen. Die Städte Reutlingen, Ulm und Augsburg schickten Verstärkung für die bedrängte Reichsstadt Esslingen. Im Hainbachtal hatte Herzog Ulrich sein Hauptquartier. Von der Ebershalde aus beschoß er die Stadt. Aber Esslingen hatte starke Bundesgenossen im Schwäbischen Bund, einer 1488 auf Betreiben des Kaisers in Esslingen gegründeten Vereinigung von Grafen, Freiherren, Rittern und von Reichsstädten. Noch 1519 bezwangen die Truppen des Schwäbischen Bundes Herzog Ulrich und seine Vasallen. Mit dem sagenhaften Sprung von der Köngener Neckarbrücke entzog sich der Herzog seinen Verfolgern, die ihn schließlich aus dem Lande vertrieben. Württemberg geriet für fünfzehn Jahre unter österreichische Herrschaft. Erst 1534 gelang es Herzog Ulrich, sein Land zurückzuerobern.

Neue Lehre – neue Zucht

Stand Esslingens Geschichte im 14. und 15. Jahrhundert ganz im Zeichen der Städtekriege, der Auseinandersetzungen mit den württembergischen Nachbarn, so folgte nun im 16. Jahrhundert die unruhige Zeit der Reformation. Im 17. und 18. Jahrhundert waren es dann vor allem die Franzosen, die auch in Esslingen für Unruhe sorgten. Esslingen tat sich nicht leicht mit der Reformation, obwohl es mit dem Augustinermönch Michael Stifel, einem Sohn der Stadt, beizeiten einen glühenden Verfechter der Lehre Luthers hatte. Im Esslinger Augustinerkloster fand auch Luthers Freund Johannes Lonicer vorübergehend Aufnahme. Der Pfarrer von St. Dionys aber, Dr. Balthasar Sattler, war ebenso ein Anhänger der alten Lehre wie der damalige Esslinger Bürgermeister Hans Holdermann. Der wollte es nicht mit dem Kaiser verderben, eine durchaus begreifliche Haltung angesichts der Tatsache, daß Esslingen von Württemberg buchstäblich eingekreist und dennoch willens war, seine Selbständigkeit nicht preiszugeben. So wurde das von Melanchthon verfaßte Augsburger Bekenntnis 1530 nur von den Städten Nürnberg und Reutlingen, aber nicht von Esslingen und auch noch nicht von Ulm unterzeichnet. Um sich gegen die Feinde des neuen Glaubens gemeinsam besser verteidigen zu können, wurde 1530 der Schmalkaldische Bund gegründet, dem noch im gleichen Jahr die schwäbischen Reichsstädte Ulm, Reutlingen, Biberach und Isny beitraten. Damit änderte sich auch für Esslingen die Lage.
Am 20. August 1531 beschlossen Bürgermeister und Rat der Stadt Esslingen, »zum Lob und zur Ehre Gottes und zur Besserung des Lebens

Über die Türme der Stadtkirche St. Dionys und das Glockentürmchen des Alten Rathauses geht der Blick zur Burg mit Hochwacht und Dickem Turm.

aller einen christlichen evangelischen Prediger anzustellen und das heilige Evangelium klar und lauter predigen zu lassen«. Aus Geislingen, wo er gerade tätig war, holte man den Konstanzer Reformator Ambrosius Blarer. Er, der auch in Memmingen, Ulm, Isny, Lindau, Augsburg, Biel und Winterthur gewirkt hat, hielt sich ein Dreivierteljahr lang in Esslingen auf und fand starken Zulauf. Trotz des vom Speyerer Domkapitel erhobenen Einspruchs hatte man ihm die Kanzel der Stadtkirche eingeräumt. Schon zwei Monate nach Blarers erster Predigt in Esslingen ließ der Rat die Bürgerschaft, vertreten durch die Zünfte, darüber abstimmen, ob sie die endgültige Durchführung der Reformation wünsche oder beim alten Glauben bleiben wolle. Von rund 1000 befragten Bürgern sprachen sich nur 21 gegen die Reformation aus.

Nun wurde die Messe abgeschafft und eine Zuchtordnung erlassen mit dem Ziel, »dafür zu sorgen, daß in der Stadt nicht nur das heilige Evangelium gepredigt und gelehrt wird, sondern daß auch jung und alt mit christlicher Zucht und Ehrbarkeit danach leben«. Die Stadt übernahm die vier Klöster, für das Spital wurde eine neue Ordnung erlassen, der Kirchen- und Armenkasten wurde gegründet. Es darf aber auch nicht verschwiegen werden, daß dem Bildersturm zahlreiche wertvolle Kunstschätze aus den Esslinger Kirchen zum Opfer fielen. Ein Bericht der Weißenburger Chronik gereicht den Esslingern nicht gerade zur Ehre, nach dem anläßlich der Hochzeit »eines Pfaffen zu Esslingen« mit einer Nonne alle Speisen auf einem Feuer gekocht worden seien, in dem die Bilderrahmen zerstörter Kunstwerke verbrannten.

Blarers Nachfolger Jakob Otter aus Aarau erließ eine Gottesdienstordnung, eine Kirchenordnung und eine Schulordnung. Und noch einer hat eine wichtige Rolle gespielt in der Entwicklung zu einer evangelischen Stadt: der Kanzler der Universität Tübingen und Schöpfer der die Protestanten Deutschlands zur Einigung rufenden Konkordienformel, Jakob Andreä.1567, neunzig Jahre nach ihrer Gründung, verlegte die Universität Tübingen vorübergehend ihren Sitz nach Esslingen, weil in Tübingen die Pest ausgebrochen war. Unter Andreäs Einfluß kam der Esslinger Rat zu dem Entschluß, das Interim abzuschaffen und den katholischen Gottesdienst künftig auf die Kapelle des ehemaligen Kaisheimer Pfleghofs zu beschränken. Andreäs Esslinger Predigten bewirkten auch die Wendung des Esslinger Protestantismus vom Zwinglianismus Blarer'scher Prägung zum eindeutigen Luthertum.

Zuvor noch, kurz nach dem Schmalkaldischen Krieg von 1567/47, hatte Esslingen wieder einmal hohen Besuch. Karl V., damals auf dem Höhepunkt seiner Macht, war im Sommer 1548 in Süddeutschland unterwegs, um seine reichsstädtischen Untertanen auf das Interim einzuschwören, sie zu tadeln und zu strafen, wo sie das Interim nicht anerkannten. So kam er am 29. August 1548 auf dem Wege von Ulm über Kirchheim nach Esslingen. Der Kaiser reiste mit großen Troß und mit viel Gepränge. Im Salemer Pfleghof nahm er Quartier. Doch dürfte die ganze Stadt in jenen Tagen einem Heerlager geglichen haben, wenn man dem Chronisten Dreytwein glauben will, der berichtet von »vielem Gesinde von welschem und deutschem Volk und 800 Maultieren, die waren alle schwer beladen mit mancherlei Rüstung, Bettgewand, Kleidern und Kleinodien; da wurden geführt Bären, Affen, englische und spanische Hunde und wohl 6 – 700 Wagen mit viel Gefangenen; auch kamen drei Fähnlein Knechte rot und weiß und des Kaisers Leibwache zu Pferd in schwarzsamtenen Rökken und Harnischen.« Der Kaiser nahm an einer Messe in der Stadtkirche teil und sorgte für die Entlassung der evangelischen Geistlichen.

Von weit stärkerer Folgewirkung aber war die von Karl V. 1552 angeordnete Abschaffung der Zunftverfassung. Gegen den Willen des größten Teils der Bürgerschaft setzte der Kaiserliche Rat Dr. Haas einen Geheimen Rat ein, dem nur wenige Patrizier angehörten. Die Esslinger sprachen spöttisch vom »Hasenrat«. Die Zünfte verloren ihren Einfluß auf die Geschicke der Stadt. »Die Regierung« — so Paul Schüz — »kam in die Hände weniger Geschlechter, und die reichsstädtische Verwaltung versank allmählich in spießbürgerliche Enge und Vetterleswirtschaft.« Nicht anders sieht es Otto Borst, wenn er von der »kleinlichen Welt in der Spätzeit der Reichsstadt« spricht und feststellt: »Eine etwas verhockte, abgestandene Atmosphäre ist so geworden, die merkwürdig durchsetzt war mit einem gereizten, geradezu aufsässigen Verteidigenwollen der eigenen Freiheiten und Privilegien«. Zur Enge − im ganz wörtlichen Sinn − der Esslinger Verhältnisse trug natürlich auch der württembergische Nachbar bei. Esslingens Territorium war, verglichen etwa mit Ulm, nicht groß. Die Stadtgrenze war zugleich Staatsgrenze. Und je mehr Macht und Ansehen der württembergischen Herzöge jenseits dieser Grenze wuchsen, desto üppiger wucherten die − bis heute zwar nicht eingestandenen, aber zuweilen noch immer spürbaren − Esslinger Komplexe, die mit Reichsstadt-Dünkel kräftig kompensiert wurden, auch wenn − oder gerade weil − die Glanzzeit wahrer Reichsstadtherrlichkeit längst vorüber war. Esslingen − man kann es sich gut vorstellen − wurde eine brave, rechtschaffene Stadt, in der fleißig gelernt und gearbeitet wurde, der Sinn für große Zusammenhänge und weite Perspektiven aber mehr und mehr verkümmerte, obwohl − so Otto Borst − »eine Reichsstadt wie das alte Esslingen unmittelbar zum Reich hin, nach Wien und zu den Reichsinstitutionen in Regensburg und Wetzlar orientiert war«. Zwischendurch einmal brachten angesehene Institutionen, die sich vorübergehend in Esslingen niederließen, Glanz und frischen Wind in die Stadt, so in den Jahren 1524 bis 1527 Reichsregiment und Reichskammergericht, 1567 und 1571 die Universität Tübingen.

Krieg und Feuersnot

Schlimme Zeiten brachen auch über Esslingen mit dem 30-jährigen Krieg herein. Ständig wechselnde Einquartierungen − Spanier, Schweden, Franzosen − machten der Bürgerschaft schwer zu schaffen. Am schlimmsten war es nach der Schlacht bei Nördlingen im September 1634, als rund 12 000 Flüchtlinge in die Stadt strömten. Ein Jahr später wütete in Esslingen die Pest; sie soll zwischen 8 000 und 10 000 Opfer gefordert haben. Nur mit einem hatte Esslingen in jener schweren Zeit Glück, mit dem damals regierenden Bürgermeister Georg Wagner. Der gebürtige Esslinger (1605−1661) machte nach dem Studium der Rechtswissenschaften in Tübingen in seiner Heimatstadt Karriere, zuerst als Spitalschreiber, dann als Spitalmeister, als Oberumgelter und schließlich als Bürgermeister. Georg Wagner muß eine im wörtlichen wie im übertragenen Sinne überragende Persönlichkeit gewesen sein. Er vertrat Esslingen und acht

weitere Reichsstädte bei den Friedensverhandlungen von Münster und
Osnabrück. Seinem Sachverstand und seinem Ansehen ist es zu verdanken, daß die damals bedrohte Selbständigkeit der Reichsstädte gerettet
und bewahrt werden konnte. Diplomatisches Geschick bewies Wagner
aber auch im Umgang mit den württembergischen Nachbarn, sonst hätte
ihn Herzog Eberhard III. wohl kaum seinen guten Freund genannt.

Was mit dem 30-jährigen Krieg begonnen hatte, setzte sich in Süddeutschland fort mit den Franzosenkriegen zur Zeit Ludwigs XIV. und dem Spa-
nischen Erbfolgekrieg (1701–1714) – Einquartierung, Plünderung,
wirtschaftliche Not und menschliches Leid. 1688 fiel Mélac mit seinen
Truppen in Esslingen ein. 1693 besetzte General Mazel die Stadt, 1707
General Villars. In diesen ohnehin schon schweren Kriegs- und Notzei-
ten wurde die Stadt Esslingen von einer zusätzlichen Katastrophe betrof-
fen, dem großen Stadtbrand des Jahres 1701. Mehr als 200 Gebäude fielen der Feuersbrunst vom 25. Oktober 1701 zum Opfer, darunter das
Rathaus am Roßneckar und die meisten Zunfthäuser. Das Feuer war in
der Herberge zum Schwarzen Adler in der Strohstraße zwischen Grunstraße und Hafenmarkt ausgebrochen. Der Adlerwirt Johann Christoph
Wagner hatte an diesem Abend den Amtmann Mentzel von Jebenhausen
und zwei Weinfuhrleute als Übernachtungsgäste. Mentzel saß nach dem
Abendessen noch eine Weile mit den Wirtsleuten zusammen und suchte
gegen zehn Uhr sein Zimmer auf. Eine Stunde später aber erwachte er,
spürte Rauch und sah, »daß es auf der Gassen licht sei«. Ob der Wirt, womöglich betrunken, beim Schein der Kerze eingeschlafen war, ob ein
heruntergebranntes Licht auf dem Tisch verschütteten Branntwein ent-
zündet hatte – das hat später auch eine gerichtliche Untersuchung nicht
an den Tag bringen können.

Der Brand wütete sechsunddreißig Stunden lang und richtete einen
Schaden von mehr als 200 000 Gulden an. Aus nah und fern waren Feuer-
wehren und andere Helfer Esslingen zu Hilfe geeilt: aus Stuttgart, Cann-
statt, Öffingen und Marbach, aus Nürtingen, Reutlingen, Göppingen,
Urach und Neuffen, aus Schorndorf und aus Waiblingen. Ein ganzes
Stadtviertel ist damals völlig abgebrannt. Über welches Gebiet sich der
Brand erstreckte, das verraten heute ziemlich genau die Barockbauten im
Esslinger Stadtkern, allen voran das ehemalige reichsstädtische Rathaus,
das heutige Amtsgericht, aber auch der Ritterbau, die Fischbrunnen-
Apotheke, der Palm'sche Bau und der Fürstenfelder Hof. Es brannte von
der Ritterstraße bis zur Zehentgasse und zur Hirschgasse, vom Spritzen-
gässle an auf beiden Seiten der Strohgasse über die Heugasse hinweg bis
zur Webergasse, wo das Haus zum Wolf gerade noch gerettet werden
konnte.

Im ersten Drittel des 18. Jahrhunderts ist in dem vom Brand zerstörten Quartier das barocke Viertel der Esslinger Altstadt entstanden. In diesen Bauten, die einen ganz neuen Geist atmen, die von einem Stil geprägt sind, der sich gänzlich von den mittelalterlichen Steinbauten des alten Esslingen unterscheidet, kommt sichtbar zum Ausdruck, was Otto Borst »Ansätze innerer Erneuerung« nennt. »Es ist kein Zufall«, so schreibt er, »daß wir in Esslingen, ein paar Wegstunden vom Herzen des altwürttembergischen Territoriums entfernt, plötzlich vor einem österreichischen Barockpalazzo stehen, den wir ebenso in Brünn, in Linz oder in der Wiener Herrengasse finden könnten. Allein mit diesen beiden Palmischen Bauten ist die reichische Atmosphäre und Aufgabe Esslingens in einzigartiger Weise erhalten.« Es war nicht zuletzt die Familie Palm, die aus Schorndorf gebürtigen Ulmer und Wiener Freiherren und Reichsfürsten, die solch weltläufigen Glanz nach Esslingen brachte. Schubart zeigte sich 1767 begeistert von dem »offenen Wesen«, das ihm in Esslingen begegnete. Die Bürger drängten nun wieder nach Mitwirkung und Teilhabe an den öffentlichen Belangen. Bekannte Namen tauchen auf von Historikern und Naturwissenschaftlern: Johann Philipp Datt, Johann Gottlieb Kandler, Tobias Mayer, Philipp Matthäus Hahn.

Esslingen wird württembergisch

Eine neue Zeit hatte begonnen. Doch eine andere ging zu Ende: Esslingens reichsstädtische Ära, die Jahrhunderte gedauert hatte und durch den Frieden von Lunéville 1803 ein jähes Ende fand. Aus des Heiligen Römischen Reiches Stadt wurde die württembergische Oberamtsstadt Esslingen. Als Ersatz für den Verlust linksrheinischer Gebiete, darunter Mömpelgard und Reichenweiher, hatte Napoleon dem württembergischen Herzog Friedrich, dem späteren König Friedrich, neun Reichsstädte zugestanden. Und so geschah es, daß am 6. September 1802 der württembergische Regierungsrat Wächter und wenig später der Hauptmann Welling mit etlichen Offizieren und 120 Mann in Esslingen erschien, um den Esslingern sinnfällig klar zu machen, daß fortan ein anderer Herr für sie zuständig sei. Am 23. November 1802, also noch vor dem Reichsdeputationshauptschluß, erfolgte nach der militärischen auch die zivile Besitzergreifung Esslingens durch Württemberg. Vor dem Großen und dem Kleinen Rat, der Geistlichkeit und den Honoratioren der Stadt verlas Regierungsrat Wächter das herzogliche Manifest, das noch am selben Tag überall in der Stadt angeschlagen wurde.

Den Stadtoberen und der Bevölkerung wurde also kund und zu wissen getan, daß »wir, Friedrich der Zweite von Gottes Gnaden, Herzog von Württemberg und Teck, den Bürgermeistern und Magistrat, den geistlichen und weltlichen Beamten und Dienern, so wie den sämtlichen Bürgern, Einwohnern und Unterthanen der Reichsstadt Eßlingen und des dazu gehörigen Gebiets Unsere Herzogliche Gnade und alles Gute« entboten. Und Seine Herzogliche Gnaden fuhren fort: »Da Uns durch die – in Gefolge des Lüneviller Friedens – gepflogenen Unterhandlungen, unter andern Ländern, Gebieten und Orten, auch die Reichsstadt Eßlingen mit dem dazu gehörigen Gebiet, Landeshoheitlichen und andern Rechten, Einkünften und allen Appertinenzien zur Entschädigung wegen Unserer bisherigen jenseits des Rheins gelegenen, des Friedens willen aber an die französische Republik abgetretenen Länder und Herrschaften, als eine erbliche Besitzung zugetheilt und zugeeignet worden ist, so haben Wir in dessen Gemäßheit und unter den vorliegenden Umständen beschlossen, nunmehr von gedachter Reichsstadt Eßlingen mit dem dazu gehörigen Gebiet, Landeshoheitlichen und andern Rechten, Einkünften und allen Zuständigkeiten, wirklichen Besitz nehmen zu lassen.«

Und damit war es geschehen: Esslingen am Neckar war nicht mehr Freie Reichsstadt, sondern württembergische Oberamtsstadt, nicht mehr unmittelbar dem Kaiser untertan, sondern ein Teil des Herzogtums Württemberg. Die Bürger erfuhren es durch den Anschlag der herzoglichen Proklamation allenthalben in der Stadt. Der reichsstädtische Magistrat hatte nichts mehr zu sagen. Anstelle des bisherigen Bürgermeisters schwang nun ein württembergischer Oberamtmann im Esslinger Rathaus das Szepter. Der zuletzt amtierende 72-jährige Amtsbürgermeister Philipp Eberhard Göschel hat dies nicht mehr erlebt. Als er – mit einiger Verspätung – am 29. März 1803 dem Oberamtmann in seinem bisherigen Rathaus nach einigem Zögern den Antrittsbesuch machen wollte, traf ihn noch im Vorzimmer ein Herzschlag, und er starb auf der Stelle. Ob ihm die neue Regentschaft, ob verletzter Stolz, ob Resignation und Enttäuschung das Herz gebrochen haben – wer weiß.

»Für Esslingen« – so Fritz Berger – »begann mit der Einverleibung eine Zeit herrschaftlicher Willkür und mannigfacher Ausbeutung, die erst 1824, nach langem, zähem Ringen um einen Ausgleich und unter einem neuen, gerechter denkenden König zu einer gewissen Wiedergutmachung führte.« In diesem Jahr 1824 erzielte die Stadt Esslingen eine gütliche Übereinkunft mit einer der Kommissionen, die in der Regierungszeit König Wilhelms I. eingesetzt worden waren zur Prüfung der Beschwerden der ehemaligen Reichsstädte gegen die Organisationsverfügungen von 1803. Esslingen hatte, als es württembergisch wurde, eine Fläche von

60 qkm und rund 10 700 Einwohner, davon 5207 in der eigentlichen Kernstadt, 1953 in den Filialorten und 3541 in den Spitaldörfern Deizisau, Möhringen und Vaihingen. Mit diesen drei Dörfern zusammen bildete Esslingen zunächst auch ein eigenes, zum Kreis Stuttgart gehöriges Oberamt. Sitz des Oberamts wurde der Ritterbau neben dem ehemaligen reichsstädtischen Rathaus. Erst im Jahre 1938 wurde Esslingen Kreisstadt eines der damals 34 württembergischen Landkreise.

Neuer Ruhm als Industriestadt

Mit dem Ende der Reichsstadt wurde der Schlußstrich unter ein besonders wichtiges Kapitel der Esslinger Geschichte gezogen. Und zugleich begann eine neue Ära, die sich am Ende als ebenso bedeutsam und reputationsträchtig erwies. Die Reichsstadt war tot — es lebte die Industriestadt Esslingen. Wer sich mit der Esslinger Industriegeschichte beschäftigt, tut gut daran, auf den Spuren von Otto Borst zu bleiben, der diese Geschichte wie kein anderer erforscht, geschrieben und kommentiert hat. Von ihm stammt auch der Hinweis, daß »kaum eine der alten reichsstädtischen Familien Esslingens auf die Dauer an dieser völlig andersartigen Entwicklung im Raum der Wirtschaft teilgenommen hat«. Die Patrizierfamilien der Reichsstadt trugen andere Namen als die Honoratioren der Industriestadt Esslingen. Nur die beiden ältesten Esslinger Betriebe waren das Werk alteingesessener Esslinger Familien: die 1534 gegründete Metallwarenfabrik Christian Wagner und die Windenfabrik Straßacker (seit 1640). Sie waren noch im Jahre 1802 die beiden einzigen auf fabrikmäßige Herstellung bedachten Handwerksbetriebe. Doch dann kam schlagartig der große Aufschwung: bereits drei Jahrzehnte später stand Esslingen der Arbeiterzahl und der durchschnittlichen Betriebsgröße nach an erster Stelle unter den württembergischen Städten. 1842 zählte man achtzehn Fabriken mit insgesamt rund 1500 Arbeitern. Die Impulse zu diesem Aufschwung und zahlreiche Persönlichkeiten dieser Gründerjahre der Industriestadt Esslingen aber waren zu einem großen Teil von außen gekommen. »Die ersten Betriebe der metallverarbeitenden Industrie und der Lederhandschuhindustrie sind von den Herrnhutern Rudy und Bodmer aus Neuwied gegründet worden ... Auch die beiden Deffner, Paul Friedrich Dick, Emil Keßler, die Merkel, die Kienlin, die Boley — sie alle kommen aus der Fremde oder haben sich lange dort umgetan, mit einem Weitblick, der sie beispielsweise schon 1832 in Stuttgart um eine Zollunion mit Preußen eingeben oder 1869 einen Gewerbeverein in Esslingen gründen ließ.« (Otto Borst)

1810 gründete Christian Gottlieb Steudel die erste Esslinger Fabrik im eigentlichen Sinne, eine Tuchfabrik. Ihr folgten noch im selben Jahr die Handschuhfabrik von Caspar Bodmer und die Blechlackierfabrik Rudy & Co., 1813 die mechanische Baumwollspinnerei von Christian Schöllkopf, 1815 die Metallwarenfabrik C. Deffner, anfangs der zwanziger Jahre die Textilfabriken Kessler und Hübler und Gebrüder Hardtmann am Wehr in der Kanalstraße, 1816 die Sektkellerei Kessler und schließlich 1846 die Maschinenfabrik Esslingen, die zwanzig Jahre später, 1866, bereits tausend Arbeiter zählte. Bei den meisten Fabrikgründungen der ersten Zeit spielte die in Esslingen dank seiner Kanäle reichlich vorhandene Wasserkraft eine wichtige Rolle.

In der Nikolauskapelle auf der Inneren Brücke hatte von 1822 bis 1848 eine heute weltweit bekannte Firma, die 1778 gegründete Feilenfabrik Friedrich Dick, ihre erste Werkstatt. Die Firma Merkel & Kienlin nahm 1830 in der Heugasse die Arbeit auf, die Firma J. Eberspächer (Glasdachbau und Kfz-Zubehör) in der Webergasse. 1831 wurde das Druck- und Verlagshaus J.F. Schreiber gegründet. Die Schwerpunkte lagen in der Anfangszeit der Esslinger Industrie auf Textil- und Lederverarbeitung, Metall- und Werkzeugindustrie. Otto Borst sagt es so: »Für Esslingen und das erste Drittel des 19. Jahrhunderts wird man vereinfacht sagen dürfen: Carl Christian Ulrich Deffner hat die Esslinger Metallwarenindustrie begründet, Georg Christian Kessler das Nahrungs- und Genußmittelgewerbe und zugleich die Textilindustrie, Rudy und Bodmer die Leder-, bzw. Lederhandschuhindustrie, Paul Friedrich Dick, freilich erst nach 1860, die Werkzeugindustrie.«

Während zunächst Textil- und Handschuhindustrie an erster Stelle standen, rückte um 1860 die Metallindustrie auf den ersten Platz. Zum Werkzeug- und Maschinenbau gesellte sich die Präzisionsindustrie. Die Firma Carl Mahr, heute weltweit angesehene Spezialfabrik für Lehren und Feinmeßgeräte, eröffnete 1861 den Reigen der Neugründungen der sechziger Jahre. Ihr folgten 1863 die Pressenfabrik Fritz Müller, 1865 J. Eberspächer, 1866 die Metallwarenfabrik Quist, 1868 das Druck- und Verlagshaus Bechtle. In den siebziger und achtziger Jahren gegründet wurden die Maschinenfabrik G. Boley (1870), die Präzisionsmeßzeug- und Maschinenfabrik C. Stiefelmayer (1874), die Lederfabrik J.H. Roser (1875), die Firma Richard Hengstenberg, bekannt vor allem als Hersteller von Weinessig und Sauerkonserven (1876), die Maschinenfabrik L.H. Lorch (1877), Kölle-Maschinenbau (1882), Pebra – Paul Braun (1884), die Lederfabrik Gerecke (1886), Langheck & Co. (1889).

Dies war nun auch die Zeit der ersten großen Industriebauten in Esslingen. Zuerst am Neckarufer und an den Kanälen, dann zwischen Bahnhof und Schlachthausbrücke und in der Pliensauvorstadt wuchsen in rascher Folge die Industriegebiete der Gründerzeit mit ragenden Schornsteinen und prächtigen Backsteinbauten, dazu oft bemerkenswerte Villen im Jugendstil. Um die Jahrhundertwende erweiterten die Firmen J. Waimer (1896), Georg Reicherter (1899), Roth & Müller (1904) und Boley & Leinen (1905) den Kreis der Maschinenbauer in Esslingen. 1905 wurden die Neckarwerke − Elektrizitätsversorgungs-AG − gegründet. Im selben Jahr übernahmen F. & W. Mayer die Harburger'sche Buchdruckerei. Zu den letzten Vorkriegsgründungen zählen die Präzisionswerkzeugfabrik Fahrion (1908), die Werkzeug- und Maschinenfabrik Ortlieb (1911), Ritter Aluminium (1914) und die Index-Werke Hahn & Tessky, Hersteller von Drehautomaten (1914). Nach dem 1. Weltkrieg folgten eine weitere Reihe von Firmengründungen, die ihren Teil zum heute weltweiten Ansehen der Industriestadt Esslingen am Neckar beigetragen haben: 1919 die Maschinenfabrik Bohner & Köhle, 1922 die Maschinenfabrik DELMAG Reinhold Dornfeld, 1923 die elektrotechnische Fabrik Elektror Karl W. Müller, 1924 das Radiotechnische Werk Richard Hirschmann, 1925 die Maschinenfabrik FESTO Pneumatic Gottlieb Stoll, 1926 die IWA-Rechenschieberfabrik F. Riehle und schließlich 1927 die Firma Eberhard Bauer Getriebe-Motoren.

Das »rote Esslingen«

Die Geburtsstunde der Industriestadt Esslingen brachte aber nicht allein die Ära der Gründerzeit-Patriarchen, des familiär-kollegialen »Fabrikkranz« oder »Fabrik-Kaffee« und der wohlhabenden Honoratioren mit sich, sie war auch die Geburtsstunde des »roten Esslingen«, der Stadt der Arbeiter und »Fabrikler«, des 1862 von dem Esslinger Metalldreher August Hochberger gegründeten zweiten Arbeiterbildungsvereins in Württemberg, der Stadt des Goldarbeiters Wilhelm Morlock, des ersten Sozialdemokraten im Esslinger Gemeinderat (1876), und des »roten Postmeisters« Julius Motteler, der als Mitgestalter der deutschen und der internationalen Arbeiterbewegung gilt.
Im Revolutionsjahr 1848 hatten sich Esslinger Arbeiter erstmals zu einer eigenen Organisation, dem »Arbeiterverein«, zusammengeschlossen. Sein Vorsitzender wurde August Hochberger, zu jener Zeit einer der führenden Demokraten der Stadt. Doch schon im Jahre 1852 erzwang die wieder erstarkte Reaktion die Auflösung des Esslinger Arbeitervereins; die meisten anderen dieser Vereine im Land teilten dieses Schicksal. Doch zehn Jahre später ergriff Hochberger erneut die Initiative. Kurze

Zeit nach Gründung des ersten württembergischen Arbeiterbildungsvereins in Ulm lud August Hochberger im Oktober 1862 durch ein Inse-
rat im »Esslinger Wochenblatt« sämtliche Arbeiter »in der Stadt und in
den Fabriken« zu einer Besprechung ein, »welche jeden interessieren
dürfte«. Am 3. Dezember 1862 wurde der Esslinger Arbeiterbildungsverein gegründet. Mit rund 250 Mitgliedern war er bald der zweitgrößte
dieser Art im ganzen Land. Im Mittelpunkt seiner Tätigkeit standen die
Bemühungen um die rechtliche und soziale Integration der Arbeiter. Im
März 1865 gründete Hochberger mit rund hundert Mitgliedern des Arbeiterbildungsvereins den Konsumverein Esslingen.

Am 1. Februar 1869 wurde mit der »Gewerksgenossenschaft der Tuch-
macher, Weber und Wirker« in Esslingen die erste Lokalgewerkschaft in
Württemberg gegründet. Sie war auch an Pfingsten 1869 bei der von
August Bebel eröffneten Gründungskonferenz der »Internationalen Ma-
nufaktur-, Fabrik- und Handarbeitergewerksgenossenschaft« in Leipzig
vertreten. Zum Vorsitzenden dieser ersten Fabrikarbeitergewerkschaft
in Deutschland wurde der gebürtige Esslinger Julius Motteler gewählt.
Zum offiziellen Sitz der Gewerkschaft wurde Esslingen bestimmt. Im selben Jahr 1869 wurde die Sozialdemokratische Arbeiterpartei gegründet.
Zur Gründungsversammlung in Eisenach war auch ein Telegramm aus
Esslingen gekommen mit folgendem Inhalt: »Glück auf zu unserer guten
Sache, aber ohne Fäuste und Messer. Mit sozialdemokratischem Gruß!«.
Ein Jahr später wurde Esslingen zum Sitz des »Landesagitationskomi-
tees« der SDAP bestimmt. Und in Esslingen trafen sich am 2. Juli 1871
die württembergischen Sozialdemokraten auch zu ihrer ersten Landes-
versammlung nach dem Krieg von 1870/71. Der Arbeiterbildungsverein
nannte sich von diesem Zeitpunkt an sozialdemokratischer Arbeiterverein. Und Esslingen galt als die erste Hochburg der sozialdemokratischen
Arbeiterbewegung in Württemberg.

Vom 19. Jahrhundert in die Gegenwart

Das 19. Jahrhundert war aber nicht allein die Zeit der Fabrikanten und
der Arbeiter. Es war auch die Gründerzeit zahlreicher Vereine und Be-
wegungen, die quer durch die Bevölkerung begeisterte Anhänger fanden,
die Zeit der Sänger, der Turner, der Wanderer. Das gilt in ganz besonderem Maße für Esslingen, denn aus dieser Stadt stammten die Männer, die
eine führende Rolle gespielt haben in den Turner- und Sängerbünden jener Zeit. Karl Pfaff, der Vater der völkischen Sängerbewegung, Mitbegründer des Schwäbischen und des Deutschen Sängerbundes, wirkte seit

1819 als Konrektor am Esslinger Pädagogium. Er war der Initiator, Festredner und spiritus rector der ersten großen schwäbischen Liederfeste – 1827 in Plochingen, 1828 und in den darauffolgenden Jahren in Esslingen. 1830 wurde sogar der Plan erwogen, Esslingen zum ständigen Sitz dieser Liederfeste zu machen. Nicht minder eng fühlt sich Esslingen bis heute der deutschen Turnbewegung verbunden. Denn ein Sohn der Stadt, Rechtsanwalt Theodor Georgii, war der Begründer und Führer der schwäbischen und der deutschen Turnerschaft, der Gründer des Deutschen Turnerbundes. Und ebenfalls zwei Esslinger, Valentin Salzmann und Ernst Camerer, haben 1888 in Plochingen den heute größten deutschen Wanderverein, den Schwäbischen Albverein, gegründet.

So ist denn auch nach dem Ende der Reichsstadt Rühmendes aus Esslingen zu berichten. Nur eines ist kein Ruhmesblatt für die Esslinger des 19. Jahrhunderts: mit dem Ende der Reichsstadt und dem Beginn der Industriestadt begannen sie mit der – fast möchte man sagen: systematischen – Zerstörung des mittelalterlichen Stadtbilds, das noch zu Beginn des 19. Jahrhunderts mit Städten wie Nürnberg, Würzburg oder Dinkelsbühl feil hatte an Schönheit, Vollständigkeit und Unversehrtheit. Nun wurde fast auf einen Schlag aus der ehemaligen Freien Reichsstadt die Industriestadt Esslingen. Und das kann man ganz wörtlich nehmen. Aus den Steinen mittelalterlicher Kirchen und Klöster, aus den mächtigen Quadern der ehemaligen Stadtbefestigung wurden die ersten Bauten der Esslinger Industrie errichtet. Ganze Mauerzüge der bis dahin noch völlig intakten Stadtbefestigung konnte man nun buchstäblich auf Abbruch kaufen. Das vieltürmige Esslingen, dessen erhaltener Rest heute als eine der attraktivsten Sehenswürdigkeiten im Mittleren Neckarraum gilt, es wurde nicht durch Krieg und Feindeshand zerstört. Die Esslinger selbst haben ohne Not Hand an ihre Stadt gelegt in wenigen Jahrzehnten, in denen es vor lauter Fortschrittsbegeisterung und Neuerungssucht offenbar an jeglichem Verständnis für Wert und Bedeutung der steinernen Zeugen der Vergangenheit gefehlt hat. Das begann in den Jahren zwischen 1805 und 1811 mit dem Abbruch der Mauern und der Tore an der Mittleren Beutau, zwischen Lantelen- und Grabbrunnentor, am Obertor und in der Augustinerstraße. 1811 begann der Abbruch der Gebäude des Katharinen-Spitals, die einst mit Kirche, Hauptbau, Neuem Bau, mit Werkstätten und Verwaltungsgebäude die ganze Fläche des heutigen Marktplatzes eingenommen haben. Nur die Spitalkelter jenseits der damaligen Spitalgasse, das heutige Kielmeyerhaus, blieb erhalten. Zwischen 1820 und 1838 scheint dem alten Esslingen nicht allzuviel geschehen zu sein. Dann aber begann eine zweite Abbruchphase, der unter anderem die Heiligkreuzkapelle und das Schiff der Hinteren Kirche zum Opfer fielen.

Dafür kamen nun – eine um die andere – die Errungenschaften der Neuzeit in die Stadt: 1845 fuhr die erste Eisenbahn Württembergs von Cannstatt nach Esslingen. Im selben Jahr wurde die stattliche Pliensaumühle abgebrochen; auf ihrem Gelände wuchsen ein Jahr später die ersten Gebäude der Maschinenfabrik Esslingen empor. 1851 erhielt Esslingen eine Telegraphenstation. 1854 wurde die Gasanstalt eröffnet. Pliensauvorstadt und Bahnhofstraße wurden gebaut, die Neckarstraße bis zum Hammerkanal erweitert. Im Jahre 1892 trat Dr. Max von Mülberger, Esslingens erster Oberbürgermeister, sein Amt an. Er hat fast vier Jahrzehnte lang, bis 1929, die Geschicke der Stadt gelenkt. In der Ära Mülberger ist das »moderne« Esslingen entstanden. Dem Bau des neuen Bahnhofs (1883) folgte 1900 die zinnenreiche neue Hauptpost. 1895 zählte Esslingen knapp 24 000 Einwohner. Fünfzig Jahre später, nach dem Ende des 2. Weltkriegs, waren es rund 50 000, im Jahre 1949 bereits mehr als 70 000. Diesen Krieg und sein Ende hat Esslingen nahezu unbeschadet überstanden. Die Stadt blieb von schweren Luftangriffen verschont. Ihre bis in diese Zeit noch überkommenen historischen Bauwerke nahmen keinen Schaden, ebenso wenig die Fabriken und die Wohnhäuser. Dadurch wurde es möglich, daß Esslingen innerhalb weniger Jahre seine Einwohnerzahl buchstäblich verdoppelte. Zu den »Altbürgern« gesellten sich nun die sogenannten Neubürger, Heimatvertriebene aus den deutschen Ostgebieten, die im unzerstörten Esslingen Arbeit und Unterkunft fanden. 14 525 Haushaltungen im Jahre 1939 standen 26 070 Haushalte im Jahre 1950 gegenüber. Das Zusammenleben von Alt- und Neubürgern begann auf engstem Raum. Während der Amtszeit von Oberbürgermeister Dr. Dieter Roser (1948–1966) wurde die Stadt Esslingen zu ihrer heutigen Größe ausgebaut. Neue Wohngebiete, ja ganze Stadtteile entstanden auf dem Zollberg (1955) und in den Lerchenäckern (1959), auf dem Hohenbühl, in den Kirchäckern und in Mettingen. Nicht weniger als zehn neue Schulhäuser wurden gebaut.

Dieser stürmischen Aufbauphase folgte in der Amtszeit von Oberbürgermeister Eberhard Klapproth (seit 1966) eine Phase des Ausbaus, der Vervollständigung und Konsolidierung des Bestehenden, der Bewahrung, Konservierung und Erneuerung. Mit dem Bau von Ringstraße und Vogelsangbrücke wurde der Verkehr in neue Bahnen gelenkt. Schützend legt sich der Ring um den historischen Stadtkern, der in den letzten Jahren liebevoll restauriert und vielerorts auch schon von innen heraus saniert und erneuert wurde. Neue Akzente und Glanzpunkte wurden gesetzt: Neubau der Stadthalle, Erneuerung der Burganlage, Modernisierung der Krankenanstalten samt wichtigen Neubauten, der neue Park am Neckarufer mit der Villa Merkel, das neue Stadttheater.

Esslinger Landschaft

»Zeig' immer stolz dein Prachtgelände . . .«

Ein Prachtgelände hat Gustav Schwab die Landschaft um Esslingen genannt. Und sie ist in der Tat von besonderem Reiz, auch heute noch. Industrieansiedlung und Wohnbebauung haben zwar weite Flächen in Anspruch genommen, die noch vor dreißig Jahren Obstwiesen und Getreidefelder waren. Der Neckar wurde kanalisiert, alte Straßen verbreitert und neue gebaut. Der berühmte Dreiklang der Esslinger Landschaft – Schurwald, Neckartal und Filder – aber ist geblieben. Esslingen liegt im Neckartal zwischen dem Schurwald im Norden und den Fildern im Süden. Das Neckartal ist heute buchstäblich gefüllt mit Häusern; die neuen Wohnsiedlungen und Vororte sind längst die Hänge zum Schurwald und zu den Fildern hinaufgeklettert. Die Struktur der Landschaft aber ist noch immer zu spüren. Wer zum Beispiel auf der Esslinger Burg steht, der umfaßt diese Landschaft mit einem Blick: das Neckartal, die einander in gleicher Höhe gegenüberliegenden Anhöhen der Filder und der »Schurwald-Vorberge« etwa bei der Kirche von St. Bernhardt, dahinter den auf nahezu 500 Meter ansteigenden Schurwald und im Hintergrund die Berge der Schwäbischen Alb, deutlich erkennbar Neuffen und Teck. Es nimmt einen nicht wunder, daß es Esslinger waren, Menschen dieser Landschaft, die 1888 in Plochingen den Schwäbischen Albverein gegründet haben.
Die erste größere Esslinger Siedlung, deren Kernstück die Vitaliszelle »über dem Fluß Neckar« war, stand an leicht erhöhtem Platz über dem Neckar, und zwar auf dem Schuttfächer, den der Geiselbach im Laufe der Jahrtausende auf seinem Lauf zum Neckar vor sich hergeschoben hat. Die Gesteine der Esslinger Landschaft gehören zum Keuper – Schilfsandstein, Bunte Mergel, Stubensandstein – und zum Lias, dem Schwarzen Jura. Erstaunlich ist auf den ersten Blick die Tatsache, daß Liasgestein sowohl auf Höhe der St. Bernhardter Kirche, der Filderebene und der Neckarhalde, als auch rund hundert Meter höher auf dem Schurwald beim Jägerhaus vorkommt. Die Begründung dafür liefert der vor Jahrmillionen eingebrochene Fildergraben, ein Einbruch der Filderscholle

Über die Talaue des Neckars steigen die Hänge des Mittleren und Oberen Keupers bis auf die Höhe des Lias. Deutlich sichtbar wird die Bruchstufe zwischen Schurwald und Neckarhalde.

um rund hundert Meter auf einer Breite von sechzehn Kilometern. »Geologisch betrachtet« – so der Esslinger Naturwissenschaftler Professor Dr. Ernst W. Bauer – »ist demnach die östlich vom Neckartal aufsteigende breite Liasvortreppe des Schurwalds nichts anderes als ein durch das Neckartal abgetrenntes Filderstück. Die Filderfläche endet genau genommen nicht mit dem Neckar, sondern setzt sich auf der östlichen Neckarseite, auf den Höhen von Neckarhalde, Hohenkreuz und Oberhof bis Altbach fort. Erst dahinter steigen weiter östlich die Hänge des Schurwalds auf.«

Auf halber Höhe zwischen dem Neckartal und der Schurwaldhöhe beim Jägerhaus trifft man den weißen Keupersandstein an, auch Stubensandstein genannt, die Gesteinsschicht, die über dem zuunterst im Keuper lagernden Schilfsandstein und den Bunten Mergeln liegt, überlagert wiederum vom Knollenmergel. Am Einbruch der Filderscholle liegt es, daß derselbe Stubensandstein, bis zu siebzig Meter mächtig, auch gleichsam eine Etage tiefer an den unteren Hängen des Neckartals vorkommt. Der verhältnismäßig harte Stubensandstein wurde im Mittelalter als Baustein für die wichtigen Bauten in Esslingen verwendet, oft zusammen mit dem härteren gelben Angulatensandstein aus dem unteren Lias der Filderkante – beim Bau der Pliensaubrücke und der Stadtbefestigung, der Türme, der Kirchen und der Pfleghöfe und auch als Sockel vieler Bürgerhäuser bis in die Neuzeit hinein. Man schätzte den Stubensandstein, weil er hart und dennoch verhältnismäßig leicht zu bearbeiten war. Und im Mittelalter konnte noch kein Baumeister und kein Steinmetz ahnen, welchen Umweltbelastungen durch Industrie-, Heizungs- und Autoabgase diese Sandsteinbauten eines Tages ausgesetzt sein würden. Der Stubensandstein und der Schilfsandstein, der beim Bau der Frauenkirche eine wichtige Rolle gespielt hat, sind dadurch besonders gefährdet.

Sehr viel widerstandsfähiger ist der Kieselsandstein, deutlich sichtbar in den Bunten Mergeln unterhalb des Stubensandsteins als ein breites Felsband am Fuße der Weinberge an der Neckarhalde. Eine Kieselsandsteinbank bildete auch die Sohle des alten Neckarbetts bei Esslingen. Auf ihrem sicheren, stabilen Grund konnte die Furt über den Neckar entstehen, an deren Stelle später die Pliensaubrücke und das Mühlwehr, das sogenannte untere Wehr – im Gegensatz zum ehemaligen oberen Wehr beim Wasserhaus – gebaut wurden. Da neben der Vitaliszelle dieser alte Neckarübergang eine entscheidende Rolle für die Entwicklung der Stadt Esslingen gespielt hat, ist letztlich dieser Kieselsandsteinbank entscheidende Bedeutung für die Esslinger Stadtgeschichte beizumessen. Sie fiel übrigens Ende der sechziger Jahre dieses Jahrhunderts dem Bau des Neckarkanals zum Opfer. Als man das alte Wehr abtrug, lag diese Bank auf dem Grund des Neckars ein letztesmal frei. Dann wurde sie gesprengt und regelrecht abgetragen.

Zwischen Reben, Wald und Filderkraut

Der Schurwald trägt seinen Namen bis heute zu Recht. Der etwa dreißig Kilometer lange Höhenrücken, der die Täler von Neckar und Fils vom Remstal trennt, ist auch heute noch stark bewaldet und noch immer – zur Freude nicht nur der Wanderer – längst nicht so dicht besiedelt wie die gegenüberliegende Filderebene mit ihren guten Lößböden und – ganz folgerichtig – wohlhabenden Bauerndörfern, die sich mittlerweile häufig zu modernen Städten gewandelt haben. Der Schurwald wurde erst spät, vermutlich erst in nachkarolingischer Zeit besiedelt; die Rodungsinseln liegen an den Stellen, wo die fruchtbare Liasdecke noch erhalten und nicht durch stürmische, tief eingeschnittene Bäche abgetragen war. Dagegen weisen die zahlreichen -ingen-Namen auf den Fildern (gleichbedeutend mit den Feldern und deshalb auch so zu deklinieren) in die früheste Zeit der alemannischen Besiedlung etwa vom 4. Jahrhundert n.Chr. an.

Aus dem Schurwald kommen die meisten der Bäche, die auf Esslinger Markung dem Neckar zufließen: der Hainbach, der Zimmerbach und der Forstbach, der Zeller Bach. Der Geisel- oder Beutenbach entspringt auf der Rüderner Heide. Auf dem linken Neckarufer mündet an der östlichen Stadtgrenze die Körsch in den Neckar, weiter westlich der Champagnebach. Im Schurwald liegt auch die höchste Erhebung der Esslinger Markung, Birkengehren, mit 498 m rund doppelt so hoch wie das Neckartal.

Gleich hinter der Esslinger Markungsgrenze sind Katzenkopf (493 m) und Kernen (512 m) beliebte Ausflugsziele. Gern wandern die Esslinger und ihre Gäste aus der Nachbarschaft auch zur Katharinenlinde (469 m) bei Rüdern und zu den benachbarten Sieben Linden beim »Esslinger Tor«, entlang der alten Römerstraße (481 m) zum Jägerhaus oberhalb Liebersbronn, über den der Rems zufließenden Stettener Bach und die Helenenquelle hinüber zum Roßkopf und weiter nach Aichwald oder auch zum Schlößlesplatz bei Hohengehren, wo Herzog Carl Eugen 1760 einen Wildpark anlegen ließ. König Friedrich I. hat den nunmehr Königlichen Wildpark in seinem Todesjahr 1816 erweitern lassen. Sein Nachfolger Wilhelm I. hat ihn aufgehoben. Das Jagdschlößchen wurde 1839 abgebrochen und in Altbach am Neckar als Rathaus wieder aufgebaut; dort ist es heute noch zu sehen.

Orientierungspunkte im Schurwald auf Esslinger Markung sind die Eiserne Hand, das Rote Kreuz und der Weiße Stein. Die meisten Geschichten ranken sich natürlich um die Eiserne Hand, eine Schwurhand auf einem kräftigen, in den Esslinger Stadtfarben grün-rot gestrichenen Pfahl. Weit wahrscheinlicher als alle Geschichten von Mord und Totschlag und Rache ist die Deutung der Eisernen Hand als Grenzzeichen, als ein seit 1574 belegter Hinweis auf die Gerichtshoheit der Reichsstadt Esslingen. Lange vor der Eisernen Hand stand dort ein wichtiger Grenzstein, der sogenannte Vierherrenstein, weil an dieser Stelle die Markungen der württembergischen Städte Stuttgart und Schorndorf, des Klosteramts Adelberg und der Stadt Esslingen zusammenstießen. Nicht weit von der Eisernen Hand entdeckt man die Überreste einer keltischen Viereckschanze. Der Weiße Stein, ein mächtiger, weiß getünchter Steinquader, steht an einer alten Straßenkreuzung. Dort soll der Sage nach der Geist des Schlappohrle, eines zu seiner Zeit verhaßten herzoglich-württembergischen Jagdknechtes, umgehen. Nicht geheuer ist es auch beim Roten Kreuz und beim Teufelsbrückle unterhalb der Straße zum Oberhof.

Von den insgesamt 4644 Hektar der Esslinger Markung ist heute immerhin noch rund ein Viertel, nämlich 1173 Hektar, mit Wald bedeckt. 92 Hektar sind Rebfläche, 900 Hektar bebaute Grundstücke und 600 Hektar Straßen, Wege und Plätze. Über dem Schurwald sollte man den jenseits des Neckartals gelegenen Berkheimer Wald nicht vergessen, ein nicht minder beliebtes Erholungsgebiet, nicht den Palmenwald und den Champagnewald oberhalb von Weil mit dem Eichenbrunnen und dem Rosenbrünnele. Nicht so bekannt ist dagegen die Tatsache, daß Esslingen noch weitere 540 Hektar Wald auf fremder Markung besitzt. Der größte zusammenhängende Teil davon, nämlich 260 Hektar, liegt mitten im Erholungsgebiet der Stuttgarter, gleichsam als »Esslinger Insel« auf Vaihinger Markung, nicht weit von der Solitude-Rennstrecke. Es handelt sich um den Stiftungswald Katzenbach, der früher dem Esslinger Spital gehörte und somit seit rund 700 Jahren in Esslinger Besitz ist. Heute gilt der Katzenbacher Wald als ertragreichster Holzlieferant des gesamten Esslinger Stadtwalds. Ein Geheimtip für Sonntagsausflügler ist die mitten in diesem Wald gelegene Gaststätte »Katzenbacher Hof« mit ihrer idyllischen Gartenwirtschaft.

Neckar, Brücken und Kanäle

Der Neckar gehört untrennbar zu Esslingen. Das drückt auch der Name der Stadt aus. Er lautet − korrekt gebraucht − nicht einfach Esslingen, sondern seit dem Jahre 1938 ausdrücklich und amtlich Esslingen am Neckar. Der Neckarübergang bei Esslingen, zuerst die Furt, später die Pliensaubrücke, gehört zu den wichtigsten Faktoren, die Entstehung und Aufstieg der Stadt Esslingen bewirkt haben. Der Neckar und seine Kanäle haben auch bei der Industrialisierung in Esslingen eine wichtige Rolle gespielt. Dieser Neckar muß zeitweise ein recht wilder, ungebärdiger Fluß gewesen sein. Sein keltischer Name wird gedeutet als »der Reißende«. Er verzweigte sich in verschiedene Arme, lagerte Kies- und Sandbänke ab, hinterließ Altlachen. Betrachtet man die Prallhänge am Eisberg und längs der Neckarhalde, liegt die Vermutung nahe, der Neckar sei früher quer durch das heutige Tal vom Eisberg zum Schenkenberg hin geflossen. Eine Rolle mag dabei die Kieselsandsteinbank bei der Pliensaubrücke gespielt haben, die dem Fluß diese Richtung gewissermaßen aufzwang. Vieles spricht auch für die Annahme, daß die sogenannten Esslinger Kanäle, ein charakteristischer Bestandteil des Stadtbilds bis heute und ein wichtiger Faktor in der frühen Industriegeschichte der Stadt, nicht künstlich angelegte Kanäle, sondern vielfach verzweigte alte Neckararme sind. Die Bezeichnung Kanäle ist sehr viel jünger als die Kanäle selbst. Im Kandler'schen Riß, einem Esslinger Stadtplan aus dem Jahre 1774, wird der heutige Neckar als Pliensauneckar, der »Roßneckarkanal« einfach als Roßneckar bezeichnet. Und achtet man auf den Esslinger Sprachgebrauch, so wird man bald feststellen, daß auch heute noch häufiger vom Roßneckar und vom Wehrneckar die Rede ist als von eben diesen Wasserläufen mit dem Zusatz Kanal. Künstlich angelegt wurde allerdings − so vermutet schon Eberhardt − das rund 600 m lange obere Wehr nicht weit vom Wasserhaus beim heutigen Neckarfreibad. Es mußte ebenso wie das untere Wehr bei der Pliensaubrücke der Neckarkanalisierung weichen.

Allerdings ist dieses obere Wehr nicht zu dem Zwecke angelegt worden, überhaupt einen Neckararm in die Stadt zu leiten, sondern dazu, in wasserarmen Zeiten den Zufluß zum Roßneckar zu verstärken. Das ließ sich damals wie heute durch die Fallen beim Wasserhaus regulieren. Und das war auch dringend nötig, denn der Hammerkanal, der sich in der Kanalstraße auf Höhe der Maille in Wehrneckar und Roßneckar verzweigt, hatte schon im Mittelalter drei Mühlen zu treiben: die Mühle »zuo dem Vogelsange«, die spätere Bauer'sche Kunstmühle zwischen Kanalstraße und Maille, die Mühle »neben dem Kirchhof« beim heutigen Kesselwasen und die Olfentenmühle beim Miselbrunnen auf dem Gelände der späteren Stuttgarter Bäckermühle. Erst als diese drei Mühlen trotz des oberen Wehrs immer wieder über Wassermangel klagten, wurde 1297 draußen am Pliensauneckar die Pliensaumühle gebaut, auf deren Gelände mehr als ein halbes Jahrtausend später die Maschinenfabrik Esslingen ihre Arbeit begann. Eberhardt weist darauf hin, daß der Name Pliensaubrücke erst verhältnismäßig spät auftaucht. Manchmal ist von der Heiligkreuzbrücke die Rede in Anlehnung an die Brückenkapelle zum Heiligen Kreuz, am häufigsten jedoch von der Äußeren Brücke zur Unterscheidung von der Inneren Brücke, die ihren Namen bis heute behalten hat.

Diese alte Pliensaubrücke, heute ebenso wie die Innere Brücke Bestandteil der Esslinger Fußgängerzone, war mehr als sieben Jahrhunderte lang die einzige Neckarbrücke weit und breit. Sie darf sich rühmen, nach der Regensburger Donaubrücke die zweitälteste steinerne Brücke nördlich der Alpen zu sein. Otto Borst sieht in der Pliensaubrücke den »Schlüssel zur Geschichte der Brücken- und Straßenstadt Esslingen und überhaupt zum Verständnis der wirtschaftlichen und verkehrspolitischen Situation der Stadt bis in die Neuzeit hinein«. Sie war der einzige Flußübergang zwischen Speyer und Ulm an der wichtigen mittelalterlichen Handelsstraße von Antwerpen über Augsburg, Innsbruck, Bozen nach Venedig. In seinem Buch über die Esslinger Pliensaubrücke kommt Otto Borst zu dem Schluß: »Die Esslinger Pliensaubrücke ist ein Bauwerk spätstaufischer Zeit; wir kommen für die Erbauungszeit der Brücke in die Zeit vor 1259.« Er schreibt Furt und Brücke einen höheren Rang in der Esslinger Stadtgeschichte zu als der vielzitierten Cella über dem Neckar: »Der Markt für den Nahverkehr, die Fernverkehrsstraße, die den unablässigen Strom der Handelsleute über die eigene Brücke zwang, das waren unverwechselbare Chancen für die werdende Stadt. Berücksichtigen wir dazu den für die Stadt Esslingen charakteristischen Weinbau und Weinhandel, so wird man hier von den spezifischen Ausgangs- und Aufbaupositionen des älteren Esslingen wohl reden dürfen.«

Nur noch ein Torso blieb von der mittelalterlichen Pliensaubrücke erhalten, als der Neckar bis Plochingen schiffbar gemacht wurde. Rechts der Färbertörlesweg mit dem Pliensauturm.

Heute steht von dieser bedeutenden Brücke nur noch ein Torso. Fünf Bögen nur sind von der ursprünglich elfjochigen Brücke übrig geblieben. Verkehrsprobleme nicht erst unserer Tage haben ihr schwer zu schaffen gemacht und ihre Schönheit erheblich beeinträchtigt. Das begann schon um die Mitte des 19. Jahrhunderts, als zuerst das äußere Brückentor, später die Heiligkreuzkapelle abgebrochen wurde und schließlich die Pliensaumühle der Maschinenfabrik weichen mußte. Der Bau der Bahnlinie im Jahre 1845 schuf neue Probleme. Der schienengleiche Bahnübergang beim Pliensauturm war auf die Dauer ein untragbarer Zustand. So wurden 1926 die Rampen und die Brücke über die Bahnlinie gebaut. Das nächste Problem tauchte in den fünfziger Jahren auf, als die linksufrige »Neckartalstraße«, die heute vierspurige B 10, gebaut wurde. Der Bau des Neckarkanals forderte weitere Opfer. Die Brückenjoche über dem neuen Kanal mußten fallen; unter den erhaltenen Brückenbögen hindurch flutet seit 1971 der Verkehr auf der B 10. Der Fluß und seine Ufer erlebten die einschneidendsten Veränderungen ihrer Geschichte. Verschwunden sind ein Teil der Brücke, die beiden Neckarwehre, verschwunden die Tennisplätze und die ansehnliche Backsteinfassade der Firma Duderstadt. Die grünen, von Weidenbüschen bestandenen Neckarufer zwischen Oberesslingen und Esslingen leben nur noch in der Erinnerung. Verschwunden ist auch die alte, in den Neckar hineingebaute hölzerne Badeanstalt draußen »beim Hepting«, der nahe dem Wasserhaus sommers Boote vermietete und im Winter Christbäume verkaufte. Wenn damals ein Kind zuhause erzählte, es sei zum erstenmal im »Freineckar« geschwommen, und zwar bis hinüber zum Wehr, so war das in Esslingen gleichbedeutend mit dem Freischwimmerabzeichen. Und das Balancieren auf dem Wehr gehörte damals ebenso wie ein Kopfsprung vom alten Alicensteg in den Neckar zu den gebräuchlichen Mutproben Esslinger Buben.

Der Neckar hat sich gewandelt. Brückenstadt ist Esslingen geblieben bis heute. Zur mittelalterlichen Pliensaubrücke gesellten sich innerhalb von zwei Jahrzehnten vier neue Brücken. Man versprach sich eine spürbare Entlastung für die Pliensaubrücke durch den Bau von zwei neuen Brücken auf der Höhe von Sirnau und von Mettingen. Als erste wurde 1956 die Sirnauer Brücke, die heutige Dieter-Roser-Brücke, eingeweiht. Durch die von dem Berliner Bildhauer Bernhard Heiliger geschaffene Brückenplastik, den Fährmann, ist sie weit über Esslingen hinaus bekannt geworden. 1964 wurde die Mettinger Brücke vollendet; sie trägt seit dem Jahre 1978 den Namen Hanns-Martin-Schleyer-Brücke. Und noch im selben Jahr begann man mit dem Bau der Adenauerbrücke am Eingang zum Friedenstäle. Die 1970 in ihrer vollen Ausdehnung fertiggestellte Querverbindung zwischen Schurwald und Fildern knüpft heute an die Aufstiegsstraße nach Berkheim an und überspannt in einem Zug Bundesstraße 10, Neckar, Bahnlinie und Industriegebiet. Als am 12. Juli 1968 der Neckarkanal eingeweiht wurde, konnte man bereits von vier Brücken aus die »Weiße Flotte« auf der Höhe von Esslingen betrachten. Ein Jahr später wurde mit dem Bau der Vogelsangbrücke begonnen, die am 7. Juli 1973 die Funktion der Pliensaubrücke als »Brücke Stadtmitte« übernahm. Die Vogelsangbrücke ist es nun, die dem Verkehr im Esslinger Raum die Richtung weist, die Verkehrsströme sammelt, bündelt und wieder verteilt.

Esslinger Wein

Beliebt in Innsbruck und in Wien

Der Esslinger Weinbau ist so alt und so traditionsreich wie die Stadt. Auch wenn in jüngster Zeit Zweifel aufgekommen sind an den beiden ersten Hinweisen auf Weinbau in Esslingen für die Jahre 778 und 784 – als die Stadt Esslingen im Jahre 1977 das Fest ihres 1200-jährigen Bestehens feierte, freuten sich die Esslinger Wengerter über 1200 Jahre Weinbau in Esslingen.

Für die Heilbronner Gegend sind Weinberge urkundlich bereits für das Jahr 766 belegt. Warum sollte es am mittleren Neckar anders ausgesehen haben! Urkunden des 9. und 10. Jahrhunderts geben Auskunft darüber, daß von der Fulradzelle am Neckar, also von Esslingen aus, ganze Fuhren Wein über das elsässische Leberau zum Mutterkloster Saint-Denis bei Paris gefahren worden sind. Es gab also mit Sicherheit schon vor mehr als einem Jahrtausend Weinbau und Wein in Esslingen, ja, es gab früher sogar so viel davon, daß es die Esslinger beim besten Willen nicht geschafft hätten, ihn allein zu trinken. Also trieben sie mit dem Wein einen schwunghaften Handel, und dieser Weinbau und Weinhandel waren der wichtigste Wirtschaftsfaktor im mittelalterlichen Esslingen.

Esslinger Wein wurde damals in Augsburg, Ingolstadt und Regensburg, in Innsbruck, Salzburg, ja sogar in Wien getrunken. Und man hätte wohl kaum im »feindlichen« Württemberg und darüber hinaus in ganz Bayern nach »Esslinger Eimer« gemessen, wenn dieser Wein nicht so bekannt und so gängig gewesen wäre. Ob er freilich stets so schmackhaft und so süffig war wie der heutige Esslinger, sei dahin gestellt. Es mag wohl sein, daß auf den Hängen in Kennenburg oder am Liebersbronner Berg auch einmal ein »Saurenberger« gereift ist, wenn's auch vielleicht kein Reutlinger und kein Wurmlinger war, denen böse Zungen nachsagen, man habe in schlechten Jahren die Trauben statt im Butten getrost in Säcken befördern können, und wenn einmal solch ein Sack vom Fuhrwerk gerutscht und unter die Wagenräder geraten sei, dann sei »net oi Beerle verdruckt gwea«.

Die von Rebstöcken bestandene Fläche im Stadtgebiet und an den Hängen rings um Esslingen war damals gut und gern fünfmal so groß wie heute. Noch vor gut 120 Jahren erstreckte sich die Rebfläche auf Esslinger Markung über etliche hundert Hektar. Heute sind es noch rund 92 ha Rebfläche, die von Esslinger Weingärtnern bewirtschaftet werden. Dazu gehört auch der städtische Weinberg am Schönenberg unterhalb der Burg. Er liefert dem Esslinger Oberbürgermeister die Begründung für das Bonmot, in Esslingen sei das Stadtoberhaupt zugleich der erste Wengerter der Stadt. Wie stark die Tradition des Esslinger Weinbaus bis in unsere Tage wirkt, welchen Stellenwert man dem Wein in Esslingen bis heute beimißt, zeigt die Tatsache, daß auch heute noch alljährlich beim »Herbstsatz« auf dem Rathaus Oberbürgermeister und Weingärtner gemeinsam den Beginn der Weinlese festsetzen. Es zeigt sich aber auch darin, daß noch vor einer Generation Esslingens Weingärtner zur Weinlese, dem für sie bedeutendsten Ereignis im Jahr, nicht mit dem werktäglichen »blauen Schurz«, sondern mit einer weißen Schürze in den Wengert gingen.

Wichtiger Wirtschaftsfaktor im Mittelalter

Sind es heute nur noch wenige Wengerter – die Weingärtnergenossenschaft Esslingen zählt derzeit immerhin 220 Mitglieder –, die den Esslinger Wein hegen und pflegen, so hatte im Mittelalter fast die ganze Stadt an diesem Geschäft teil. Die Weingärtner bildeten stets die größte Zunft. Und wer nur irgend im mittelalterlichen Esslingen ein Stück Land sein eigen nennen konnte, der besaß mit Sicherheit auch einen Weinberg. Dabei war der größte Teil dieser Besitzungen nicht wie heute in der Hand der Weingärtner – er gehörte den wohlhabenden Esslinger Bürgern, Patriziergeschlechtern wie den Weickersreuther und den Schloßberger. Sie waren es auch, die den Esslinger Wein unter die Leute brachten, die Weinhandel großen Stils betrieben. Ihre Häuser und Kontore stehen noch heute im nobelsten Viertel des historischen Stadtkerns, in der Heugasse, der Webergasse, der Strohstraße, mächtige vielgeschossige Bauten mit Kellerhals und Aufzughaube, mit breiten Toren, weitläufigen Treppenhäusern und einer Eingangshalle, in der ganze Fuhrwerke Platz hatten, wo große Geschäfte abgeschlossen werden konnten.
Wo eine Stadt so sehr vom Weinhandel lebte und wo es so viel Neckarwein zu verkaufen gab wie in Esslingen, da war natürlich an die Einfuhr anderen Weines überhaupt nicht zu denken, ja, es war sogar bei Strafe verboten, Wein nach Esslingen einzuführen. Da hatte, wie Karl Pfaff berichtet, nicht einmal der Abt des Klosters Maulbronn Glück, der anno 1486 gern

zwanzig bis dreißig Fuder »durchsichtigen Rothen Wein« in Esslingen verkaufen wollte. Man schlug ihm diesen Wunsch ab, »weil der Stadt Gewerb ganz auf Wein stehe« und sonst das Mißfallen der Bürger erregt werden könnte.

Noch im 18. Jahrhundert standen in Esslingen mehr als ein Dutzend Keltern. Heute ist es eine einzige, die 1971 eingeweihte Zentralkelter der Weingärtnergenossenschaft Esslingen am Fuße des Lerchenbergs in Mettingen. Ihrem Bau war im Frühjahr 1970 der Zusammenschluß der bis dahin drei Weingärtnergenossenschaften – Esslingen, Sulzgries-Rüdern und Mettingen – vorausgegangen. Den Sinn für das Genossenschaftswesen mußte man den Esslinger Wengertern freilich nicht erst bei dieser Fusion anfangs der siebziger Jahre beibringen, im Gegenteil: ihn brachten sie bereits in das Unternehmen mit ein. Denn schon im Jahre 1863 hatten sich die Sulzgrieser und die Rüderner Wengerter zu einer »Keltergesellschaft« zusammengetan. Die alte Privatkelter oberhalb der »Krone« in Sulzgries war längst zu klein geworden, und so nahmen die Wengerter aus Sulzgries und Rüdern alsbald den Bau der Kelter auf der Neckarhalde in Angriff. Nur die neben ihr gelegene Gaststätte »Kelter« erinnert noch heute an sie. Zur selben Zeit, 1860, war auch die »Alte Kelter« der Esslinger Weingärtner in der Mettinger Straße gebaut worden, die 1971 dem Bau der Ringstraße zum Opfer fiel.

Die älteste Tradition haben in Esslingen der rote Trollinger (Schenkenberg) und der weiße Riesling (Lerchenberg). Daneben gedeihen Burgunder und Portugieser und – bei den Weißweinsorten – Müller-Thurgau, Kerner, Silvaner und Ruländer. Umfangreiche Flurbereinigungsmaßnahmen haben in den letzten Jahren dafür gesorgt, daß die Arbeit im Weinberg leichter und wirtschaftlicher wurde. Denn nur wenn die noch immer harte Arbeit der Weingärtner auch lohnend und ertragreich ist, wenn diejenigen, die den Esslinger Wein heute anbauen und pflegen, auch davon leben können, ist gewährleistet, daß auch künftige Generationen noch Esslinger Wein trinken können – und daß das charakteristische Gepräge der Esslinger Landschaft mit ihren Rebenhängen auch in Zukunft erhalten und gepflegt wird. Zum Glück gibt es sie auch heute noch, die Hägele und Rapp und Sohn, die Hemminger, Clauß und Wager, Wengerters-Dynastien allesamt, die sich dieser Aufgabe mit Fleiß und Hingabe widmen. Die Esslinger danken es ihnen und tragen – ganz im Gegensatz zu den Verhältnissen im Mittelalter – dazu bei, daß heute der »Neckartäler« aus Esslingen nicht mehr nach Bayern exportiert, sondern zu einem gut Teil am Fuße der Neckarhalde getrunken wird.

Esslinger Sehenswürdigkeiten

»Kein Schritt ohne besondere Merkwürdigkeit!«

Esslingen am Neckar rühmt sich, den einzigen in solcher Geschlossenheit erhaltenen mittelalterlichen Stadtkern im Mittleren Neckarraum zu besitzen. Und in der Tat würde man dieser Stadt Unrecht tun, wollte man nur ihre herausragenden Baudenkmale rühmen – die Kirchen und die Rathäuser, die Tore und Türme der Stadtbefestigung, die Überreste der Klöster und die Pfleghöfe. Auch die Patrizier-, Bürger- und Weingärtnerhäuser verdienen Erwähnung und Bewunderung. Auf einem Gang durch die Innenstadt begegnet man charakteristischen Zeugnissen aller Baustile vom Mittelalter bis zum Jugendstil und zur Moderne.

Mittelalterliches Gepräge tragen die Häuser Landolinsgasse 3 und Webergasse 18 (Haus mit dem Wolf). Ein gotischer Turm verbirgt sich im Gelben Haus am Hafenmarkt, das Ende des 16. Jahrhunderts den Herwarth von Bittenfeld, später den Besitzern des angrenzenden Gebäudes, den Patrizierfamilien Burgermeister, Schloßberger und Harpprecht von Harpprechtstein gehörte und 1785 von der Familie Weinland erworben wurde. In der Heugasse verdienen das Haus zum Wolf (Nr. 15) und das Haus zum Einhorn (Nr. 17) besondere Beachtung, in der Küferstraße die frühere Herberge zum Goldenen Kopf (Nr. 7), im Heppächer die ehemalige Synagoge (Nr. 3). An vielen Gebäuden im alten Stadtkern fallen die stattlichen Portale auf, die Kellerhälse und die Aufzugshauben, die auskragenden Geschosse, Hauszeichen und Konsolen. Auch Bürgerhäusern aus der Zeit des Barock und Rokoko begegnet man in Esslingen, so zum Beispiel Fischbrunnenstraße 1, Ritterstraße 1 und Küferstraße 24. Den Esslinger Jugendstil kann man in der Neckarstraße, der Kanalstraße und der Deffnerstraße kennenlernen.

Aus dem Jahre 1773 stammt das Faulhaber'sche Haus in der Augustinerstraße 22, das Philipp Daniel Faulhaber, Oberstleutnant bei der in Esslingen stationierten schwäbischen Kreisartillerie, nach seiner glücklichen Rückkehr aus dem siebenjährigen Krieg hat bauen lassen. Nach einem späteren Besitzer erhielt es den Namen Benzinger'sches Haus. Es beherbergt heute die Hauptstelle der Stadtbücherei. Nicht weit davon steht am Landolinsplatz der 1846 von Prokurator Georgii erbaute Landolinshof, gegenwärtig die Heimstatt der Städtischen Jugendmusikschule. Das derzeit jüngste Bauwerk im Esslinger Stadtkern ist das im September 1982 eingeweihte neue Schauspielhaus in der Strohstraße. Es steht am Platz der alten »Theaterscheuer«, einer ehemaligen Zehentscheuer, in der seit 1864 Theater gespielt wurde. Als Esslingen 1894 ein städtisches Schauspielensemble erhielt, wurde daraus das Stadttheater. Seit 1934 hat hier die Württembergische Landesbühne ihren Sitz.

Kirchen in Esslingen

In nomine domini Nordman – Stadtkirche St. Dionys

Am Platz der heutigen evangelischen Stadtkirche St. Dionys hat Esslingens Geschichte ihren Anfang genommen. Die doppeltürmige Kirche birgt in ihrem Kern noch wesentliche bauliche Überreste aus der Zeit der ersten Vitalis-Zelle. Im Jahre 777 schenkte der fränkische Abt Fulrad von Saint-Denis, Ratgeber Karls des Großen und einer der bedeutendsten kirchlichen Würdenträger seiner Zeit, dem Kloster Saint-Denis bei Paris für den Fall seines Todes neben vielen anderen Besitztümern auch eine Zelle über dem Neckar bei Esslingen. Grabungen unter der Kirche, die das Landesamt für Denkmalpflege in den Jahren 1960–1963 unter Leitung von Dr. Günter Fehring durchführen ließ, brachten überraschende Einsichten und Erkenntnisse über Ausmaß und Bedeutung dieser Cella. Von einer kleinen hölzernen Kapelle am Neckarufer als Esslinger »Ur-Zelle« kann und darf seitdem nicht mehr die Rede sein. Was da in der ersten Hälfte des 8. Jahrhunderts auf dem Rücken eines vom Geiselbach zum Neckar vorgeschobenen Schuttfächers gebaut worden ist, das war kein bescheidenes Kirchlein, sondern eine einschiffige Saalkirche mit eingezogenem Rechteckchor von einer Größe, die – so Fehring – »im rechtsrheinischen Südwestdeutschland bisher keine Parallele« hat.
Die dreizehn Männer, zwei Frauen und zwei Kinder, die man im Schiff dieser ersten Vitalis-Kirche beerdigt hat, könnten Mitglieder eines vornehmen alemannischen Geschlechts gewesen sein, womöglich jenes Hafti, von dem Abt Fulrad die Vitalis-Zelle erhalten hatte. Daß es sich um ein

Die doppeltürmige Stadtkirche St. Dionys auf dem Esslinger Marktplatz

Geschlecht von Rang gehandelt haben muß, bezeugt auch die steinerne Deckplatte eines der Kindergräber. Sie trägt die lateinische Inschrift »In nomine domini Nordman«, wird in das zweite Viertel des 8. Jahrhunderts datiert und gilt damit als frühester derartiger Fund im rechtsrheinischen Deutschland. Die Grabinschrift belegt auch die Tatsache, daß sich jenes alemannische Geschlecht zum Christentum bekehrt hatte. Der Chor dieser ersten Vitalis-Kirche enthält im Gegensatz zum Schiff nur ein einziges Grab, nach eindeutigen Feststellungen ein Reliquiengrab. Fehring nimmt an, daß dieses Reliquiengrab des Heiligen Vitalis als Folge der Übertragung der Kirche von dem Alemannen Hafti an Abt Fulrad nachträglich eingefügt wurde. Denn keinem anderen als dem bedeutenden Kirchenfürsten und Staatsmann Fulrad, »nach dem Kaiser die wichtigste Persönlichkeit am fränkischen Hofe«, habe man so viel Macht und Einfluß zutrauen können, daß es ihm gelungen sei, die Gebeine eines römischen Märtyrers von Rom an den Neckar zu bringen. Hans-Martin Decker-Hauff nimmt an, daß der »Esslinger« Vitalis ein Mitglied der Thebäischen Legion war. Diese römische Truppe war ursprünglich im oberägyptischen Theben stationiert und bestand aus Christen; deshalb weigerten sich die

Legionäre, an der Christenverfolgung zur Zeit Diokletians (264−305) teilzunehmen. Ob die Truppe daraufhin auf verschiedene Garnisonen verteilt, ob sie vernichtet wurde, oder ob Vitalis zusammen mit einigen seiner Kameraden in Xanten am Niederrhein den Märtyrertod gestorben ist − das ist ungewiß.

Die Vitaliskirche des 8. Jahrhunderts wurde noch während der Regierungszeit Ludwigs des Frommen (814−840) durch einen Neubau ersetzt, auch dieser eine einschiffige Basilika, mit einer Länge von rund 40 Metern aber mehr als doppelt so groß wie ihre Vorgängerin. Neu und bemerkenswert ist an dieser zweiten Vitalis-Kirche eine Hallenkrypta mit dem − dorthin verlegten − Reliquiengrab des Heiligen Vitalis. »Die Gesamtanlage« − so Günter Fehring − »erreichte damit eine Größe, die sie neben die mächtigsten Kirchenbauten karolingischer Zeit im rechtsrheinischen Deutschland stellt: St. Vitalis II ist größer als etwa St. Aurelius I in Hirsau, St. Justinus in Höchst und die Einhartsbasilika bei Michelstadt im Odenwald; der Bau wurde nur übertroffen von Bauten wie Fulda, St. Emmeram in Regensburg, Corvey und Lorsch.« Diese zweite Esslinger Vitalis-Kirche muß im frühen Mittelalter ein weithin ausstrahlendes kirchliches Zentrum und ein beliebter Wallfahrtsort gewesen sein; das beweisen auch die bei der Grabung der sechziger Jahre zu Hunderten entdeckten Spuren von Kerzenruß in der Krypta.

Im Jahre 1079 wurde Friedrich I. von Staufen Herzog von Schwaben; Esslingen kam unter hohenstaufischen Schutz. Die Esslinger Kirche galt als ein Teil des staufischen Hausgutes. So konnte es geschehen, daß Friedrich II. von Hohenstaufen am 30. Dezember 1213, am Tag der Beisetzung seines fünf Jahre zuvor ermordeten Oheims Philipp von Schwaben im Dom zu Speyer, seine Kirche zu Esslingen mit allen Rechten dem Domkapitel zu Speyer schenkte. Zwar gehörte die Esslinger Kirche weiterhin in die Diözese des Bischofs von Konstanz; Inhaber des Pfarramts und Nutznießer aller Einkünfte aber war das Domkapitel zu Speyer. Zu dieser Zeit begann der Bau der dritten Kirche von St. Dionysius und Vitalis, der Bau, der dieser Kirche ihr heutiges Gepräge gegeben hat.

Mit dem Bau der beiden Türme wurde nach 1213 begonnen. Der Südturm, der sogenannte Wendelstein, wurde ums Jahr 1310 vollendet, der Nordturm bereits um 1275. Die heutige Verbindungsbrücke zwischen den beiden Türmen stammt aus dem Jahre 1859; sie löste eine ältere Doppelbrücke aus der Zeit um 1600 ab. Das dreischiffige flachgedeckte Langhaus wurde um die Mitte des 13. Jahrhunderts erbaut. Der hochgotische Chor entstand erst im frühen 14. Jahrhundert, etwa gleichzeitig mit der Frauenkirche. Die Glasfenster im Chor dagegen stammen bereits aus der Zeit um 1300. Diese fünf farbigen Fenster zählen zu den wertvollsten

Kunstschätzen der Stadt; sie gelten neben dem Freiburger Zyklus als die bedeutendsten Glasmalereien im süddeutschen Raum.

Lorenz Lechler aus Heidelberg baute in den Jahren 1486/87 den Lettner und 1491−95 das spätgotische Sakramentshäuschen im Chor. Die Esslinger Meister Hans Wech und Antonius Buol schufen 1514−1518 das Chorgestühl mit seinen eindrucksvollen Porträt-Figuren. Der frühbarocke Hochaltar von 1604 ist ein seltenes Exemplar aus der Zeit nach der Reformation, einer der wenigen Hochaltäre aus evangelischer Zeit. Sein Schöpfer ist der Ravensburger Peter Riedlinger, dessen Handschrift auch die frühbarocke Kanzel von 1609 trägt. Die barocke Doppelempore auf der Westseite des Langhauses entstand in den Jahren 1703 und 1727, der Orgelprospekt Mitte des 18. Jahrhunderts. Durch die Sakristei gelangt man in die 1978 neu geordnete Esslinger Kirchenbibliothek.

Kirche der Bürger − die Frauenkirche

Die Frauenkirche gilt als die eigentliche Bürgerkirche der Stadt Esslingen. Ihre Geschichte reicht nicht so weit zurück in die Vergangenheit wie die der Stadtkirche St. Dionys. Der Beschluß zu ihrem Bau aber war eine eindeutige stolze Willenserklärung der Bürgerschaft der Freien Reichsstadt Esslingen. Sie nahm nämlich Anstoß daran, daß in der eigentlichen Stadtkirche, der ältesten der Stadt, nicht sie, sondern das Domkapitel von Speyer gewissermaßen das Sagen hatte. In Speyer wurde bestimmt, wer in der Esslinger Stadtkirche Geistlicher war und die Messe las. Da die Esslinger daran aber nichts ändern konnten, suchten sie eine andere Lösung. Sie beschlossen den Bau einer eigenen Kirche, und sie mögen sich durchaus etwas dabei gedacht haben, als sie dafür den − gegenüber St. Dionys etwas erhöhten − Standort der alten Liebfrauenkapelle am Fuße der Neckarhalde wählten. Am 26. Mai und am 1. Juni 1321 forderte der Rat die Bürgerschaft zum Bau der Kirche »zu unserer lieben Frauen« auf.

Die Mittel flossen so reichlich, daß wohl bald nach 1321 mit dem Bau begonnen werden konnte. In einem ersten Bauabschnitt, etwa zwischen 1321 und 1332, entstand der Chor. Um das Jahr 1350 wurde mit dem Bau des Langhauses begonnen, und zwar zunächst nur mit den drei östlichen Jochen. Erst in der Zeit zwischen 1390 und 1408 wurde das Langhaus vollendet. Auch der Bau des hochgotischen Turmes brauchte seine Zeit; erst hundert Jahre später, 1508, war auch er vollendet. Die Frauenkirche war von Anfang an als eine dreischiffige Hallenkirche geplant. Sie gilt als die früheste hochgotische Hallenkirche Südwestdeutschlands. Professor Dr. Hans Koepf, Vorstand des Instituts für Baukunst und Bauaufnahmen

Blick von der Ringstraße zur Frauenkirche und zur Neckarhalde

an der Technischen Universität Wien, bezeichnet diese Form der Halle mit drei gleich hohen Schiffen als den Prototyp einer Bürgerkirche. Nach seiner Auffassung ist die Einmaligkeit der Esslinger Frauenkirche durch drei Fakten begründet: durch die Stellung als früheste Hallenkirche in Schwaben, durch ihren originellen Westturm als Bestandteil des westlichen Mittelschiffgewölbefeldes und durch ihre entwicklungsgeschichtlich bedeutsame Bauplastik.

An der Esslinger Frauenkirche haben die bekannten Baumeisterdynastien der Ensingen – aus Oberensingen bei Nürtingen – und Beblinger gearbeitet. Ulrich von Ensingen, der auch in Mailand, Ulm und Straßburg gewirkt hat, schuf den Chor und das Langhaus. Nach seinem Tod im Jahre 1429 setzte sein Sohn Matthäus Ensinger das Werk des Vaters fort. Auf seine Empfehlung wurde 1439 Hans Beblinger nach Esslingen berufen, dem nach Matthäus Ensingers Tod 1463 die gesamte Oberleitung des Baus übertragen und dazu der Titel »Kirchenmeister« verliehen wurde.

Ulrich von Ensingen hat den 72 m hohen Turm geplant; die Beblingers haben das Werk ausgeführt. Dieser Turm ist nicht angebaut, sondern in den Kirchengrundriß einbezogen. Neben dem Turm gehören die reichen Portalplastiken zu den besonderen Sehenswürdigkeiten der Frauenkirche. Als erstes entstand etwa ums Jahr 1350 das östliche Südportal, das Marienportal. Zwischen 1400 und 1420 folgte das westliche Südportal, das Weltgerichtsportal, das zum Haupteingang und damit zum Prachtportal ausgestaltet wurde. In dieser Zeit ist vermutlich auch das Georgsportal auf der Westseite entstanden. Im Schmuck der beiden frühen Portale vermuten Fachleute die Handschrift der Parler aus Schwäbisch Gmünd. Einer der besten Kenner der Esslinger Frauenkirche, Kirchenmusikdirektor Dr. Walter Supper, der fast seiner Lebtag als Hauptkonservator wie als Organist die Geschicke der Kirche verfolgt und beschrieben und der erst jüngst wieder das Museum im Turm der Frauenkirche eingerichtet hat, wertet es »als besonders glücklichen Umstand, daß dieser Bau gerade noch vor Einbruch der Renaissance fertiggestellt werden konnte. So ist er einer der wenigen, der nach einheitlichen Grundgedanken noch im Mittelalter vollendet wurde und somit ein Konzentrat spätmittelalterlichen Gedankengutes.«

Dieses kostbare Bauwerk hat nur einen Fehler: der bei seinem Bau verwendete Schilfsandstein leidet besonders unter Witterungs- und schädlichen Umwelteinflüssen. So waren seit der Mitte des vorigen Jahrhunderts immer wieder umfassende Maßnahmen zur Erneuerung und Restaurierung der Frauenkirche erforderlich, die der kirchlichen wie der weltlichen Gemeinde finanzielle Opfer abverlangten. Doch wie schon beim Bau, so ließen es auch bei der Erhaltung der Kirche die Bürger an Spenden nicht fehlen. Der »Verein für die Restauration der Frauenkirche« hat sich ihrer nach der im 19. Jahrhundert durchgeführten Erneuerung unter Leitung des württembergischen Hofbaudirektors Joseph von Egle (1818–1899) angenommen. Heute ist es der »Verein zur Erhaltung kirchlicher Baudenkmale«, der sich vor allem um die so besonders gefährdete Frauenkirche kümmert. Der Restaurierung der Kirche durch Egle folgte in den zwanziger Jahren dieses Jahrhunderts die Erneuerung des Turmhelms unter Leitung von Professor Rudolf Lempp. Rund ein halbes Jahrhundert später wurde die brüchig gewordene Turmspitze durch eine neue Spitze aus beständigerem Muschelkalk ersetzt. Am 28. September 1980 konnte erneut Richtfest gefeiert werden. Und am 17. Oktober 1980 wurde der Engel aus dem Jahre 1834, frisch vergoldet, wieder auf die Turmspitze gesetzt. Seit Weihnachten 1980 läuten auch wieder die Glocken vom Turm der Frauenkirche; sie hatten jahrelang schweigen müssen, um die Standsicherheit der Turmspitze nicht zu gefährden.

Geweiht von Albertus Magnus – St. Paul

Die Kirche des ehemaligen Dominikaner-Klosters, das heutige Münster St. Paul, gilt als die älteste erhaltene Bettelordenskirche Deutschlands und zugleich als die älteste gewölbte Dominikanerkirche. Die Dominikaner, auch Prediger genannt, waren bereits fünf Jahre nach der Gründung ihres Ordens anno 1216 in Toulouse nach Esslingen gekommen. 1233 begannen sie mit dem Bau des Klosters; im selben Jahr wurde der Grundstein der Kirche gelegt, mit deren Bau 1255 begonnen wurde. Geweiht hat sie am 29. April 1268 Albertus Magnus, Gründer und Lehrer der Ordenshochschule in Köln, Bischof von Regensburg und päpstlicher Legat. Charakteristisch für diese Kirche ist ihre – dem Dominikanerorden eigene – Schlichtheit und Zuwendung zur Gemeinde. Es gibt kein Querhaus, keine Trennung zwischen Chor und Langhaus. Statt eines Turmes trägt die Kirche nur einen schlichten Dachreiter. Auf üppige Glasmalereien im Chor wurde ebenso verzichtet wie auf ein reich verziertes Portal auf der Westseite. Doch gerade die Schlichtheit und Konsequenz dieses Bauwerks sind es, die so stark auf seinen Besucher wirken. So hat auch der Kirchenhistoriker Professor Dr. Hermann Tüchle, ein gebürtiger Esslinger, in seiner »Kirchengeschichte Schwabens« die Paulskirche gewürdigt: »Ein besonders schönes Beispiel für die Bettelordensgotik in Schwaben bildet die ehemalige Dominikanerkirche, die heutige katholische Stadtpfarrkirche in Esslingen. Sie ist die älteste völlig erhaltene gotische Kirche mindestens Süddeutschlands, wurde in einem Guß gebaut und 1268 zu Ehren des Völkerapostels von Albertus Magnus eingeweiht. Bei aller Schmucklosigkeit wirkt sie mit dem erhöhten Mittelschiff vor allem durch ihre Raumschönheit.«

Es ist für den kunstverständigen Betrachter unserer Tage kaum vorstellbar, welch wechselnde Geschicke diese Kirche in den Jahrhunderten nach der Reformation erleben mußte. 1522 zerstörte ein Blitzschlag den Dachreiter und Teile der Kirche. 1564 fiel das Kloster an die Stadt, die es in buntem Wechsel als Zeughaus, als Findel- und Waisenhaus – daher die lange gebräuchlichen Namen Fundelbrunnen und Waisenhof –, als Zucht- und Arbeitshaus und seit 1870 als Schule verwendete. 1664 ließ die Stadt die Kirche erneuern; sie trug fortan den Namen »Neue Kirche«. Bis 1802 wurde dort evangelischer Gottesdienst gehalten, vor allem die sogenannte »Christenlehre«. Von 1804 an wurde die Kirche als Futtermagazin für das Militär und als Holzlager, nach 1833 als Kelter, Faßlager und Waaghaus verwendet. Zwischendurch, in den Jahren 1827 und 1832, erhielt sie einen würdigeren, wenn auch immer noch reichlich zweckentfremdeten Inhalt: sie war Schauplatz der »Esslinger Liederfeste«, der ersten Schwäbischen

Sängerfeste unter Leitung von Karl Pfaff. Es dauerte noch bis zum 13. September 1861, bis nach langen Verhandlungen und um den Preis von 15000 Gulden die »Predigerkirche zum heiligen Paulus« in den Besitz der katholischen Kirchengemeinde überging. Nach ihrer Instandsetzung wurde sie am 21. August 1864 vom Rottenburger Bischof Lipp aufs neue geweiht. Aus diesem Anlaß schenkte ihr die evangelische Nachbargemeinde die holzgeschnitzte Madonna mit Kind aus der Frauenkirche, eine gotische Holzplastik, die vermutlich zwischen 1490 und 1500 in der Werkstatt von Jörg Syrlin in Ulm entstanden ist. Das gotische Kruzifix über dem Altar wurde erst 1964 erworben. Im Jahre 1961 schuf Professor Wilhelm Geyer die fünf Glasfenster im Chor.

Zählte man noch im Jahre 1861 in Esslingen keine tausend Katholiken, waren es 1885 doch schon rund 1500, 1910 sogar 3430, 1939 dann 8450. Nach dem Krieg schnellte die Zahl der Katholiken durch den starken Zuzug von Heimatvertriebenen aus dem Sudetenland und aus Schlesien auf rund 27700. Kein Wunder, wenn aufgrund dieser Entwicklung die St. Paulskirche Mutter vieler Tochterkirchen wurde, darunter die mittlerweile verselbständigten Gemeinden der Dreifaltigkeitskirche in Nellingen und von St. Franziskus in Obertürkheim. Selbständige Gemeinden sind inzwischen auch die ursprünglichen Tochtergemeinden im Stadtgebiet von Esslingen geworden: die Albertus-Magnus-Gemeinde in Oberesslingen, die in den Jahren 1947 bis 1950 ihre Kirche im Hasenrainweg erhielt, St. Maria in Mettingen (1952), St. Josef in Wäldenbronn (1957), St. Augustinus auf dem Zollberg (1959) und St. Elisabeth in der Pliensauvorstadt (1965). St. Katharina (1968) in der Sulzgrieser Kornhalde ist noch heute Filialkirche von St. Paul. Gründungen der Oberesslinger Albertus-Magnus-Gemeinde sind St. Maria in Berkheim (1955), St. Michael in Sirnau (1958) und die Dreifaltigkeitskirche in Zell (1967).

Georgskirche oder »Hintere Kirche«

Im Jahre 1221, als sich die ersten Dominikaner in Esslingen niederließen, begannen auch die Franziskaner, in Schwaben heimisch zu werden. Eine lateinische Inschrift am Chor der Georgskirche, der ehemaligen Franziskanerkirche, gibt Auskunft darüber, wann die Franziskaner, auch Minderbrüder genannt, ihren Einzug in Esslingen gehalten haben: »Anno domini 1237 nos fratres minores intravimus hanc civitatem Esslingensem ad manendum« (Im Jahre des Herrn 1237 kamen wir Minderbrüder in diese Stadt Esslingen, um zu bleiben). Mit dem Bau des Kirchenschiffes dürfte um das Jahr 1270 begonnen worden sein, und der außergewöhnlich steile Chor läßt auf eine Bauzeit um das Jahr 1300 schließen. Die Glasmalereien im Chor stammen aus dem frühen 14. Jahrhundert. Im Gegensatz zur Esslinger Dominikanerkirche, dem heutigen Münster St. Paul, ist in der Franziskanerkirche die Trennung zwischen dem Mönchschor und dem Schiff für den Gottesdienst der Bürger weitaus stärker ausgeprägt. Ein Lettner trennte Mönche und Gemeinde. Dieser Lettner und der mächtige Chor der ehemaligen Franziskanerkirche, später oft einfach Hintere Kirche, heute offiziell Georgskirche genannt, sind als einzige Bauteile bis heute übrig geblieben. Doch läßt eben dieser hochragende Chor Rückschlüsse zu auf Größe und Ausmaße der ehemaligen Klosterkirche und der gesamten Klosteranlage in dem Geviert zwischen Franziskanergasse, Kupfergasse, Küferstraße und Blarerplatz. Das Kloster, in dem während der Pestzeit des 16. Jahrhunderts auch die Universität Tübingen Zuflucht gesucht und gefunden hat, wurde 1668 abgebrochen.

Die »Hintere Kirche« blieb stehen, bis ein städtischer Bauinspektor im Jahre 1840 auf die höchst gefährliche Baufälligkeit der Kirche hinwies und die Sorge äußerte, »der nächste Sturmwind« könne sie zum Einsturz bringen. Für den einzigen Ausweg hielt man damals eine Radikalkur, nämlich den Abbruch des gesamten Langhauses, zumal die Kirche »weder geschichtlich noch ihres Styles wegen zur Erhaltung besonders wünschenswerth« erschien. Man glaubte sich im damaligen Esslingen solche Großzügigkeit gegenüber den Bauwerken des Mittelalters leisten zu können, da an Kirchen, Türmen und alten Mauern kein Mangel war und die Zeichen der Zeit ganz andere schienen – Aufbruch in die moderne Gegenwart ohne Rücksicht auf altes Mauerwerk. Die Geschichte jenes Esslinger Stadtrats, dessen Stimme bei der Abstimmung über den Abbruch der Franziskanerkirche den Ausschlag gegeben und der nur deshalb für diesen Abbruch gestimmt haben soll, weil ihm die beredten Klagen seiner Frau im Ohre klangen, der Schatten des mächtigen Langhauses sei eine auf die Dauer unzumutbare Beeinträchtigung ihres Wäschetrockenplatzes, diese Geschichte mag erfunden sein – sie scheint jedoch auch dem heutigen Betrachter zumindest gut erfunden. Denn es dauerte noch drei Jahrzehnte, bis wenigstens der Chor der Franziskanerkirche gerettet und vor dem Abbruch bewahrt war. Auf dem Platz des ehemaligen Franziskanerklosters wurde die heutige Blarerschule gebaut. Chor und Lettner blieben stehen als ein Fragment Esslinger Mittelalters, bis im Jahre 1929 Rudolf Lempp das Evangelische Gemeindehaus am Blarerplatz baute und diesen Bau sehr geschickt mit dem Lettner und dem Chor der Hinteren Kirche verband.

Die bekannteste Esslinger Kapelle steht noch heute auf der 1313 erstmals genannten Inneren Brücke auf Höhe der Maille zwischen Roßneckar und Wehrneckar. Nicht von ungefähr wurde diese Brückenkapelle einst dem Heiligen Nikolaus, dem Patron der Schiffer und Flößer, geweiht. Ums Jahr 1300 ist sie wohl gebaut, rund fünfzig Jahre später erstmals urkundlich erwähnt worden. Auffallend ist das charakteristische Glockentürmchen mit seinem fast südlichen Charakter. Aus der Brückenkapelle wurde im 16. Jahrhundert ein Verkaufsstand nach Art der Buden auf dem Ponte Vecchio in Florenz. Ein Jahrhundert später wurden die benachbarten Brückenhäuschen gebaut. Von 1822 bis 1848 hatte in der Nikolauskapelle die Feilenfabrik Friedrich Dick ihre erste Werkstatt. Von 1880 an diente die Kapelle dem Verschönerungsverein zur Aufbewahrung von »Altertümern«. Erst im Jahre 1956 wurde sie als Gedenkstätte für die Opfer des Nationalsozialismus wieder einem würdigen Zweck zugeführt.

Die Nikolauskapelle inmitten der Brückenhäuschen auf der Inneren Brücke

Ebenfalls eine Kapelle, um 1250 erbaut, war ursprünglich das Gebäude des heutigen Stadtarchivs hinter der Stadtkirche. Der noch aus der Stauferzeit stammende Bau diente früher als Totenkapelle für den Friedhof zwischen St. Dionys und der alten Lateinschule. Das Untergeschoß der Allerheiligenkapelle war damals Beinhaus. Der in Esslingen verschiedentlich tätige württembergische Hofbaumeister Heinrich Schickhardt hat der ehemaligen Allerheiligenkapelle im Jahre 1610 ein weiteres Stockwerk aufgesetzt und sie zum Stadtarchiv ausgebaut.

Neben diesen beiden erhaltenen Kapellen aus dem mittelalterlichen Esslingen ist in der Erinnerung wie in Zeugnissen der Maler und Kupferstecher noch am lebendigsten das Bild der ehemaligen Heiligkreuzkapelle am südlichen Ende der Pliensaubrücke. Sie hat zeitweilig sogar der Pliensaubrücke ihren Namen, nämlich Heiligkreuz-Brücke, gegeben. Ob diese Kapelle zugleich mit der Brücke gebaut wurde, läßt sich nicht nachweisen. Erstmals urkundlich erwähnt wird sie im Jahre 1349. Sie stand nicht wie die Nikolauskapelle auf der Brücke, sondern an ihrem der Stadt abgewandten Ende neben dem äußeren Brückentor. Im zweiten Drittel des vorigen Jahrhunderts, das so großzügig und so fahrlässig wie keine andere Zeit zuvor und danach mit der mittelalterlichen Bausubstanz in Esslingen umging, wurden auch die von vielen Bildern bekannten Bauten an und auf der Pliensaubrücke abgebrochen, zuerst der mittlere Brückenturm, 1837 das äußere Brückentor und 1838 auch die Heiligkreuzkapelle.

Klöster in Esslingen

»Mittelpunkt schwäbischen Klosterlebens«

Esslingen, so schrieb der Ulmer Dominikaner Felix Fabri in seiner Historia Sueviae, sei der Mittelpunkt des schwäbischen Klosterlebens. So viele Nonnenklöster und Beginenklausen auf so engem Raum beisammen gebe es auf der ganzen Welt nicht wie in Schwaben und ganz besonders in der Reichsstadt Esslingen. Und in der Tat: alle vier Bettelorden hatten sich in Esslingen angesiedelt, Dominikaner, Franziskaner, Augustiner und Karmeliter, dazu das weibliche Gegenstück der Franziskaner, die Clarissen. Hinzu kamen die Klöster der Dominikanerinnen in Sirnau und in Weil. Nachdem die Nonnen in Sirnau der großen Gefährdung ihres einsam gelegenen Klosters wegen in die Stadt gezogen waren, zählte man in Esslingen sechs Klöster: das Dominikanerkloster beim heutigen Marktplatz, das Franziskanerkloster bei der »Hinteren Kirche«, das Augustinerkloster am Fuße des Schönenbergs, das Karmeliterkloster und das Klara-Kloster in der Obertorvorstadt und das Kloster der Sirnauer Dominikanerinnen nahe dem Neckar bei der Sirnauer Gasse.

Allzu viel ist von diesen Klöstern nicht übrig geblieben. Oft sind es nur noch Straßennamen oder auch die Strukturen von Höfen und Plätzen, die an Esslingens klösterliche Vergangenheit erinnern. Am meisten ist vom Kloster des Bettelordens, der sich als erster in Esslingen niedergelassen hat, auf die Gegenwart überkommen: die Klosterkirche der Dominikaner, auch Prediger genannt, das heutige Münster St. Paul. Im angrenzenden Klosterhof, dessen Name erst in den letzten Jahren wieder in der Bevölkerung geläufig wurde, spürt man noch heute das Geviert des mittelalterlichen Kreuzgangs, das freilich längst auch von anderen, jüngeren Bauten umgeben ist. Von der Kirche der Minderbrüder, der Franziskaner oder Minoriten, steht heute nur noch der Chor, die im Volksmund meist Hintere Kirche genannte Georgskirche. Ein paar Steine nur im Pfarrgarten bei der Stadtbücherei unterhalb der Burg und ein Straßenname blieben von den Augustinern. Von den Karmelitern gar kündet derzeit nur noch der Name einer Gaststätte – das frühere Karmelitergässle könnte fröhliche Urständ feiern, sobald die Stadterneuerung zwischen Kies und Obertor vollendet ist. Eine Oase klösterlicher Stille und Abgeschiedenheit ist bis heute das Areal des ehemaligen St. Klara-Klosters – heute Altenheim Obertor – zwischen der Obertorstraße und der langen Mauer an der Hindenburgstraße geblieben. Von den Spuren, die die Dominikanerinnen in Sirnau und in Weil hinterlassen haben, soll in den Kapiteln über diese Stadtteile die Rede sein.

Dominikaner und Franziskaner

Als erster der Bettelorden kamen die Dominikaner nach Esslingen. Es gibt Hinweise, daß sie sich bereits 1221 vor dem Mettinger Tor niedergelassen haben. Damit hätte Esslingen die älteste Dominikanerniederlassung in Deutschland besessen vor Köln (1222), Straßburg (1224), Trier (1225) und Würzburg (1229). Der erste sichere urkundliche Hinweis auf das Esslinger Dominikanerkloster stammt aus dem Jahre 1233. Aus der Mettinger Vorstadt zogen die Prediger bald in das Geviert zwischen Mettinger Tor, Roßneckar und St. Dionys. Dort bauten sie ihr Kloster und die Kirche, die 1268 von Albertus Magnus geweiht wurde. Einer der ersten Wohltäter des Klosters soll ein Graf Kuno von Urach gewesen sein. Im

Laufe der Zeit erhielt das Kloster zahlreiche Stiftungen und Schenkungen und wurde so »zum wohlhabendsten und wichtigsten der Klöster unserer Stadt« (Robert Uhland). Auch eine Königin war unter den Stiftern: Margarete von Österreich, die Witwe Heinrichs VII., schenkte den Esslinger Predigern, sowie den Dominikanerinnen in Sirnau und in Weil ihre Krone, um damit den Armen Gutes zu tun. Es folgten Häuser in Marbach, Reutlingen und Cannstatt, Weinberge in Fellbach, Stetten, Stuttgart und Esslingen. Der Reichtum des Klosters wuchs. Im Gegensatz zu anderen Orden haben die Dominikaner ihren Grund und Boden nicht selbst bewirtschaftet, sondern ihn nutzbringend verpachtet.

Bereits 1285 dachte man an eine Erweiterung des Klosters. Die Stadt überließ den Dominikanern dazu Gelände zwischen dem Friedhof der Stadtkirche und dem Agnestor. Auf einem Teil dieses Grundstücks wurde 1326 die Lateinschule erbaut. Sicherlich haben dort auch Dominikaner unterrichtet, die als vorzügliche Lehrer galten. Sie unterhielten zugleich im Kloster ihr eigenes Predigerseminar mit zeitweilig bis zu zehn Studenten. Robert Uhland wertet diese Tatsache als einen Beweis für die bevorzugte Stellung des Esslinger Dominikanerklosters im schwäbischen Land. Noch etwas spricht dafür: »Als ältestem und angesehenstem Kloster des Ordens im Lande wurde ihm schon früh die Aufsichtspflicht über die neu entstandenen benachbarten Klöster Sirnau und Weil übertragen, aber auch über das um 1255 gegründete Steinheim an der Murr sowie über das noch ältere Kirchheim unter Teck, alles Frauenklöster, die nach der Regel der Dominikaner lebten.«

Den Dominikanern folgten als nächster Bettelorden die Franziskaner oder Minoriten. Die lateinische Inschrift am Chor der ehemaligen Franziskanerkirche in der Kupfergasse nennt die Jahreszahl 1237. Will man freilich einer Reimchronik folgen, die ein zur Reformation übergetretener Esslinger Franziskaner in der Zeit nach 1566 verfaßt hat, so haben sich die Minderbrüder zuerst am Rande des Schurwaldes, im heutigen Liebersbronn, angesiedelt, ehe sie sich drunten in der Stadt niederließen. Das Franziskanerkloster erfreute sich wie das der Dominikaner bald großer Beliebtheit. Das beweisen die Grabschriften und Wappenschilder vieler angesehener Familien, deren Mitglieder sich bei den Minoriten beerdigen ließen, und das beweisen ebenso die zahlreichen Schenkungen, die den Wohlstand des Klosters mehrten. Zu den Gönnern des Klosters gehörte ein 1275 verstorbener Pfalzgraf Heinrich von Tübingen. Unter den Konventsbrüdern waren unter anderen ein Bertold von Neuffen, ein Ritter von Lichtenstein und Johannes von Dachenhausen, der Beichtvater von Graf Eberhard dem Greiner von Württemberg. Auch der Beichtvater eines bayrischen Herzogs stammte aus diesem Franziskanerkloster.

Für die Bedeutung des Esslinger Barfüßerklosters spricht die Tatsache, daß hier in der Zeit von 1244 bis 1503 25 Provinzialkapitel der Franziskaner in Oberdeutschland stattfanden. Dazu bedurfte es großzügiger Räumlichkeiten, über die dieses Kloster offenbar verfügte. Die Zellen boten wenigstens dreißig Brüdern Platz. Eine Besonderheit im Esslinger Barfüßerkloster war »des Kaisers Kammer«, ein Raum, der vermutlich für den Aufenthalt Kaiser Karls IV. im Jahre 1359 eingerichtet wurde.

Augustiner und Karmeliter

Die Augustiner traten in der zweiten Hälfte des 13. Jahrhunderts in Esslingen die Nachfolge des Ordens der Bußbrüder Jesu Christi, auch Reuer oder Sackbrüder genannt, an. 1282 bewilligte der Bischof von Augsburg den Esslinger Augustinern einen Ablaß für alle Gläubigen, die ihren Klosterbau durch Almosen oder auch durch tatkräftige Mitarbeit unterstützten. Dieses Kloster muß alten Bildern und Beschreibungen zufolge eine stattliche Anlage gewesen sein, eingeengt freilich durch die Weinberge des Klosters Kaisheim unterhalb der Burg im Norden und durch die Stadtmauer auf der Südseite der heutigen Augustinerstraße. Wie die Kirchen der Dominikaner und der Franziskaner hatte auch die Augustinerkirche keinen Turm, wohl aber einen weithin sichtbaren Dachreiter. Robert Uhland nimmt an, daß sich in der auffallend geräumigen »Liberei«, der Bücherei des Klosters, neben den Schriften der Humanisten auch die der Scholastiker und der bedeutendsten mittelalterlichen Theologen befanden. Und so wie Martin Luther im Erfurter Augustinerkloster hat auch in Esslingen bei den Augustinern ein bedeutender Mann seine Studien getrieben: der Augustinermönch und spätere Reformator Michael Stifel.

Im letzten Drittel des 13. Jahrhunderts kamen schließlich auch noch die Karmeliter nach Esslingen und siedelten sich zwischen Kies und Obertor an. Sie hatten es wie die Augustiner gar nicht so leicht, in der Stadt Fuß zu fassen, nicht zuletzt, weil sich der örtliche Klerus durch die Bettelorden in seinen Rechten beeinträchtigt fühlte. Dennoch kamen die Esslinger Karmeliter im Laufe der Zeit durch Stiftungen zu einem ansehnlichen Besitz. 1455 ist das Kloster völlig abgebrannt, doch bereits ein Jahrzehnt später war zumindest die Klosterkirche wieder aufgebaut. Ein ähnliches Schicksal hatte schon 1351 das benachbarte Clarissenkloster in der Obertorvorstadt getroffen. Damals sind alle Klostergebäude mit Ausnahme der Kirche niedergebrannt. Die bis heute erhaltenen Gebäude dieses Klosters entstanden nach dem großen Brand von 1351.

Pfleghöfe in Esslingen

Filialen von zwölf Klöstern

Zu den stattlichsten und einprägsamsten Bauten im mittelalterlichen Stadtkern von Esslingen zählen neben den Kirchen zweifellos die Pfleghöfe, »Filialen« gleichsam auswärtiger Klöster, die einst Besitz in Esslingen hatten. Zwölf Klöster insgesamt unterhielten im Mittelalter einen Pfleghof in Esslingen. Acht dieser Gebäude stehen noch heute, und zwar die Pfleghöfe der Domkapitel Konstanz und Speyer, sowie die der Klöster Bebenhausen, Denkendorf, Fürstenfeldbruck, Kaisheim, Salem, Ursberg und Roggenburg. Ganz verschwunden ist der Adelberger Pfleghof, der im Bereich der heutigen Fachhochschule für Technik in der Obertorstraße, der damaligen Obertorvorstadt, stand und bereits 1791 wegen Baufälligkeit abgebrochen wurde. Wenig mehr als der genaue Standort ist heute zu sehen von den Pfleghöfen der Klöster St. Blasien (Unterer Metzgerbach 18) und Blaubeuren (Mittlere Beutau 11). Pfleghöfe von zwölf Klöstern, aber doch nur elf Gebäude waren es deshalb, weil die Klöster Ursberg und Roggenburg einen gemeinsamen Pfleghof unterhielten.

Auffallend groß ist die Zahl der Klöster in Bayern und in Bayrisch-Schwaben, die einst Besitz und einen Pfleghof in Esslingen hatten: Kaisheim bei Donauwörth, Ursberg und Roggenburg in der Nähe von Krumbach in Schwaben und Fürstenfeld, das heutige Fürstenfeldbruck. Die Erklärung liegt nahe: in dieser Gegend gedeihen wohl Hopfen und Malz, aber kein Wein, und deshalb deckten sich diese Klöster gern mit Neckarwein aus Esslingen ein. Weinberge machten auch bei den anderen Klöstern den Hauptteil ihres Esslinger Besitzes aus, den sie von den eigens dafür bestellten Pflegern in den Pfleghöfen verwalten ließen.

Zehenthof und älteste Sektkellerei Deutschlands − der Speyerer Pfleghof

Bereits in der ersten Hälfte des 13. Jahrhunderts standen in Esslingen die mächtigen Steinhäuser der Pfleghöfe von Speyer, Salem und Bebenhausen. Als »domus lapidea« (Steinhaus) wird der Speyerer Pfleghof, das heutige Kessler-Haus, anno 1213 erstmals erwähnt in einer Urkunde des Stauferkaisers Friedrich II. Zweifellos war dieser der Kirche St. Dionys zunächst liegende Hof zumindest in seinem Kern Bestandteil jener Cella, die am Anfang der Esslinger Geschichte stand. Die Kirche St. Dionys war staufischer Besitz. Als der 1208 ermordete deutsche König Philipp von Schwaben, der Onkel Friedrichs II. von Hohenstaufen, 1213 in der Kaisergruft im Dom zu Speyer beigesetzt wurde, schenkte Friedrich am nämlichen Tag, dem 30. Dezember, seine Kirche in Esslingen mit allen Rechten dem Domkapitel zu Speyer. Das Domkapitel von Speyer bestimmte fortan, wer als Geistlicher nach Esslingen kam. Und nach Speyer flossen die Einnahmen aus Zehnten − daran erinnert noch heute der Name Zehentgasse −, Opfern und Zinsen. Dabei haben sicherlich Wein- und Getreidezehnten die wichtigste Rolle gespielt. 1547 wurde St. Dionys endlich Esslinger Stadtkirche, und aus dem Speyerer Zehenthof wurde der Pfarrhof. Als Gebäude des Kirchenkastens, also der Kirchenpflege, wurde das Anwesen 1601 grundlegend erneuert. Und schließlich wurde in diesem Haus im Jahre 1826 Deutschlands älteste Sektkellerei gegründet. So wurde aus dem Speyerer Pfleghof − zumindest im Sprachgebrauch vieler Esslinger − im Laufe der Zeit das Kessler-Haus.

Herberge von Kaisern und Königen − der Salemer Pfleghof

1229 wurde der Salemer Pfleghof erstmals urkundlich erwähnt, und zwar in dem um 1210 begonnenen Codex Salemitanus. Der mächtige Bau neben der Frauenkirche ist zu Beginn der 80er Jahre dieses Jahrhunderts in seiner alten Pracht wiedererstanden und aufs neue ins Bewußtsein der Esslinger gerückt, nachdem er lange Zeit als »Kriminal« ein recht tristes Dasein gefristet hatte. Dabei war der Pfleghof des Klosters Salem (ursprünglich Salmannsweil) am Bodensee einst einer der reichsten Esslinger Pfleghöfe. 1231 hat König Heinrich VII. den Salemer Pfleghof von allen Steuern und Abgaben befreit. 1250 nahm Papst Innozenz IV. das 1137 von Zisterziensern aus Lützel im Elsaß gegründete Kloster Salem in seinen Schutz und bestätigte bei dieser Gelegenheit auch seinen Esslinger Besitz. Dazu gehörten Weinberge in Krummenacker, Sulzgries, Mettingen, Ober- und Untertürkheim. Aber auch die Besitzungen des Klosters in Fellbach, Strümpfelbach, Möhringen, Neuhausen, Wernau, Köngen, Ober- und Unterensingen wurden vom Esslinger Pfleghof aus verwaltet. 1548 hat Kaiser Karl V. bei einem Besuch in Esslingen im Salemer Pfleghof Quartier genommen.

Ein Jahrhundert später aber war die Glanzzeit des Salemer Pfleghofs vorbei. Er wurde 1682 an das Land Württemberg verkauft. So konnte es geschehen, daß aus dem einst so stolzen Pfleghof ein Gerichtsgefängnis und damit für lange Zeit − bis 1965 − »das Kriminal« wurde. Der Bau

*Neben der Frauenkirche steht der Salemer Pfleghof mit seinem mächtigen Dach.
Rechts das Münster St. Paul, im Hintergrund die Burg.*

der Ringstraße hat das Bauwerk aus der Enge der ehemaligen Kriminal-
gasse befreit und wieder ins rechte Licht gerückt. 1982 erhielt der Salemer
Pfleghof einen angemessenen neuen Sinn und Inhalt: als Gemeindezentrum der katholischen Kirchengemeinde von St. Paul und zugleich als
neues Domizil des Esslinger Stadtmuseums.

Steinhaus mit 700-jähriger Geschichte – der Bebenhäuser Pfleghof

Fröhliche Urständ konnte zur gleichen Zeit der ehemalige Pfleghof des
Klosters Bebenhausen feiern, ein stattliches Steinhaus aus dem Jahre
1232. Die Stadt hat das weitläufige Anwesen zwischen Heugasse und
Webergasse 1980 erworben und alsbald mit seiner Erneuerung begonnen. Die Volkshochschule Esslingen und die Geschäftsstelle der Arbeits-

gemeinschaft für Heimat- und Volkstumspflege in Baden-Württemberg sorgen nun dafür, daß der Bebenhäuser Pfleghof den Esslingern zu einer vertrauten Adresse und im ganzen Land zu einem Begriff wird.

Erstmals urkundlich erwähnt wurde der Pfleghof des Zisterzienserklosters Bebenhausen im Schönbuch anno 1257. Damals verpflichtete sich das Kloster, von seinen Esslinger Besitzungen, darunter allein dreizehneinhalb Morgen Weinberge auf der Neckarhalde, jährlich fünf Pfund Heller Steuer zu zahlen. Bereits 1229 hatte Papst Gregor IX. dem Kloster seinen Besitz in Esslingen bestätigt. 1232 hat Esslingen dem Kloster die Abgabefreiheit zugesichert, die ihm von Kaiser Friedrich II. und von König Heinrich gewährt worden war. Eine ganze Reihe Esslinger Bürger haben dem Kloster im Laufe der Zeit Schenkungen gemacht. So vermachte anno 1279 »Meister Rudolf der Arzt« dem Kloster sein Haus vor dem Schöllkopfstor »zum Heil seiner Seele und zu Ehren der Jungfrau Maria«. 1295 hat König Adolf die Esslinger mit dem Schutz des Klosterhofes betraut. 1339 erhielt der Pfleghof eine eigene Kapelle, geschaffen zu Ehren der Jungfrau Maria und der Heiligen Philipp und Jakob, gestiftet von dem Priester Albrecht von Owen.

Ein Engel machte ihn weltbekannt – der Kaisheimer Pfleghof

»Klösterle« wird er zuweilen noch heute genannt, der ehemalige Pfleghof des Zisterzienserklosters Kaisheim bei Donauwörth an der Straße ins Altmühltal. Das mag seinen Grund darin haben, daß in diesem Haus am Fuße der Burgsteige auch nach der Reformation noch katholischer Gottesdienst abgehalten wurde. 1293 hat ein Esslinger Arzt namens Trutwin dem Kloster Kaisheim sein Haus und seinen Weinberg am Schönenberg, dem Esslinger Burgberg, geschenkt. Neben seinem Haus hatte er eine Marienkapelle erbauen lassen und dem Kloster das Recht eingeräumt, dort einen Priester des Klosters Gottesdienst halten zu lassen. So kam es, daß auch noch nach der in Esslingen 1531 durchgeführten Reformation im Kaisheimer Pfleghof ein Mönch aus dem bayerischen Kloster katholischen Gottesdienst abhielt. Die Katholiken strömten dazu von weither, nicht gerade zur Freude des Magistrats der mittlerweile evangelischen Reichsstadt Esslingen. Dieser soll sogar hin und wieder eine Schließung der Stadttore angeordnet haben, um zumindest den Zulauf der auswärtigen Katholiken zu unterbinden. Erst 1666 wurde ein Vergleich geschlossen: in der Kapelle durfte auch weiterhin Gottesdienst mit Predigt und Messe, aber ohne Geläut und Umzug gehalten werden; Trauungen und Taufen jedoch bedurften der besonderen Genehmigung durch den Rat.

Der 1775 gründlich erneuerte Kaisheimer Pfleghof prägt bis heute in eindrucksvoller Weise das Stadtbild am Aufgang zur Burgsteige. Sein Gegenüber, die 1318 erbaute und in der ersten Hälfte des 16. Jahrhunderts erneuerte Kelter des Pfleghofs, hat im Esslinger Jubiläumsjahr 1977 eine neue Karriere gemacht. Damals nämlich wurde der wappenhaltende Engel, der bis heute die Ecke der ehemaligen Kelter schmückt, zu einem der wichtigsten Merkmale der offiziellen Esslinger Stadtwerbung ausersehen; sein Bild ist seitdem auf ungezählten Plakaten und Prospekten von Esslingen aus in alle Welt gewandert. Bei dem rechten Wappen, einem Panther auf fünfmal geteiltem Feld, handelt es sich um das Wappen der Grafen von Lechsgmünd-Graisbach bei Donauwörth, die 1134 das Kloster Kaisheim gegründet haben. Das linke Wappen ist das des Abtes Conrad Reutter, der von 1509 bis 1540 Abt in Kaisheim war. Der schräge »Zisterzienserbalken« ist auch auf dem Wappen am Bebenhäuser Pfleghof in der Heugasse zu sehen.

Der Wein aus dem Burgweinberg floß übrigens schon ums Jahr 1314 nicht mehr in städtische, sondern in Kaisheimer Keller, nachdem die Stadt ihren Weinberg in einer finanziellen Notlage hatte verkaufen müssen. Es gelang der Stadt erst knapp sechs Jahrhunderte später, im Jahre 1925, zusammen mit einem Anwesen an der Augustinerstraße auch wieder ein Stück Burgweinberg zu kaufen. 1935 kam ein weiteres Stück dazu. Und heute gehören der Stadt immerhin 1,3 Hektar — also rund vier Morgen — in bester Lage am Schönenberg.

Die Jahreszahl 1606 steht über dem stattlichen Portal des ansonsten eher bescheidenen Hauses in der Webergasse 20. 1590 haben die Klöster Ursberg und Roggenburg, beide nicht weit von Krumbach in Bayerisch Schwaben gelegen, gemeinsam dieses Haus gekauft, um für ihre Esslinger Besitzungen einen Pfleghof am Ort zu haben. Beide Klöster waren reichsunmittelbar — der Reichsadler über dem Türsturz weist darauf hin.

Barockbau mit festlichem Stuck — der Fürstenfelder Hof

Am 18. Januar 1256 ließ Herzog Ludwig II. von Bayern seine Gemahlin Maria von Brabant wegen des bloßen Verdachtes der Untreue hinrichten. Der Papst stellte dem Herzog anheim, als Sühne für diese Blutschuld entweder eine Kreuzfahrt ins Heilige Land zu unternehmen oder ein Kloster für den strengen Bußorden der Kartäuser zu gründen. So entstand das Kloster Fürstenfeld im Ampertal, nicht weit von München. In Ermanglung von Kartäusern waren es dann allerdings Zisterzienser, die sich anno 1263 »auf des Fürsten Feld« bei Bruck an der Straße von Augsburg nach

München niederließen. Aus dem jenseits der Amper gelegenen Markt Bruck bei Fürstenfeld wurde erst im 19. Jahrhundert die Stadt Fürstenfeldbruck. Der Bayernherzog Ludwig II. ließ es Mitte des 13. Jahrhunderts bei der bloßen Gründung des Klosters Fürstenfeld nicht bewenden. Er sorgte auch dafür, daß dieses Kloster zu Grundbesitz kam. Auch in Esslingen. So beurkundeten Abt und Konvent von Fürstenfeld bereits im Jahre 1321 den Besitz von Häusern und einer Kapelle in Esslingen. Im gleichen Jahr weihte der Konstanzer Weihbischof die von dem Esslinger Diakon Wigmann gestiftete Kapelle des Pfleghofs. Die ursprünglichen Gebäude des Fürstenfelder Pfleghofs sind dem großen Stadtbrand von 1701 zum Opfer gefallen. Deshalb präsentiert sich der in den Jahren 1701 bis 1703 neuerbaute Fürstenfelder Hof Ecke Heu- und Strohgasse heute in barockem Gewand. Der Esslinger Kunsthistoriker Hans-Andreas Klaiber rühmte ihn als den »ersten Bau von architektonischer Bedeutung« des Esslinger Barock. Die Pläne entwarf Johannes Wiedmann aus Ehingen. Die üppigen Stukkaturen in den festlichen Sälen im 1. Stock tragen die Handschrift von Meistern aus Augsburg und aus Wessobrunn. Gasthof ist der ehemalige Pfleghof seit 1880.

Strahlend weiß und goldverziert – der Konstanzer Pfleghof

Nicht weit entfernt vom Fürstenfelder und vom Bebenhäuser Pfleghof steht in der Webergasse der ehemalige Pfleghof des Domkapitels Konstanz. Er wurde im Jahre 1327 erstmals urkundlich erwähnt. Das Konstanzer Domkapitel und die Reichsstadt Esslingen einigten sich damals über die Aufnahme in das Esslinger Bürgerrecht. Das Kapitel erhielt alle Rechte der in der Stadt ansässigen Bürger und durfte auch wie sie Korn und Wein verkaufen, ohne Zoll zu geben. Bis ins 17. Jahrhundert wurde der Konstanzer Pfleghof immer wieder von der Stadt bestätigt. Das heutige Gebäude Webergasse 3 entstand freilich erst um 1770 im Zopfstil des späten 18. Jahrhunderts. Seine strahlend weiße, vortrefflich erneuerte Fassade, das Mansardendach, die Terrassenbrüstung und das goldverzierte Rankenwerk bieten einen gleichermaßen überraschenden wie reizvollen Anblick im mittelalterlichen Stadtkern von Esslingen. Nach der Säkularisation fiel der Konstanzer Pfleghof an das Großherzogtum Baden, wurde jedoch bereits 1803 vom württembergischen Staat eingetauscht. Bis zum Bau des Finanzamtes im Entengraben diente der ehemalige Pfleghof als Kameralamt. Heute beherbergt er die Kanzlei eines Patentanwalts, dem die jüngste Renovierung des Bauwerks zu danken ist.

Besitz in Esslingen hatte auch das nahe Kloster Denkendorf. Das Augustinerchorherrenstift wurde gegründet, nachdem der Edelfreie Berthold 1142 seinen Denkendorfer Besitz dem Orden vom Heiligen Grab in Jerusalem übereignet hatte. Seit 1387 ist ein Denkendorfer Pfleghof in Esslingen nachgewiesen. Dem stattlichen Gebäude am Blarerplatz, dem ehemaligen Holzmarkt, sieht man an, daß es bis zur Barockzeit mehrfache Umbauten erfahren hat. Die Ausmaße des Anwesens zwischen Blarerplatz und Milchgasse jedoch rücken es in ebenbürtige Nachbarschaft zum Bebenhäuser Pfleghof in der Heugasse und zum Fürstenfelder Hof Ecke Heu- und Strohgasse. 1359, so berichtet die Chronik, hat Kaiser Karl IV. dem Kloster Denkendorf für seinen Besitz auf Esslinger Markung die ihm von König Heinrich VII. verliehenen Rechte und die Zollfreiheit gewährt. Nicht selten sollen damals Abt und Klosterbrüder von Denkendorf in Kriegszeiten hinter den festen Mauern der Stadt und ihres Esslinger Pfleghofs Zuflucht gesucht haben. Aus dem Denkendorfer Pfleghof wurde nach 1803 (bis um 1880) »der Schwanen« — ein Wirtshausschild an der Ecke zur Landolinsgasse erinnert noch heute daran. Alten Esslingern ist darum auch heute noch der Name Schwanenplatz fast geläufiger als die offizielle Bezeichnung Blarerplatz.

Das St. Katharinen-Spital und seine Nachfolger

Begütert von Wimpfen bis Wiesensteig

Zu den bedeutenden Einrichtungen im mittelalterlichen Esslingen zählte das 1232 erstmals urkundlich erwähnte St. Katharinen-Spital, dessen stattlicher Gebäudekomplex bis zum Jahre 1811 die gesamte Fläche des heutigen Marktplatzes eingenommen hat. In einer am 12. Juni 1232 in Spoleto ausgestellten Bulle nahm Papst Gregor IX. Meister und Bruderschaft des Esslinger Spitals samt allen Gütern und Einkünften in seinen Schutz. Dekan, Schultheiß und Bürgerschaft stellten dem Spital einen Sammelbrief aus, mit dem seine Bevollmächtigten überall milde Gaben für das Esslinger Spital sammeln durften. Das — oder, wie es lange Zeit hieß, der – Spital war nicht etwa Krankenhaus allein, sondern eine Einrichtung der Wohlfahrtspflege im weitesten Sinn. Aufnahme im Esslinger Spital fanden Arme, Kranke, Schwache und Lahme, durchreisende Fremde, Wöchnerinnen, Waisen und Findelkinder. Dieser Aufgabe dienten auch eine Reihe Dépendancen des Spitals: Sonder- und Feldsiechenhäuser, Warzenhaus, Elendsherberge, Seelhaus und Fundelhaus. Das Spital auf dem Marktplatz wurde mehr und mehr zu einem Pfründnerhaus, in dem Armenpfründner und Herrenpfründner gleichermaßen Kost und Wohnung fanden.

Durch Stiftungen und milde Gaben floß dem Spital im Laufe der Zeit ein umfangreiches Vermögen zu. Um die Wende des 13. Jahrhunderts besaß das Esslinger Spital auswärtige Besitzungen und Rechte in insgesamt 110 Ortschaften, die über das ganze heutige Württemberg verteilt waren von Wimpfen, Bönnigheim, Hohenhaslach und Großbottwar im Norden bis Kuppingen, Reutlingen, Wiesensteig im Süden. Zum Besitz des Spitals gehörten unter anderem drei ganze Dörfer: Deizisau, Möhringen und Vaihingen auf den Fildern samt dem 1297 von den Herren von Bernhausen erworbenen, heute 260 Hektar großen Wald beim Katzenbacher Hof. Stattlich war auch der Besitz des Spitals an Weinbergen. In der alten Spitalkelter wurden nicht nur Esslinger Trauben gekeltert, sondern auch solche aus dem Remstal und aus dem ganzen Neckartal von Plochingen bis Cannstatt.

Die geistliche Oberaufsicht über das Esslinger Spital hatte der Bischof von Konstanz. Der Rat der Stadt hingegen besaß die weltliche Obrigkeit und die Schutzvogtei. Das bedeutete, daß ihm auch der ganze Verwaltungsapparat unterstellt war, den er einsetzte und kontrollierte. Das Pflegepersonal dagegen – der Meister mit den Brüdern und die Meisterin mit den Schwestern – blieb bis zur Einführung der Reformation in Esslingen unmittelbar der Kirche unterstellt. Für sie galt die Ordensregel des heiligen Augustin. Obwohl das Spital jahrhundertelang eine kirchliche Anstalt war, entwickelte es sich doch zugleich zum »weitaus größten städtischen Wirtschaftsbetrieb« (Werner Haug), da die Stadt es verstand, einen immer stärkeren Einfluß auf die Verwaltung des Spitals auszuüben und es zugleich immer mehr zu finanziellen Leistungen heranzuziehen. Das Spital mußte durch den Verkauf von Grundbesitz nach dem Krieg gegen Graf Eberhard I. die städtischen Finanzen wieder sanieren, es mußte Mittel für den Bau der Frauenkirche bereitstellen, und es galt – so Werner Haug in seiner Arbeit über das Esslinger Spital – »mehr und mehr als ein städtisches Sondervermögen, welches deshalb auch gar nicht mehr regelmäßig besteuert zu werden brauchte, sondern einfach zu Geldbeiträgen angehalten werden konnte.« Es blieb »zwar stets formell eigenständig, wurde aber namentlich auf dem Gebiet der Brotversorgung und im Rahmen des öffentlichen Finanzwesens in steigendem Maße zur Stütze für die gesamte Stadt Esslingen. Seine ursprüngliche Bestimmung, die soziale Fürsorge, geriet allerdings in demselben Maße in den Hintergrund«.

In seiner Blütezeit dürfte das Esslinger Spital unter den schwäbisch-reichsstädtischen Spitälern »an Größe und Vielzahl der Besitzungen nur von den Instituten in Biberach und Schwäbisch Hall erreicht oder übertroffen worden sein. Organisatorisch scheint es eine Führungsstellung eingenommen zu haben, denn fast alle schwäbischen Reichsstädte mit großen Spitälern, namentlich Heilbronn, Schwäbisch Hall, Schwäbisch Gmünd und Biberach, baten um die Esslinger Spitalordnungen zur Übertragung auf ihre Anstalten, und sogar die Stadt Frankfurt am Main richtete eine Anfrage über die Privilegien des Esslinger Spitals an den Rat der Stadt«. Der Bedeutung des Spitals entsprach seine räumliche Ausdehnung zwischen Rathausplatz und Dominikanerkloster. Zum Spitalbezirk gehörten Hauptbau und Neuer Bau, Kelter, Stallungen und Fruchtkästen, Werkstätten und Verwaltungsgebäude, nicht zu vergessen die 1495 nach Plänen von Matthäus Beblinger erbaute Spitalkirche. Auf der Nordseite entlang der ehemaligen Spitalgasse, wo bis heute das Kielmeyerhaus, die ehemalige Spitalkelter, steht, hatte der Gebäudekomplex des Spitals eine Länge von nahezu hundert Metern; er muß also von der Westseite des später erbauten Neuen Rathauses bis zum Ende der Unteren Beutau gereicht haben.

»Stolzes Denkmal des Esslinger Gemeinsinns«

Im Zuge der Reformation erlebte das Katharinen-Spital noch einmal einen beachtlichen Besitzzuwachs durch die Einverleibung der Güter und Besitzungen aller Esslinger Klöster. Der Kirchen- und Armenkasten, später Geistliche Verwaltung genannt, teilte sich nun mit dem Spital in die Aufgaben der Fürsorge und der Wohlfahrtspflege. Im Jahre 1824 – die Spitalgebäude waren zu diesem Zeitpunkt bereits abgebrochen – wurden »Hospital« und »Geistliche Verwaltung« zur sogenannten Stiftungspflege zusammengeschlossen. Diese widmete sich etwa zu gleichen Teilen der Armenbetreuung wie dem Kirchen- und Schulwesen. 1887 wurde das Vermögen der Stiftungspflege unter die evangelische Kirchengemeinde und die bürgerliche Gemeinde Esslingen aufgeteilt.

Nach dem Abbruch der Spitalgebäude auf dem heutigen Marktplatz wurde 1817 das ehemalige Klara-Kloster in der Obertorvorstadt als Armen- und Krankenhaus eingerichtet. Die Krankenabteilung verfügte über knapp vierzig Betten und war in eine chirurgische und eine »innerliche« Abteilung gegliedert. Die Oberamtsbeschreibung von 1845 nennt diese Anstalt wohleingerichtet. Sie hatte nur einen Nachteil: sie war den alteingesessenen Esslinger Bürgern vorbehalten. Durch die zügig voranschreitende Industrialisierung kamen jedoch in zunehmendem Maße auswärtige Arbeitskräfte in die Stadt. Für sie aber war, wenn sie krank wurden, nicht gesorgt. Es spricht für die Gesinnung der Esslinger Unternehmer jener Zeit, daß von ihnen die Anregung zur Gründung eines Privatkrankenhauses für die rund 3 000 fremden Arbeiter, Handwerker und Dienstboten in der Stadt ausging.

Am 5. März 1845 erließ Fabrikant Carl Weiß, der damals führende Mann in der 1826 gegründeten Sektkellerei Kessler, im »Esslinger Anzeiger« einen Aufruf, in dem es unter anderem hieß: »Längst schon wurde in hiesiger Stadt das Bedürfnis gefühlt, für erkrankte Arbeiter und Dienstboten eine Zufluchtsstätte zu haben, da der städtische Spital zunächst nur für Eingebürgerte bestimmt ist. Auf den ersten Anblick erscheint nun freilich die Gründung eines Privatkrankenhauses als ein riesenhaftes Unternehmen, allein, wenn man erwägt, daß sich allhier durchschnittlich ungefähr 3000 fremde Gehilfen, Fabrikarbeiter und Dienstboten aufhalten, welche, um im Fall des Erkrankens einer schnellen und guten Versorgung versichert sein zu können, gewiß ohne große Opfer wöchentlich oder monatlich einen kleinen Beitrag willig geben würden, so sollte man an der Möglichkeit der Ausführung des genannten Planes nicht mehr zweifeln; auch steht zu hoffen, daß der schon so oft erprobte Wohltätigkeitssinn der hiesigen Einwohner einen solchen, der leidenden Menschheit ohne Rücksicht auf Glaubensverschiedenheit gewidmeten Verein nicht ohne kräftige Unterstützung lassen wird.«

Dieser Plan mutet erstaunlich modern an. Dennoch dauerte es noch seine Zeit, bis er verwirklicht werden konnte. Am 23. Dezember 1857 bescheinigte der Stiftungsrat eine Summe von 340 Gulden, 9 Kreuzern, die von insgesamt 26 Esslinger Geschäftsleuten als Beitrag für den Fonds zur Errichtung eines Dienstbotenkrankenhauses aufgebracht worden war. Die Spender waren zumeist Ladeninhaber, die durch diesen Beitrag die bis dahin üblichen Weihnachts- und Neujahrsgeschenke für ihre Dienstboten ablösten. Durch Schenkungen, Legate und durch eine im Herbst 1859 durchgeführte Hauskollekte kamen schließlich rund 5000 Gulden zusammen. Nun konnte auch die Stadt ihre Beteiligung nicht mehr versagen. Im Juni 1860 beschlossen die bürgerlichen Kollegien einstimmig, den Bau des Arbeiter- und Dienstboten-Krankenhauses mit einem bedeutenden Darlehen zu unterstützen. Der erste Paragraph aus den Statuten von 1862 lautete denn auch: »Das neue Krankenhaus ist eine von dem hiesigen Hospital getrennte, unter Aufsicht des Gemeinderats und der Regierungsbehörden stehende öffentliche Anstalt.«

Anfang 1861 begann man mit dem Grunderwerb in den Ebershaldengärten. Und schon am 17. Juli 1862 konnte das neue – das spätere »Alte Krankenhaus« – in der Ebershalde auf dem Gelände der heutigen Stadthalle eingeweiht werden. Sechs Jahre später, am 10. November 1868, wurde dieses Krankenhaus förmlich in das Eigentum der Stadt Esslingen übernommen. Damit hatte die Geburtsstunde der Städtischen Krankenanstalten Esslingen geschlagen, die sich heute als Hauptschwerpunktkrankenhaus mit 750 Betten und Akademisches Lehrkrankenhaus der Universität Tübingen präsentieren. Die Zahl der Patienten, die im heutigen Krankenhaus in den Hirschländern gleichzeitig stationär behandelt werden können, liegt damit um mehr als hundert über der Zahl der Kranken, die im Laufe des gesamten Jahres 1910 im Alten Krankenhaus in der Ebershalde aufgenommen wurden. Ein Jahr später, 1911, übernahm Chefarzt Dr. Mangold als Nachfolger von Medizinalrat Dr. Spaeth die Leitung des Hauses. Er stellte die Weichen für den Umzug in das neue Krankenhaus, das in den Jahren 1928 bis 1930 nach Plänen von Professor Rudolf Lempp erbaut und dessen Erweiterung und Modernisierung im Jahre 1977 mit dem Bau der Kinderklinik abgeschlossen wurde.

Die Esslinger Stadtbefestigung

Tore, Türme, Mauern

Sie wäre heute eine Sehenswürdigkeit von Rang, die ehemalige Esslinger Stadtbefestigung, mit deren Bau in der Stauferzeit, vermutlich unter Kaiser Friedrich II., begonnen wurde. Anderthalb Jahrhunderte hat man an den Esslinger Mauerringen gebaut, bis zuletzt nicht nur der Stadtkern, sondern auch die drei mittelalterlichen Vorstädte, die Pliensauvorstadt, die Obertorvorstadt und die Beutauvorstadt, von Mauern und von weit mehr als fünfzig Toren und Türmen umgeben waren. Noch zu Beginn des vorigen Jahrhunderts war diese mächtige Anlage im großen Ganzen erhalten. Esslingen hätte sich damals gut mit Rothenburg oder auch mit mächtigen alten Reichsstädten wie Ulm, Regensburg oder Nürnberg vergleichen können. Seine starken und eindrucksvollen Befestigungsanlagen waren weithin bekannt. Sie galten als eine der stärksten Stadtfestungen im deutschen Südwesten, ja sogar als uneinnehmbar. Doch mit dem Ende der Reichsstadt und dem Beginn der Industrialisierung begann ein – fast möchte man sagen – systematischer Abbruch der alten Mauern und Türme. Heute stehen, abgesehen von der Burg, gerade noch drei von mehreren Dutzend Türmen im mittelalterlichen Esslingen: das Wolfstor, das Schelztor und der Pliensauturm. Zwei von ihnen, Schelztor und Wolfstor, stehen am Rande des innersten Mauerrings; der Pliensauturm war das innere von drei Brückentoren, die ursprünglich auf der Pliensaubrücke standen. Und bei allen dreien fragt man sich, ob es ein Wunder oder der pure Zufall war, daß sie erhalten geblieben sind, denn auch ihnen drohte immer wieder einmal der Abbruch.

Nur noch eines dieser drei erhaltenen Tore hat seine Funktion als Tor bis heute bewahrt: das Wolfstor, sicherlich das älteste der drei. Nirgendwo in Esslingen, ja im ganzen mittleren Neckarraum kann man staufische Baukunst in so ausgeprägter Form erleben wie angesichts des Wolfstors. Die beiden Stauferlöwen mit ihren gezopften Mähnen wiesen schon zu Beginn des 13. Jahrhunderts jeden Besucher der Stadt deutlich und eindringlich darauf hin, daß dieses Esslingen eine Stadt der Staufer war. Die Stauferlöwen – als Wölfe verkannt – haben dem Tor wohl auch seinen späteren Namen gegeben, nachdem es noch Ende des 13. Jahrhunderts Oberes Tor oder Oberesslinger Tor, zu Beginn des 15. Jahrhunderts auch Brottor ge-

Skizzen vom Wolfstor mit den beiden Stauferlöwen

heißen hatte. Erst um die Mitte des 16. Jahrhunderts kam die Bezeichnung Wolfstor auf. Und so unglaublich es klingt: im vorigen Jahrhundert wurde mehrfach der Abbruch des Wolfstors ernsthaft gefordert.

Staufische Buckelquader kann man auch am Schelztor betrachten, das 1377 unter der Bezeichnung Schelchs Tor erstmals in den Urkunden erscheint. Es erhielt diesen Namen nach einer Familie Schelch, die bei diesem Tor einen Hof besaß. Auch dem Schelztor drohte zu Beginn des vorigen Jahrhunderts der Abbruch. Am erstaunlichsten ist es freilich, daß als dritter der bis heute erhaltenen Türme der mittelalterlichen Stadtbefestigung der 1297 erstmals erwähnte Pliensauturm, nach der damals benachbarten Pliensaumühle auch Mühlturm genannt, die Zeiten überdauert hat, mußte doch gerade im Bereich der Pliensaubrücke ständig gebaut und verändert werden, sei es beim Bau der Eisenbahnlinie, sei es später beim Ausbau des Neckarkanals, beim Bau der Rampen zur Neckarstraße und zum Bahnhofsplatz oder bei der Verbreiterung der Brücke. Bis in die zwanziger Jahre dieses Jahrhunderts hat dieses innere Brückentor regelrecht als Tor gedient. Erst als der Bau der Filderstraßenbahn die Aufschüttung der Rampen erforderlich machte, deren eine mittlerweile wieder verschwunden ist, wurde aus dem Tor ein bloßer Turm. Am 26. November 1926 ist der letzte Krautbauer von den Fildern mit seinem Fuhrwerk durch das alte Brückentor gefahren. Die nach dem Bau der Vogelsangbrücke möglich gewordenen Veränderungen im Bereich der Pliensaubrücke haben den Pliensauturm wieder ins rechte Licht gerückt.

Im Jahre 1241 wird die Esslinger Stadtmauer zum ersten Male urkundlich erwähnt. Nicht viel jünger ist vermutlich der Mauerring um die mittelalterliche Pliensauvorstadt. Fest steht, daß die Ummauerung von Stadtkern und Pliensauvorstadt 1297 vollendet war. Der innerste Mauerring umschloß auf seiner engsten Seite im Westen gerade das Geviert von Frauenkirche, Stadtkirche, St. Paul und alter Lateinschule. Er erstreckte sich vom Mettinger Tor — etwa auf der Höhe des heutigen Stegs zwischen Frauenkirche und St. Paul — entlang der Beblingerstraße zur Agnesbrücke, machte dort einen scharfen Knick nach Osten, verlief auf der Nordseite des Roßneckars bis zum Tränktor und zum Stumpenturm bei der Schwätzbrücke und über das Kies zum Wolfstòr. Von dort folgte die Stadtmauer den heutigen Straßenzügen von Entengraben, Zwinger- und Hauffstraße, mündete beim Lantelentor (am Landolinsplatz) in die Augustinerstraße, der sie über Geiselbach und Beuten hinweg folgte, um im äußersten Norden gerade noch den Salemer Pfleghof und die Frauenkirche zu umschließen.

Eberhardt vermutet, daß das 1816 abgebrochene Mettinger Tor ähnlich ausgesehen hat wie das Wolfstor. Bei der alten Lateinschule stand das

Agnestörle, am Schleifbergele das Kirchgassen- oder Kanzleitörle und am Eingang zur Inneren Brücke beim Palm'schen Bau das mächtige Innere Brückentor, auch Finsteres Tor genannt. Dann folgten hintereinander Neckartörle, Tränktor − es führte zu einer Tränke am Roßneckar −, Stumpentor (beim ehemaligen Haus Dörnenburg am Eingang zur Kanalstraße), Tuchertörlein, Wolfstor, der Turm beim Gilgenbad (an der Einmündung der Zwingerstraße in den Ottilienplatz) und weitere vier Türme bis hinauf zum Lantelentor. Etwa auf Höhe der Treppe, die heute die Augustinerstraße mit der Webergasse verbindet, stand das Hagtor, bei der Reichsstadt das Kornmarkttor, am Eingang zur Mittleren Beutau das Schöllkopfs- oder Kreidweißtor, zwischen Salemer Pfleghof und Frauenkirche das Frauentor und auf der äußersten nordwestlichen Ecke der Mauer bei der Frauenkirche der 1795 abgebrochene Schwaderlochturm. Die Mauer um die Pliensauvorstadt bildete ziemlich genau ein Viereck, im Norden vom Wehrneckar, im Süden vom Neckar begrenzt. Im Westen folgte die Stadtmauer etwa der heutigen Bahnhofstraße, im Osten der Vogelsangstraße. Die Verbindung zwischen dem eigentlichen Stadtkern und dieser ersten Vorstadt des Mittelalters bildete die ebenfalls mit Toren und Türmen bewehrte Innere Brücke; Reste eines dieser Türme stecken noch heute im Gebäude Innere Brücke 14. Der gesamte Bereich vom Lohwasen über Kesselwasen, die spätere Maille, den Bleichwasen bis hinaus zum Pulverwasen lag außerhalb der Mauern. Eckpfeiler der Stadtbefestigung entlang des Neckars waren der bereits 1301 erwähnte dreistockige Holdermannsturm im Westen und der Nonnenturm im Osten. Zwischen dem heutigen Schelztor und dem Holdermannsturm standen früher der Mittlere und der Vordere Schelchsturm. An das Färbertörle erinnert noch der Name der Neckarpromenade zwischen Pliensaubrücke und Villa Merkel. Ein weiterer Turm, der »Weyenfättich«, stand etwa an der Stelle, an der heute die Vogelsangbrücke die Neckarstraße überspannt. Zwischen dem Vogelsangtor, auch Ledertor genannt, und dem heutigen Schelztor standen entlang des Wehrneckars Heiligkreuztor, Fischertörle (bei der Fischergasse) und Roßtörle (beim Roßmarkt).

Am 1. April 1330 − so berichtet Paul Eberhardt − überließ König Ludwig der Stadt Esslingen auf die Dauer von fünf Jahren die Reichssteuer sowie die dem Reich gehörigen Steuern und Nutzungen von den in Esslingen lebenden Juden zur Erbauung und Ummauerung der Oberesslinger Vorstadt. Bei dieser Gelegenheit wurde auch die kleine Ortschaft Mühlbronnen in die Obertorvorstadt einbezogen. Diese Siedlung lag ursprünglich vor dem Wolfstor und hatte ihren Namen von einer Mühle (siehe auch Mühlstraße), der 1297 erstmals erwähnten Oberen Mühle. Diese war − so meint Friedrich Fezer − Reichslehen und befand sich 1306 im Besitz

Blick vom Roßmarkt zum Schelztor

der Truhlieb von Mülbronn. Sie diente nacheinander als Ölmühle und Schleifmühle. In ihrer Nähe stand auch die Walkmühle der Esslinger Tuchmacherzunft. Die alten Mühlengebäude wurden erst 1830 abgebrochen. An ihrem Platz wurde 1834 eine Kunstmühle, die spätere Bauer'sche Mühle, gebaut.

Aus der Ortschaft Mühlbronnen und der Oberesslinger Vorstadt entstand nun also im zweiten Drittel des 14. Jahrhunderts die ummauerte Obertorvorstadt. Ihre Mauer stieß beim Stumpenturm an die der inneren Stadt und folgte dann dem Zug der heutigen Kanalstraße bis zur Brücke über den Hammerkanal. Dort machte sie einen scharfen Knick, folgte bis zum Charlottenplatz der heutigen Neckarstraße, machte dort erneut einen Knick, diesmal nach Norden, und folgte der Blumenstraße bis zur heutigen Richard-Hirschmann-Straße, der sie folgte, bis sie beim Entengraben wieder auf den inneren Mauerring stieß. An der Einmündung der Kanalstraße in die Neckarstraße, beim ehemaligen »Schillerhof«, stand der Tenneturm, auch Judenturm genannt, weil sich dort seinerzeit auch ein Judenfriedhof befand. An ihn reihten sich weitere Türme – Ziegelturm, Pulverturm und andere. Bemerkenswert war am Ausgang der Obertorstraße das äußere Oberesslinger Tor (im Gegensatz zum inneren Oberesslinger Tor, dem späteren Wolfstor, am Beginn der Obertorstraße). Dieser »Oberthorer Wacht Thurn«, wie er 1610 genannt wird, muß ein höchst bemerkenswertes Bauwerk gewesen sein, ebenso wie der unmittelbar daneben stehende sogenannte »Gießübel«, gelegentlich auch »Thurn Jungfernkuß« genannt. Im 15. Jahrhundert kam zu diesen beiden Türmen noch ein Außenwerk, der »Tarris«, eine von einem Wassergraben umgebene, von Rundtürmen flankierte Bastei. Zugbrücken verbanden die verschiedenen Türme. Erst 1806 wurde diese ganze Befestigungsanlage eingeebnet.

Als letzte der drei mittelalterlichen Vorstädte wurde die Beutenvorstadt von Mauern umgeben. Ein Teil dieser Mauer war allerdings schon unter Rudolf von Habsburg gebaut worden. Für ihren Weiterbau machte ein Esslinger Bürger namens Albrecht Steck 1351 eine Stiftung. Diese Mauer um die drei Beuten begann am Schwaderlochturm unterhalb der Neckarhalde, folgte am Hang oberhalb des Geiselbachs etwa dem Verlauf der heutigen Turmstraße, überquerte den Bach vor dem Knick der Mittleren Beutau in Richtung Krummenackerstraße und kletterte hinauf zur Burg, wo sie beim Mélac-Häusle die Höhe erreichte. Der nördliche Mauerzug wurde begrenzt vom Adlerturm und vom Hellerturm.

So wie Paul Eberhardt in seinem Buch »Aus Alt-Esslingen« getreulich den Verlauf der Esslinger Stadtbefestigung im Mittelalter nachgezeichnet, so sorgfältig hat knapp fünfzig Jahre später Otto Borst in seinem Band »Über Alt-Esslingen« den Verfall, besser: den systematischen Abbruch dieser großartigen Anlage geschildert. Die »Destruktionen des 19. Jahrhunderts« begannen alsbald nach dem Ende der Reichsstadt mit der Einebnung der Türme und Befestigungsanlagen beim Oberen Tor am Charlottenplatz. Zugleich mit dem Obertor wurden die Tore an der Mittleren Beutau und hinter der Reichsstadt abgebrochen und die Mauer zwischen dem Lantelen- und dem Grabbrunnentor abgetragen. 1811 ging es weiter: der größte Teil der nördlichen Stadtmauer fiel, ebenso die Türme und Befestigungen vor dem Mettinger Tor und das Mittlere Brückentor auf der Pliensaubrücke (1814).

1836 fiel der Beschluß, das Vogelsangtor abzubrechen. 1840 folgte die Mauer entlang des Wehrneckars. Der Bau der Bahnlinie im Jahre 1845 machte Abbrucharbeiten entlang des Neckars erforderlich. Weitere Türme und Reste der Stadtmauer wurden auf Abbruch verkauft. Zwar erhielt bereits 1838 das städtische Bauamt die Auflage, »daß es künftig bei jedem Abbruch von städtischem Eigenthum beym Stadtrath, und zwar ehe es die Abbruchsmaterialien abführen lasse, anfragen solle, auf welche Weise der Stadtrath darüber verfügen wolle«. Dem Abbruch wurde dabei freilich häufiger das Wort geredet als der Instandsetzung. Und wenn es aus heutiger Sicht auch noch so betrüblich erscheint, daß die großartige Esslinger Stadtbefestigung bis vor wenigen Generationen erhalten war und alle Chancen hatte, bis auf unsere Tage zu überkommen — tröstlich ist dabei doch eins: »Die ersten Esslinger Fabrikbauten sind mit Steinen der reichsstädtischen Stadtmauer aufgeführt worden« (Otto Borst). So kraß auch der Bruch zwischen des Heiligen Römischen Reiches Stadt und der ersten und größten Industriestadt im alten Königreich Württemberg gewesen sein mag: die Steine lebten weiter, wenn auch an anderem Ort und für einen gänzlich anderen Zweck.

Die Burg — eine Festung nur für Bürger

Esslingens Wahrzeichen und Lieblingskind

Die Burg mit ihren beiden Schenkelmauern, die den städtischen Weinberg umfangen, mit ihrer einprägsamen Silhouette von Hochwacht, Seilergang und Dickem Turm gehört zu den unverwechselbaren Erkennungszeichen und Charakteristika der Stadt Esslingen am Neckar. Die Burg erscheint nicht allein auf Prospekten und Plakaten, sondern auch auf Weinetiketten, auf Wimpeln und Briefbogen. Und dennoch ist sie nicht zum bloßen Abziehbild degradiert, sondern vermag immer wieder aufs neue, den Betrachter in ihren Bann zu ziehen.
Doch so eindrucksvoll sie auch ist, die Esslinger Burg — die erste Begegnung mit ihr ist allemal mit einer Enttäuschung verbunden, einer Enttäuschung, die gelegentlich auch den Esslingern zu schaffen macht. Ritter und Burgfräulein nämlich, ein Fürst gar oder ein die Stadt beherrschendes Geschlecht haben auf der Esslinger Burg nie gewohnt. Die sogenannte Burg ist nämlich nichts anderes als der am weitesten nach Norden vorgeschobene Teil der Stadtbefestigung. Die zur Zeit Friedrichs II. erbauten Befestigungen wurden ums Jahr 1286 unter Rudolf von Habsburg erweitert bis hinauf auf den Schönenberg, den heutigen Burgweinberg. Grund für diese Sicherheitsmaßnahme war die Fehde Rudolfs von Habsburg mit dem württembergischen Grafen Eberhard. Esslingen scheint ihm der geeignetste Stützpunkt gegen die Württemberger gewesen zu sein. Durch den Bau der Schenkelmauern über den Schönenberg entstand der heutige Innere Burgplatz, früher Pferrich genannt.

Eine Urkunde vom Anfang des 14. Jahrhunderts belegt, daß damals die Esslinger »Burg« schon ihre heutige Ausdehnung gehabt und somit auch das Stadtbild schon entscheidend geprägt hat. Am 29. November 1314 verkaufte die Stadt Esslingen dem Kloster Kaisheim bei Donauwörth »gegen 6 Morgen Weinberg genannt ‚in der Burg‘, am Schönenberg innerhalb der Mauern gelegen«. Der Kaisheimer Pfleghof steht noch heute am Fuße der Burgsteige. Ein Jahrhundert später hat das Kloster seinen »achtendhalb morgen großen wyngarten ze Ezzlingen, den man nennet die burk« wieder verkauft.

Im Jahre 1519 drohte der Freien Reichsstadt Esslingen wieder einmal Gefahr von den Württembergern, und man beeilte sich, die Burg in einen noch wehrhafteren Zustand zu versetzen. Der Esslinger Turmwächter und Chronist Dionysius Dreytwein weiß aus jenen Tagen zu berichten, »daß damals der Pferrich noch nytt so vest war als jeitzs, denn es war an ettlichen ortten nur ein zon (Zaun) darum«. Deshalb mußten »Weib und Mann, jung und alt, selbst die ganze Priesterschaft« mit Hand anlegen, als Herzog Ulrich von Württemberg nach der Bezwingung der Reichsstadt Reutlingen auch Esslingen mit einem Angriff drohte. In aller Eile wurden 1200 Landsknechte angeworben, mit deren Hilfe man in einer einzigen Nacht einen Weg durch den Burgweinberg bis hinauf zur Burg baute – trotz aller Einsprüche des Kaisheimer Klostervogts.

Auch wenn die Gefahr noch einmal vorüberging – der zielstrebige, planmäßige Ausbau der Burganlage wurde bis zur Mitte des 16. Jahrhunderts fortgesetzt und abgeschlossen. In diese Zeit fällt auch der Bau des heutigen Wahrzeichens der Stadt, des Dicken Turms, der 1527 errichtet wurde. Die Hochwacht in ihrer jetzigen Form wurde erst 1578 erbaut. Noch einmal drohte der Esslinger Burg eine Bewährungsprobe, als im Spätjahr 1688 der französische General Mélac mit seinen Truppen anrückte. Im Gegensatz zu den Schorndorfern haben ihm jedoch die Esslinger mehr oder weniger willig die Tore geöffnet. So wurde großer Schaden vermieden. Nur ein Teil der Mauer vom Dicken Turm zum Lantelenstor mußte auf Geheiß des Generals von Esslinger Bürgern im Verein mit der französischen Besatzung abgebrochen werden.

Zu Nutz und Frommen der Esslinger Bürger war die Burg von Anfang an gedacht, keineswegs aber zu deren Ergötzen und Erholung. Die Burg diente ausschließlich der öffentlichen Sicherheit und war weit davon entfernt, Lustgarten oder gar Ausflugsziel für die Bevölkerung aus dem Tal zu sein. Ganz im Gegenteil. Fremde hatten auf der Esslinger Burg überhaupt nichts zu suchen und schon gar nicht über Nacht. Der Esslinger Chronist Karl Pfaff schreibt in seiner Geschichte der Stadt Esslingen: »Die Aufsicht über die Burg führte der Burghauptmann, später der Burgvogt, der geloben mußte, sie in guter Verwahrung zu halten, ohne Erlaubnis des Bürgermeisters keinen Fremden hinauf zu lassen, Tag und Nacht auf Feuer- und Feindesgefahr wohl aufzumerken und was ihm Verdächtiges vorkomme, dem Amtsbürgermeister anzuzeigen. Alles wohl zu reinigen und sauber zu halten, das Geschütz nicht verrosten zu lassen und nicht mehr als zweimal wöchentlich von der Burg herabzugehen. Der Platz in ihr war ihm zur Benutzung überlassen, jedoch durfte er keine Bäume daselbst pflanzen. Der Bläser auf der Burg besorgte auch die Werk- und Stundenglocke und durfte mit Erlaubnis des Bürgermeisters sich in und außer der Stadt bei Hochzeiten und Gastereien als Spielmann brauchen lassen. Er solle alles Verdächtige sogleich anzeigen, wenn er in der Stadt Feuer sehe, die Feuerfahne oder bei Nacht eine Laterne aushängen und das Feuerhorn blasen, auch keine Gesellschaften halten und niemand über Nacht beherbergen.«

Im Jahre 1803 ist Esslingen württembergisch geworden. Ein Wächter, der auf beginnende Feuerbrünste achtete, war zwar immer noch vonnöten, die Stadt aber mußte nicht mehr gegen feindliche Angriffe württembergischer Herren verteidigt werden. So verlor die Burg zunehmend ihren Sinn und ihre Funktion. Sie begann zu verfallen und in den »Dornröschenschlaf« zu sinken, von dem bis in die frühen siebziger Jahre des 20. Jahrhunderts immer wieder die Rede war, ohne daß es gelang, ihn zu beenden. Zwar hatte man noch anno 1788 den Dicken Turm als eine »Hauptzierde der Stadt« erneuert, aber offenbar so wenig gründlich, daß der Dachstuhl bereits im Jahre 1800 wegen Baufälligkeit wieder abgebrochen werden mußte. Die Burg begann lästig zu werden.

Der Dornröschenschlaf und sein glückliches Ende

Im Jahre 1833 gründete man eine gemeinderätliche Burg-Kommission, die erste in einer stattlichen Reihe von Kommissionen, deren letzte bis in unsere Tage gewirkt hat. 1833 ging es um die Frage, ob die Burg verkauft oder verpachtet werden solle, denn der Stadtrat hatte »durch Stimmenmehrheit beschlossen, das städtische Burggut nebst Gebäuden, das auf einer Anhöhe über der Stadt liegt, und ein kleines Wohnhaus, ein Waschhaus und Holzhütte, einen Bronnen, ca. 4 Morgen Baumgut und 18 Ruthen Küchengarten enthält, zu verkaufen oder zu verpachten«. Dem jährlichen Pachtgeld in Höhe von 200 Gulden gab der Gemeinderat schließlich den Vorzug vor einem einmaligen Kaufpreis von nicht mehr als 4000 Gulden. So kam es, daß die gesamte Burganlage auf ein Jahrzehnt an den Kaufmann Gottlob Friedrich Schumann verpachtet wurde, nun freilich schon mit der Auflage, »daß einheimischen und auswärtigen Besuchern der Zutritt zur Burg jederzeit zu gestatten sei«. Schumann erhielt auch die Erlaubnis, die Wirtschaft, die der frühere Burgvogt betrieben hatte, weiterzuführen, »da die Burg für den Betrieb einer Wirtschaft äußerst günstig gelegen sei«. Und schließlich gestand man dem Kaufmann Schumann auch noch zu, auf dem Kanonenbuckel ein »Belvedere« zu bauen.

Zehn Jahre später, anno 1843, bekam die Schützengesellschaft die Erlaubnis, auf der Burg ein Schießhaus und einen Schießplatz zu bauen. 1846 richtete der Bierbrauer Eduard Heugelin ein Gesuch an die Stadt, ihm die Mauer vom Dicken Turm bis zur Landolinsteige käuflich zu überlassen. Es ging Herrn Heugelin aber keineswegs darum, auf dieser Mauer etwa eine Gartenwirtschaft mit schönster Aussicht ins Neckartal und zur Schwäbischen Alb einzurichten. Nein, er hatte die Absicht, die Mauer gewissermaßen als Steinbruch zu verwenden. Nach einigen Auseinandersetzungen hat der Gemeinderat auch seine Zustimmung dazu gegeben, fiel doch ein Stück Stadtmauer wahrhaftig nicht ins Gewicht in einer Zeit, in der sich die Esslinger noch weit schlimmere Abbruch-Sünden haben zuschulden kommen lassen.

Inmitten aller Destruktion regten sich gleichwohl Bestrebungen, Neues zu schaffen und dabei auch die kurz zuvor noch so geschundene und mißachtete Burg zu verschönern. 1861 wurde das zweite gemeinderätliche Burg-Komitee gebildet. Der Dicke Turm, dem freilich noch immer die Haube fehlte, wurde für die Öffentlichkeit wieder zugänglich gemacht. 1875 beschloß der Esslinger Gemeinderat den Ausbau des Dicken Turms; hundert Jahre später hat er das erneut getan. 1885 reisten Esslingens Stadtväter nach Nürnberg, um die zu jener Zeit bereits erneuerten Burgtürme zu besichtigen. Das Nürnberger Vorbild gefiel, und so konnte schon 1887 der Dicke Turm mit einer neuen Haube nach Nürnberger Muster eingeweiht werden. Es ist dieselbe Haube, die Turm und Stadt bis heute das Gepräge gibt.

1894 wurde die dritte gemeinderätliche Burg-Kommission gebildet. Sie sollte über neuerliche bauliche Veränderungen auf der Burg beraten. Ergebnis dieser Beratungen war der Antrag, das Schießhaus abzubrechen und stattdessen auf der Burg ein »Landhaus« zu bauen. 1897 erstellte der Stuttgarter Rechtsanwalt Dr. Kielmeyer für den damaligen Esslinger Oberbürgermeister Dr. Max Mülberger ein Gutachten über die rechtlichen Grundlagen für ein auf der Burg zu errichtendes Wirtschaftsgebäude. Gedacht war an eine gastronomische Anlage größeren Ausmaßes unter Einbeziehung der alten Mauern und Türme. Doch die Stadt zögerte. Und ein privater Investor war − wie später noch so oft − nicht zu finden. Fachleute wie der Landeskonservator Eugen Gradmann erklärten zu jener Zeit den baulichen Zustand der Burg für gefährlich schlecht. Dennoch wurde nichts getan. Aber man hatte Pläne. 1905 reichte die Maschinenfabrik Esslingen ein Angebot ein zur Errichtung eines Seilbahnaufzugs auf die Burg, auch dies ein Projekt, das bis in unsere Tage diskutiert wurde. 1908 befaßte sich der Gemeinderat wieder einmal mit Plänen, auf der Burg ein Hotel zu bauen – das hat er auch anfangs der siebziger Jahre des 20. Jahrhunderts noch getan. Immerhin ist dann im Jahre 1934 die heutige »Burgschenke« erbaut worden.

»Grün und erholsam sei die Burg«

In der ersten Hälfte dieses Jahrhunderts war die Burg Schauplatz der vielfältigsten Veranstaltungen – Kinderfeste, Turnerfeste, Sängerfeste, Freilichtaufführungen (Wallensteins Lager 1905), Reformationsfest, Schiller-Feier, Pfadfinder-Schaulager. In den siebziger Jahren kam die Burg erneut ins Gespräch und mit ihr viele Pläne zu ihrer Aufwertung und Neubelebung: Hotel, Schrägaufzug, Tagungsstätte, Freilichttheater, eine schwäbische Villa Massimo, Disneyland und Legoland. Als die »Esslinger Zeitung« 1971 die Bürger der Stadt nach ihren Vorstellungen von der Burgaufwertung fragte, sprachen sich von rund 2500 Einsendern 1500 für eine »grüne Burg« aus. Sie wünschten sich die Erhaltung der Burganlage als einer erholsamen grünen Oase in unmittelbarer Nähe der Innenstadt.
Und so ist es dann auch gekommen, zum Ergötzen der Esslinger und der auswärtigen Besucher der Stadt. Die Burg präsentiert sich heute so, wie man sie lange gewünscht hat: grün, erholsam, gastlich, einladend und gepflegt. 1974 schrieb die Stadt einen Wettbewerb zur gärtnerischen Neugestaltung der Burg aus. Genau neunzig Jahre nach der Einweihung der »Nürnberger Haube« des Dicken Turms – 1976 – konnte im Inneren des werbewirksamen Gebäudes Einweihung gefeiert werden. Im Esslinger Jubiläumsjahr 1977 wurden der Spielplatz im Burggraben und der behutsam erneuerte Innere Burgplatz eingeweiht. Es folgte die Neugestaltung des Äußeren Burgplatzes. Der Seilergang zwischen Hochwacht und Dickem Turm wurde begehbar gemacht und durch eine Treppe vom Inneren Burgplatz her erschlossen. Auf dem Kanonenbuckel wurde ein Gewürzgärtlein nach mittelalterlichem Muster angelegt. Und im Spätherbst 1981 gab der Esslinger Verkehrsverein den dank bürgerschaftlicher Initiative und Opferbereitschaft wiederhergestellten Pulverturm erneut in die Obhut der Stadt. Dieser Turm erschließt nicht nur den nun wieder begehbaren Burggraben, sondern auch einen unterirdischen Gang, der unter dem Kanonenbuckel in den Inneren Burgplatz führt.

Drei Rathäuser in Esslingen

Esslingen am Neckar besitzt drei Rathäuser. Doch die beiden, die heute als Rathäuser dienen, sind nicht für diesen Zweck gebaut worden. Das »eigentliche« Rathaus aber, als solches erbaut und viele Jahre lang benutzt, dient heute einer anderen Bestimmung. Die Rede ist vom Alten Rathaus, vom Neuen Rathaus und vom ehemaligen reichsstädtischen Rathaus, dem heutigen Amtsgericht.

Meisterwerk der Zimmermannskunst – das Alte Rathaus

Das Alte Rathaus wurde zu Beginn des 15. Jahrhunderts anstelle älterer, bereits 1285 genannter Brot- und Fleischlauben als städtisches Kauf- und Steuerhaus erbaut. Das genaue Baujahr ist nicht bekannt. 1430 wurde das »newe huß« erstmals urkundlich erwähnt. Nirgendwo sonst in Esslingen kann man die charakteristische Fachwerkkonstruktion des »Schwäbischen Mannes« mit den weit gespreizten Beinen und den emporgereckten Armen besser beobachten wie am Alten Rathaus. Die ursprüngliche Fachwerkkonstruktion ist heute allerdings nur noch auf der Südseite, sowie an der östlichen und westlichen Seite des Alten Rathauses zu sehen, nachdem der württembergische Hofbaumeister Heinrich Schickhardt in den Jahren 1586 bis 1589 die Nordseite des Gebäudes im Stil der Renaissance umgebaut hat. Aus dieser Zeit stammt auch die astronomische Uhr des Tübinger Meisters Jacob Diem (1592). Das heute für Esslingen und sein Altes Rathaus so charakteristische, weithin bekannte Glockenspiel stammt erst aus dem Jahre 1927; es ist eine Stiftung Esslinger Bürger anläßlich der Wiedereinweihung des Alten Rathauses nach seiner gründlichen Erneuerung durch Professor Rudolf Lempp in den Jahren 1923 bis 1926.

In den Jahren 1803 bis 1840 wurde das Gebäude tatsächlich als Rathaus genutzt, in dem Zeitraum nämlich, da der württembergische Staat sich das eigentliche reichsstädtische Rathaus in der Ritterstraße bereits angeeignet und die Stadt das Obere Palm'sche Palais, das heutige Neue Rathaus, noch nicht gekauft hatte. Als dann das ehemalige Steuerhaus am Rathausplatz nach 1840 nicht mehr als Rathaus benötigt wurde, hatte man keine Bedenken, es abzubrechen. Die Oberamtsbeschreibung von 1845 meldet lapidar: »Die unteren Räume des Steuerhauses dienen noch als Kornhaus; dem Ganzen steht aber der Abbruch bevor.« Der damalige Bürgerausschuß hat es dann fertig gebracht, diesen Abbruch zu verhin-

Die Renaissance-Fassade des Alten Rathauses mit astronomischer Uhr, Planeten-figuren, Adler und Glockenspiel

dern. Das Alte Rathaus blieb stehen, aber es verkam immer mehr, während es vielerlei Verwendung fand, zeitweilig sogar als Turnhalle für die »höheren Töchter« der Mädchenrealschule, die 1865 im Alten Rathaus ihren Betrieb begann. Erst die Renovierung durch den damaligen Leiter des Esslinger Hochbauamts, Professor Lempp, stellte das Bauwerk wieder in seiner alten Schönheit her. Heute dient es tatsächlich wieder als Rathaus, und zwar für die Sitzungen des Gemeinderats und seiner Ausschüsse. Gleichzeitig ist es – wie übrigens schon im Mittelalter – ein begehrter Ort zur Abhaltung von Festlichkeiten aller Art. Dabei finden stets die geschnitzten Konsolfiguren im Bürgersaal besondere Beachtung. Sie entstanden im Jahre 1430 und stellen Kaiser und Kurfürsten dar.
Professor Lempp rühmte das Alte Rathaus als ein Meisterwerk der Zimmermannskunst, als ein klassisches Beispiel für die alemannische Holzbauweise mit ihrem charakteristischen Binderprinzip. »Die ganze Last des inneren Körpers – so Lempp – ruhte auf fünf mächtigen, eichenen, auf Steinquadern gut gegründeten Doppelsäulen. Auch in den Außen-

wänden der Nebenseiten sind die Bundpfosten die Grundlage des Fachwerksystems. Sie nehmen die Last und die Seitenversteifung der Binder auf und sind – jeder Pfosten für sich – durch starke, vielfach doppelte Kopf- und Fußbänder nach den Unterzügen und Schwellen des Stockwerks verankert. Dadurch entsteht die für die alemannische Bauweise charakteristische Zeichnung des schwäbischen Mannes mit seinen gespreizten Armen und Beinen. Diese Schrägverbügung ist hier zum wichtigsten Architekturelement gemacht. Sie wird vom Zimmermann mit Stolz gezeigt, da sie die unerschütterliche, erdbebenfeste Standfestigkeit des Hauses so recht lebendig zum Ausdruck bringt.«

Außer den weitgehend offenen Brot- und Fleischlauben befand sich früher im Erdgeschoß lediglich noch ein »Rechenstüble«. In den ersten Stock führte eine Freitreppe auf der Westseite des Hauses; die heutige Treppe in den ersten Stock stammt aus dem Jahre 1805. Der dem Rathausplatz zugewandte Sitzungssaal war seinerzeit in zwei Teile getrennt: die untere Steuerstube gegen Osten und die Umgelterstube nach Westen. Darüber lag auf der Westseite die obere Steuerstube und nach Osten die sogenannte Forststube. Erst 1665 wurde die heutige Ratsstube auf der Südseite des Bürgersaals eingebaut; ein Reutlinger Glasmaler hat damals die Wappen und Zunftzeichen in die Fenster eingesetzt.

Beim Umbau des Nordgiebels durch Heinrich Schickhardt wurde 1588 auch die astronomische Uhr eingebaut, die heute noch funktioniert. Das Werk besteht aus fünf Teilen: der von Marx Schwartz aus Esslingen gebauten Stundenuhr, der astronomischen Uhr von Jacob Diem aus Tübingen, den Planetenbildern, dem Adler mit den beiden Figuren zu seiner Rechten und Linken und der Tafel der Mondphasen unterhalb des Adlers. Das untere, rote Zifferblatt zeigt die Uhrzeit, das obere, grüne, die Bahn von Sonne und Mond durch die zwölf Tierkreiszeichen. Der dritte Zeiger, der Drachenzeiger, macht in 6798 Tagen eine volle Umdrehung gegen den Uhrzeigersinn; sein Stand vermag Sonnen- und Mondfinsternisse anzuzeigen.

In der Nische über der astronomischen Uhr drehen sich in täglichem Wechsel die Planetenfiguren; jeden Tag tritt eine andere an ihren Platz, da jeder Wochentag von einem anderen Planeten »regiert« wird: sonntags erscheint allerdings nicht der Sonnengott Sol, sondern Jupiter, und montags ist eine Art Neptun an die Stelle der Mondgöttin Luna getreten, die wiederum anstelle des an diesem Tag sonst üblichen Jupiter am Donnerstag erscheint. An den anderen Tagen entsprechen die Figuren den seit dem Altertum gültigen »regierenden« Planeten für die einzelnen Wochentage: der Kriegsgott Mars am Dienstag, der geflügelte Götterbote Merkur am Mittwoch, am Freitag die Venus und samstags Saturn. Mit jedem Stundenschlag breitet der Adler unterhalb des Glockentürmchens die Fittiche aus zum Flügelschlag und winkt mit dem Kopf. Zugleich bewegen sich die beiden Figuren, die links und rechts den Planetenbildern zugesellt sind: links die Justitia, die Gerechtigkeit, mit Waage und Schwert, rechts die Temperantia, die Mäßigkeit, mit einem Trinkgefäß. Justitia und Temperantia sind zwei der vier weltlichen Kardinaltugenden, die bereits im Altertum aufgestellt worden sind. Täglich um zwölf Uhr mittags machen alle sieben Planetenfiguren einmal die Runde, dann bleibt die zum jeweiligen Tag gehörige Figur stehen, bis sie um Mitternacht von der nächsten abgelöst wird.

Im Jahre 1927 haben Esslinger Vereine und Bürger, unter ihnen Apotheker Mauz und Fabrikant Dick, aus Anlaß der abgeschlossenen Renovierung des Alten Rathauses ein Glockenspiel mit insgesamt 24 Glocken gestiftet. Das über eine Walze gesteuerte Glockenspiel hatte ein Repertoire von sechs Liedern, die den alten Esslingern allesamt noch wohl geläufig sind. Morgens um 7.30 Uhr erklang mehr als vier Jahrzehnte lang »Lobe den Herren, den mächtigen König der Ehren«, mittags und um 18 Uhr erklangen jeweils zwei Lieder, und zwar »Üb immer Treu und Redlichkeit« und »Ich hab mich ergeben mit Herz und mit Hand« am Mittag, später dann »Am Brunnen vor dem Tore« und »Im schönsten Wiesengrunde« und schließlich um 19.45 Uhr »Weißt du, wieviel Sternlein stehen«. Der Initiative von Professor Ernst Moritz Arndt, Lehrer an der Fachhochschule für Technik in Esslingen, und erneuter Spendenbereitschaft der Esslinger Bevölkerung ist es zu verdanken, daß im Jahre 1972, genau 45 Jahre nach dem Einbau des Glockenspiels, die Spielmechanik grundlegend modernisiert und das Glockenspiel um fünf Glocken auf 29 Glocken vergrößert werden konnte. Damit hat das Esslinger Rathaus-Glockenspiel nun einen Umfang von mehr als zwei Oktaven und kann sowohl von Hand gespielt als auch über Lochstreifen gesteuert werden. Dadurch konnte man das Repertoire auf weit über hundert Lieder und Spielstücke erweitern, die heute im Wechsel je nach Tageszeit, Jahreszeit und besonderen Anlässen im Leben der Stadt erklingen.

Ein Hauch von österreichischem Barock — das Neue Rathaus

Dem Alten Rathaus gegenüber steht das Neue Rathaus, das ehemalige »Haus am Markt« des Kaiserlichen Rates Franz Gottlieb Freiherrn von Palm. Eberhardt nennt das 1748 erbaute Palais »eines der schönsten Gebäude unserer Stadt«. Über dem Balkon sieht man noch heute die Initialen des Erbauers (F.R.D.P. = Franciscus Theophilus de Palm) und den

Wahlspruch seiner Familie: »In adversis virtus« (Im Unglück Mannhaf-
tigkeit). Das Esslinger Geschlecht der Palm hat es in Ulm und in Wien zu
Reichtum und Ansehen gebracht und ist sogar in den Reichsfürstenstand
hineingewachsen. Neben der freiherrlichen Linie, der Franz Gottlieb von
Palm angehörte, gab es die in Österreich ansässige ältere gräflich-fürstli-
che Linie und schließlich noch eine jüngere freiherrliche Linie. Ihr ent-
stammte Jonathan von Palm, der Besitzer des Schloßgutes Hohenkreuz
und Erbauer des Unteren Palm'schen Palais, des heutigen Palm'schen
Baus, am Eingang zur Inneren Brücke (1708). An diese jüngere Linie der
Palms fiel später auch das »Haus am Markt«, an dessen Planung der viel-
seitig begabte Gottlieb David Kandler, Lehrer von Tobias Mayer, wesentlich beteiligt war.
Mitglieder der Familie Palm haben ihr »Oberes Palais« bis zum Jahre
1799 bewohnt. 1831 kaufte es Graf Alexander von Württemberg,
Oberstleutnant bei dem in Esslingen liegenden 3. württembergischen
Reiterregiment, zum Preis von 25 000 Gulden. Der Stadt Esslingen, die
schon damals mit dem Gedanken spielte, das Gebäude als Rathaus zu erwerben, war dieser Preis zu hoch erschienen: 1840 mußte sie dann 29 000
Gulden auf den Tisch legen, als sie dem Grafen Alexander das »Haus am
Markt« abkaufte. Weitere 10 000 Gulden mußten dafür aufgewendet
werden, das Haus für seine neue Bestimmung herzurichten − man verwendete dazu den Holzerlös eines ganzen Jahres. Damals wurde dem Gebäude auch das Uhrtürmchen aufgesetzt.

Verlorene Reichsstadt-Herrlichkeit − das heutige Amtsgericht

Das Rathaus der ehemaligen Freien Reichsstadt Esslingen steht in der
Ritterstraße und ist, seit Esslingen württembergisch wurde, Gerichtsge-
bäude. Erbaut wurde es in den Jahren 1705 bis 1715, nachdem das mittelalterliche Rathaus dem großen Brand von 1701 zum Opfer gefallen
war. Wann dieses erste Esslinger Rathaus erbaut worden war, weiß man
nicht genau. Urkundlich erwähnt wird es zum erstenmal im Jahre 1424.
Es dürfte, wie Otto Borst annimmt, dem heutigen Alten Rathaus sehr
ähnlich gesehen haben. Und es soll, einer Beschreibung aus dem Jahre
1732 zufolge, auch noch Platz geboten haben für Waag- oder Kaufhaus,
Salzstadel und Tuchhaus. Bei der großen Feuersbrunst von 1701 aber ist
»solch großes von lauter aichen holtz erbawtes Rathaus samt dem daran
gestandenen Schlachthaus elendiglich mit allem, was darinnen gewesen,
im rauch aufgegangen.« Karl Pfaff berichtet, daß das neue Rathaus zu
Beginn des 18. Jahrhunderts »ganz von Steinen aufgeführt und zu diesem

So geht an einem Tag im Mai der Blick vom Rathausplatz – rechts das Neue Rathaus – über den Marktplatz zum Münster St. Paul und zur Neckarhalde

Zwecke die Augustinerkirche abgebrochen werden« sollte. 1705 wurde mit dem Bau begonnen unter Leitung des Stadtwerkmeisters Johann Jakob Börel aus Straßburg. Auch der Maurer- und Steinmetzmeister Peter Joachim aus Vorarlberg war am Bau beschäftigt. Die Steine holte man am Ende nicht nur von einer Steingrube im Hainbach und von der Augustinerkirche, sondern auch vom Karmeliterkloster, vom Klara-Kloster, vom Finsteren Tor am Eingang zur Inneren Brücke, vom Tränktor auf der Maille, ja sogar vom Predigerkloster.

Esslingen tat sich offenbar nicht leicht mit diesem großen Bauvorhaben. Von Einsparungen im Zuge der Bauarbeiten wird berichtet, von einer Lotterie zugunsten des Innenausbaus, von Öfen für die Ratsstube, die der Herzog von Württemberg gestiftet hat. Am 21. Februar 1715 soll die erste Ratssitzung in dem Neubau stattgefunden haben. Der Ehrenhof war zu diesem Zeitpunkt bereits gepflastert. Es dauerte aber noch bis zum Jahre 1730, bis der gesamte Innenausbau vollendet war. Den repräsentativen Barockbau mit dem großzügigen Treppenhaus, den steinernen Treppen, Galerien und Balustraden nannten Reisende des 18. Jahrhunderts »das schönste Rathaus nach dem Augsburgischen«. Zum Dank für die Überlassung eines Bauplatzes gleich neben dem Rathaus für sein Verwaltungsgebäude schenkte der Ritterkanton Kocher der Stadt das Deckengemälde von P.A. Reith im Kaisersaal, das 1727 vollendet wurde. Karl Pfaff beschreibt dieses Gemälde folgendermaßen: »Im Hintergrunde erblickt man die Stadt Esslingen mit der Burg, vornen den Flußgott des Neckars und die Nymphe des Hainbachs, einen Genius mit dem Füllhorn, einen geharnischten Krieger und ein Mädchen, neben welchem Hymen mit gesenkter Fackel steht. Oben erscheint Eßlingen als Frau mit Helm und Speer, in ihrem Schild hat sie das Stadtwappen und blickt zu dem über ihr befindlichen Kaiser auf, noch weiter oben ist ein Genius mit dem Freiheitshute, zur Linken schweben die Gerechtigkeit und Klugheit und zwischen beiden die Gesetzgebung mit dem Statutenbuch in der Hand, auf welchem man liest: Carolus VI. Imperator Augustissimus. Privilegia Civitatis confirmata. Leges Anima Republicae.«

Beim Wiederaufbau des Rathauses hatten zahlreiche Städte von Überlingen bis nach Hamburg die Stadt Esslingen finanziell unterstützt. Es war gewiß ein harter Schlag für die Stadt und ihre Bürgerschaft, daß ausgerechnet ihr Rathaus als das einzige unter den reichsstädtischen Rathäusern des Landes vom württembergischen Staat regelrecht beschlagnahmt und in Besitz genommen wurde, als Esslingen württembergisch wurde. Bis heute ist nicht eindeutig erwiesen, ob die Stadt dafür überhaupt eine Entschädigung bekommen hat. Im ehemaligen reichsstädtischen Rathaus hatte von 1806 bis 1817 ein Kriminaltribunal seinen Sitz, 1818–1869 der Kreisgerichtshof für den Neckarkreis und der Kriminalgerichtshof für den Neckar- und Schwarzwaldkreis. 1879 wurde es Amtsgericht.

Welch bedeutende Rolle dieses »eigentliche« Esslinger Rathaus im Bild der Stadt und im Bewußtsein ihrer Bürger gespielt hat, das belegt eine Erinnerung an Esslingens reichsstädtische Zeit, die »Beschreibung des jährlichen Schwörtags der Reichsstadt Eßlingen« aus dem Jahre 1789. Dieser Schwörtag, »ein Jubeltag nach alter Schwabensitte«, war der höchste Festtag im reichsstädtischen Esslingen, »eins der frequentesten und berühmtesten schwäbischen Volksfeste«, zu dem seinerzeit »in Kreuz und Quer von Ludwigsburg bis Göppingen und von Tübingen bis Schorndorf« die Leute nur so strömten. An Jakobi, am 25. Juli, präsentierte sich Esslingen als eine freudejauchzende Stadt. Dem »mit Pauken und Trompeten« begonnenen und mit einem »lautschallenden Tutti aller Glocken und Trommeln« beschlossenen Festakt und dem feierlichen Te Deum in der Stadtkirche folgte um drei Uhr der »Ball für die Standespersonen, wozu der große Saal auf dem Rathaus eingeräumt wird. Ich habe viele einsichtsvolle Fremde über die Anlage dieses sehenswürdigen Gebäudes und besonders über die schöne Gelegenheit zu einem so zahlreichen Ball urteilen hören, und alle fanden sie durchaus vortrefflich, auch meist über ihre Erwartung schön und gut . . .

Der allgemeine Jubel dieses Tages und die ausgesucht schöne Gelegenheit zum Divertissement auf dem Rathhaus − das alles wirkt so vorteilhaft zusammen, daß man sich keine frohere und vergnügtere Gesellschaft denken kann . . . Indem der Zuschauer so beobachtet und handelt, dünkt ihm Eßlingen der Mittelpunkt seines geliebten Vaterlandes und der Schwörtag ein nicht ganz unwichtiger Tag, in Rücksicht auf Nationalverbindungen unter Privatpersonen, die von Jahr zu Jahr hier geschlossen und erneuert werden. Wenigstens ists doch eine Gelegenheit mehr, das Band einiger schönen schwäbischen Gauen unter sich fester zu knüpfen, und gibt Veranlassung, sich unter einander als eine große Familie zu betrachten, und der Vaterlandsliebe, die immer bei solchen Verbindungen gewinnt, aufzuhelfen . . .«

Brunnen in Esslingen

Die Quellen sprudeln bis heute

Zu den Sehenswürdigkeiten und Eigentümlichkeiten einer historischen Stadt gehören nicht allein die großen, markanten Baudenkmale und Sehenswürdigkeiten: die Kirchen, Rathäuser, Tore und Türme. Dazu gehören auch Denkmäler, Brücken und Stege, Bäume, Bänke − und Brunnen. Sie vor allem sind mehr als nur ein Stück »Möblierung«. Sie erfüllen die Stadt mit Leben, spenden Kühlung, schaffen Fixpunkte, ihr Plätschern und Rauschen macht aus einer Stadtkulisse ein Stück Heimat, die man fühlen und hören kann. An den Brunnen traf sich früher zwangsläufig die ganze Stadt, weil ein jeder dort sein Wasser holen mußte. Die Zeiten haben sich geändert. Beliebte Treffpunkte aber sind die Brunnen geblieben. Esslingen ist reich an Brunnen. Rund siebzig zählt man heute im gesamten Stadtgebiet. Die bekanntesten sind natürlich die meist schon seit dem Mittelalter bestehenden großen Röhrenbrunnen der Innenstadt. Sie alle sind auch heute noch sogenannte Laufbrunnen, die aus Quellen gespeist werden. Ergiebige Quellen sprudeln bis heute in der Bachstraße und im Maienwalter, in der Ebershalde und in der Mettinger Straße, in den Ränkelen, im Fritzen und im Obertal. Nur rund ein Drittel der Esslinger Brunnen ist an das städtische Wasserleitungsnetz angeschlossen.

Bereits im 14. Jahrhundert genannt werden der Marktbrunnen vor dem Alten Rathaus, der ehemalige Fischbrunnen, der Brunnen beim Münster St. Paul und der Eichbrunnen oder Adlerbrunnen in der Küferstraße. In diese Reihe historischer Brunnen gehören auch der heutige Beutaubrunnen sowie die Brunnen auf dem Hafenmarkt und auf dem Ottilienplatz. In Vergessenheit geraten ist der schon 1228 beurkundete »Mirakelbrunnen« unter der Frauenkirche, der Marien- oder Frauenbrunnen, dem man besondere Heilkraft nachgesagt hat und der noch 1804 als »Gesundbrunnen« bezeichnet wurde. Aus der Quelle des ehemaligen »Miselbrunnens« wird der Brunnen beim Hauptportal von St. Paul gespeist. Das Miselhaus, also das Aussätzigen- oder Sondersiechenhaus, stand nicht weit von hier jenseits des Mettinger Tors.

Der Marktbrunnen auf dem ehemaligen Kornmarkt

Einer der ältesten unter Esslingens historischen Brunnen ist sicherlich der Marktbrunnen vor dem Alten Rathaus. 1360 hat man ihn — nicht zum erstenmal — neu errichtet. Sein Name erinnert daran, daß sein angestammter Standort, der heutige Rathausplatz, im Mittelalter der eigentliche Esslinger Marktplatz war. Den gesamten Raum des heutigen Marktplatzes nahmen damals ja die Gebäude des Katharinen-Spitals ein. Daneben gab es wie in jeder mittelalterlichen Stadt eine Reihe weiterer Plätze, die ihren Namen meist von dem Markt bekamen, dessen Schauplatz sie waren: den noch heute dem Namen nach bekannten und geläufigen Hafenmarkt oder Krautmarkt, den Fischmarkt beim heutigen Postmichelbrunnen, den Roßmarkt und den Holzmarkt, aus dem inzwischen der Blarerplatz geworden ist.

Angesichts der kunstvollen Zeugnisse gotischer Baukunst in Esslingen kann man sich gut vorstellen, daß der Marktbrunnen von 1360 ein reich geschmücktes Kunstwerk von der Art des Uracher Marktbrunnens war. Otto Borst nimmt an, daß an seine Stelle um die Mitte des 16. Jahrhunderts eine Renaissancesäule mit einem jener Brunnenmänner getreten ist, die man — wie heute noch in Marbach — oft als »Wilden Mann« bezeichnet. 1727 hat der Esslinger Stadtwerkmeister Michael Rothacker den Marktbrunnen neu gefaßt. Er muß besonders viel Freude an den Esslinger Brunnen gehabt haben und eine glückliche Hand dazu, denn auch die Brunnen auf dem Hafenmarkt und beim Münster St. Paul tragen seine Handschrift. Der »Wilde Mann« blieb erhalten bis zum Beginn des 19. Jahrhunderts. 1832 erhielt der Brunnen als krönenden Schmuck eine antikisierende Vase. Sie blieb ein Jahrhundert an ihrem Platz. Dann erfuhr der Marktbrunnen seine vorläufig letzte Umgestaltung, und zwar zu einem Gedenk- und Mahnmahl für die Gefallenen des ersten Weltkriegs. Am 21. November 1931 wurde dieses Werk des Gmünder Bildhauers Jakob Wilhelm Fehrle eingeweiht.

Vom Predigerbrunnen zum Löwenbrunnen

Nicht einen, sondern vier Namen trug im Laufe seiner Geschichte der Brunnen auf der Westseite des Marktplatzes beim Münster St. Paul. Als Predigerbrunnen wurde er 1328 erstmals genannt. Der Name ist leicht zu erklären, stand der Brunnen doch unmittelbar beim damaligen Dominikanerkloster. Und die Dominikaner wurden auch Prediger genannt. Nicht minder schwer zu erklären ist der Name Spitalbrunnen, denn das Katharinenspital war bis zum Beginn des 19. Jahrhunderts der östliche Nachbar dieses Brunnens. Als nach der Reformation aus dem ehemaligen Predigerkloster ein Waisenhaus, damals Fundelhaus genannt, wurde, da verwandelte sich der Predigerbrunnen in den Fundelbrunnen. Auch dieser Brunnen wurde mehrfach umgestaltet und erneuert, so 1721 durch Michael Rothacker und nochmals im Jahre 1774. Dieser Zeit verdankt der Brunnen seine barocke Gestalt. Der Löwe ist eine Zutat aus späterer Zeit und doch so einprägsam, daß er dem Brunnen seinen heutigen Namen − Löwenbrunnen − gegeben hat.

Wie aus dem Fischbrunnen der Postmichelbrunnen wurde

Wenn alte Esslinger heute vom Fischbrunnen sprechen, dann meinen sie den Postmichelbrunnen. Er ist der vielleicht populärste unter den Esslinger Brunnen, steht er doch auch auf einem besonders wichtigen und exponierten Platz im Herzen der alten Stadt, dort nämlich, wo die Lebensader des mittelalterlichen Esslingen, die Handelsstraße von Flandern nach Oberitalien, einen Knick machte − von der Pliensau und der Inneren Brücke hinüber zur Ritterstraße. 1381 wird erstmals der Kaufbrunnen genannt, der an diesem Platze stand. Auch im 15.Jahrhundert ist noch vom Kaufbrunnen die Rede. Die Erklärung liegt nahe, daß rings um diesen Platz seit jeher rege Geschäfte getätigt wurden. Ganz in der Nähe waren die Krämergasse und − im Erdgeschoß des heutigen Alten Rathauses − die Brot- und Fleischlauben. 1519 ist dann die Rede vom Fischmarktbrunnen, und in der Fischereiverordnung von 1586 hat Otto Borst erstmals die Bezeichnung Fisch-Bronnen entdeckt. Aus dem alten Kaufbrunnen war der Fischkasten geworden, kein Wunder in unmittelbarer Nachbarschaft des Roßneckars, an dem seit Jahrhunderten die Stadtfischer ansässig waren. Die Fischbrunnenstraße vom Alten Rathaus zur Inneren Brücke hat den alten Namen bewahrt.

So wie die Namen haben im Laufe der Jahrhunderte auch die Brunnen an diesem Platz gewechselt. Eine Fotografie von W. Mayer, datiert »um 1880«, zeigt einen klassizistischen Fischbrunnen mit steinerner Säule aus dem Jahre 1764. Er scheint jedoch zu eben dieser Zeit dem Geschmack der Zeit nicht mehr entsprochen zu haben. Das Neueste waren damals reich verzierte gußeiserne Brunnen. Und so hat man den alten Fischbrunnen 1878 ins Filial versetzt, nach Wäldenbronn, wo er noch heute steht und als Acht-Röhren-Brunnen in Ehren gehalten wird. Der modische »neue« Fischbrunnen aus Gußeisen aber durfte sich keine vierzig Jahre seines Standorts im Herzen der Altstadt freuen. Anno 1916 nämlich stiftete die Witwe des Stuttgarter Oberstaatsanwalts Robert von Hecker, Anna Hecker, als Vermächtnis ihres Mannes der Stadt den Postmichelbrunnen, geschaffen von dem Stuttgarter Bildhauer Emil Kiemlen. Und dieser Brunnen blieb stehen bis heute − zur Freude der Esslinger. Der ausrangierte gußeiserne Fischbrunnen steht heute als Klara-Brünnele in der Klara-Anlage zwischen der Burgschule und der Wolfstor-Realschule.

Neu gefaßt am alten Platz − der Adlerbrunnen

Erst jüngst wieder auf der Bildfläche erschienen ist der Eichbrunnen, auch Adlerbrunnen genannt, in der Küferstraße an der Abzweigung zum Blarerplatz. Dabei zählt er zu den ältesten Brunnen in Esslingen. 1374 wurde der Eichbrunnen, damals meist Ychbrunnen geschrieben, zum erstenmal genannt. Die Küferstraße hieß damals noch Bindergasse − eine Erinnerung an die Zeit, als die Küfer ihre Fässer im wahrsten Sinne des Wortes mit Holzbändern zusammengebunden haben. Beim Eichbrunnen war vermutlich der Platz, wo diese Gefäße geeicht wurden. Geläufig war früher auch die Bezeichnung Barfüßerbrunnen, stand der Brunnen doch unmittelbar an der Südwestecke des ehemaligen Franziskaner- oder Barfüßerklosters, von dessen Kirche − St. Georg − heute nur noch der Chor steht. Und weil der Nachbar des Brunnens auf der anderen Seite der Binder- oder Küfergasse das renommierte Gasthaus zum »Goldenen Adler« war, wurde anfangs des 18. Jahrhunderts auch der Name Adlerbrunnen gebräuchlich. Nach dem Bau des Evangelischen Gemeindehauses am Blarerplatz hat man 1930 die Quelle des Adler- oder Eichbrunnens links vom Haupteingang auf der nordwestlichen Ecke des Gemeindehauses sprudeln lassen. Dieser Brunnen ist inzwischen versiegt − umso erfreulicher, daß nun der Adlerbrunnen wieder am alten Platz plätschert. Eine Quelle in der Ebershalde speist bis heute den Ottilienbrunnen, früher Gilgenbrunnen oder Ilgenbrunn genannt, auf dem Ottilienplatz. Den Namen gab ihm seine Lage bei der Ägidiuskapelle im Gilgen- oder Ottilienhof. Der ausladende Röhrenbrunnen mit der Lotosknospe auf dem Brunnenstock wurde im 17. und 18. Jahrhundert mehrfach umgebaut und zuletzt 1922 erneuert. Im Zuge der Altstadterneuerung zwischen Heppächer und Ottilienplatz wird gewiß auch der Ottilienbrunnen aus dem Aschenputtel-Dasein der letzten Jahre erweckt.

Krautmarkt- und Kapellenbrunnen

Gleicher Standort, doch wechselnde Namen — das gilt auch für den Röhrenbrunnen auf dem Hafenmarkt. Er wird bis heute von den ergiebigen Quellen im Maienwalter und am Geiselbach gespeist und wurde 1977 von Grund auf erneuert. Im 16. und 17. Jahrhundert trug er den Namen Krautmarktbrunnen. 1718 ist die Rede vom »eisernen Krautmarcktbronnen«; daraus wurde zeitweilig der Name Eiserner Brunnen. Auch dieser, der Hafenmarkt- oder Krautmarktbrunnen, erhielt seine bis heute gültige Gestalt durch den Stadtwerkmeister Michael Rothacker.

Dieselben Quellen speisen auch den Beutaubrunnen auf dem Kleinen Markt. Dieser Brunnen hat ebenfalls mehrfach den Standort und häufig den Namen gewechselt. Den ursprünglichen Namen Kapellenbrunnen verdankt er der Nachbarschaft der Kapelle im Kaisheimer Pfleghof am Fuße der Burgsteige. Ihm gegenüber stand früher auf der anderen Seite der Blaubeurer Pfleghof — das führte zum Namen Blaubeurer Brunnen. Seine heutige Gestalt mit Obelisk, maskenverziertem Sockel und einer Kartusche mit der Inschrift »Qui aquam hauris fontem honora« (Der du das Wasser trinkst, ehre die Quelle) erhielt der Beutaubrunnen 1777 durch den Esslinger Stadtwerkmeister Johann Georg Mayer.

Der Herrenbrunnen unter der Stadtmauer

Zu den historischen Brunnen im Esslinger Stadtkern zählen auch der Laufbrunnen hinter dem Konstanzer Pfleghof und — auf der anderen Seite der Augustinerstraße in einer Nische der alten Stadtmauer — der Herrenbrunnen, dem gewiß die Augustiner-Chorherren im nahen Kloster den Namen gegeben haben. Vorbei an dem neugotischen eisernen Brunnen in der kleinen Grünanlage neben dem Landolinshof führt von hier der Weg allmählich hinaus aus dem historischen Stadtkern, und ein Spaziergang könnte beginnen zu neueren Esslinger Brunnen – zum Lenaubrunnen in der Grünanlage in der großen Kurve der Mülbergerstraße, zum Mülberger-Brunnen am Platz des alten Panorama-Brünneles, auf die Burg, wo beim Kanonenbuckel und vor der Burgschenke Brunnen plätschern und inmitten neuer Grünanlagen Fontänen rauschen. Den Rückweg könnte man über die Katharinenstaffel nehmen, wo auf halbem Weg noch immer das Salamanderbrünnele fließt. Eine stattliche Fontäne steigt empor aus dem Feuerlöschteich in der Grünanlage beim Ebershaldenfriedhof. Fontänen schmücken und beleben auch die Grünanlage bei der Friedrich-Ebert-Schule und den Teich der Schilleranlage.

Neue Brunnen für junge Stadtteile

In den fünfziger Jahres dieses Jahrhunderts hat der Esslinger Bildhauer Heinrich Körner eine Reihe von Brunnenplastiken geschaffen, die neue Wohngebiete der Stadt wohnlicher und heimeliger machen sollten. Als erster entstand der Brunnen für den Sudetenplatz auf dem Hohenbühl. Inmitten der weiten Brunnenschale schnellt ein bronzener Fisch empor, und auf dem Brunnenrand stehen die Worte: »Von 1950 bis 1953 wurden für 482 Wohnungen auf dem Hohenbühl 1000 m Straßen, 3000 m Versorgungsleitungen – Gas – Wasser – Kanalisation und 7000 qm öffentliche Grünflächen gebaut.« Ein Jahr später bekam auch die Gartenstadt »ihren« Brunnen, geziert von einem bronzenen Taubenpaar. Fliegende Enten schmücken den ebenfalls von Heinrich Körner entworfenen Brunnen auf dem Zollberg. Und aus seiner Werkstatt stammt auch die Brunnenplastik aus Sandstein, die seit 1958 den Brunnen in der Schubart-Anlage in der Pliensauvorstadt schmückt.
1964 wurde der vieleckige Brunnen in den Lerchenäckern aufgestellt. Die Esslinger Firma Adolf Bayer hat ihn nach einem Entwurf des Braunschweiger Professors E. Cimiotti gebaut. Ein Jahr später schuf der Esslinger Bildhauer Wolfgang Klein die Brunnenanlage am Eingang zur Aula der Fachhochschule für Technik Ecke Obertor- und Mühlstraße, einen regelrechten Spielbrunnen für die Kinder aus der Nachbarschaft, eine Brunnenlandschaft mit Berg und Tal, mit Bächen, Rinnsalen und Kaskaden. Esslingens jüngster Brunnen ist der Paracelsus-Brunnen am Athleteneck, ein Werk der Esslinger Bildhauerin Irmtraud Förster. Esslingens Ärzte und Apotheker haben diesen Brunnen der Stadt in ihrem Jubiläumsjahr 1977 zum Geschenk gemacht.

Esslinger Stadtteile

»Mir sen so froh, daß mir die Filialiste hen!«

Esslingen am Neckar besteht heute aus insgesamt fünfundzwanzig Stadtteilen, den eigentlichen Stadtkern mitgerechnet. Man kann diese Stadtteile nach Himmelsrichtungen gruppieren, nach ihrer Lage diesseits oder
jenseits des Neckars, im Tal oder auf der Höhe, nach ihrer Zugehörigkeit
zu Wahlbezirken oder zu Bürgerausschüssen. Sinnvoller ist es zweifellos,
die heutigen fünfundzwanzig Stadtteile nach historischen Kriterien zu
ordnen: nach Entstehungszeit, Gründungsjahr oder Zeitpunkt ihrer Eingliederung in die Stadt Esslingen.
Den traditionsreichen Kern der Esslinger Vororte bildet »das Filial«,
gelegentlich auch »die Filialien« genannt. Damit sind die ehemals ländlichen Außenbezirke der Stadt gemeint, die schon in reichsstädtischer Zeit
Teil der Stadt waren. Dieses Filial war früher in fünf Unter-Schultheißenamts-Bezirke eingeteilt: Liebersbronn mit Kennenburg und Wiflingshausen, Mettingen, Rüdern, Sulzgries mit Hohenacker und Krummenacker
und Wäldenbronn mit den Weilern Obertal, St. Bernhardt und Serach mit
Schloß Hohenkreuz. Zu Mettingen zählt man heute auch Brühl und die
ehemals königliche Hofdomäne Weil. In einer Art Verwaltungsreform
machte man aus fünf anno 1607 drei Bezirke: Mettingen, die Hainbachorte und Rüdern, Sulzgries, Krummenacker. Ebenso wie die Neckarhalde sind auch die Stadtteile Sirnau und Zollberg erst in diesem Jahrhundert entstanden. Das heutige Sirnau wurde anfangs der dreißiger Jahre
geplant und konnte im Sommer 1982 sein 50-jähriges Bestehen feiern.
Auf dem Zollberg hat man Mitte der fünfziger Jahre mit dem Bau eines
neuen Stadtteils begonnen, der sich heute zu beiden Seiten der Zollbergstraße vom Berkheimer Wäldle bis zum Mutzenreis erstreckt. Die jüngsten Esslinger Stadtteile sind Berkheim und Zell am Neckar, die erst im
Zuge der baden-württembergischen Verwaltungsreform Mitte der siebziger Jahre aufgrund freiwilliger Vereinbarungen nach Esslingen kamen.
Das Esslinger »Filial« hat schon Gustav Schwab in seinen 1837 in Leipzig
erschienenen »Wanderungen durch Schwaben« als eine besondere Merk-

würdigkeit dieser Stadt geschildert. Er schreibt: »Als besonderer Eigenthümlichkeit ist des sogenannten Esslinger Gebiets zu erwähnen, das aus mehreren kleinen Weilern besteht, welche still und abgeschieden auf der Strecke zwischen dem Rothen Berg und Esslingen, zwischen Wein, Obst und Wald liegen, meist aus zerstreuten, über das ganze Gebirge bis auf die äußersten Höhen verbreiteten Häusern zusammengesetzt sind und sich höchst malerisch und einladend den Blicken darstellen. Sie sind, auch in vielem andern noch altdeutscher Sitte getreu, nach Weidgerechtigkeiten und Hirtenschaften eingetheilt und, obgleich mit eigenen kleinen Kirchen versehen, doch nach Esslingen eingepfarrt. Stille Frömmigkeit herrscht unter ihnen.«

Ganz ähnlich stellt es auch die 1845 vom Königlichen statistisch-topographischen Bureau in Stuttgart herausgegebene »Beschreibung des Oberamts Esslingen« dar. Dort heißt es: »Die Stadt ist von allen Seiten, mit Ausnahme der Südseite, von größeren und kleineren Weilern umgeben, die außer Mettingen, das ein geschlossener Ort ist, aus zerstreuten, auf den Berghöhen und in den Thälern umherliegenden und meistens in Obstwäldern malerisch versteckten Wohnungen von Weingärtnern und Obstzüchtern bestehen. Sie machen mit der Stadt Eine ungetheilte Gemeinde mit gemeinschaftlicher Markung aus, bilden in kirchlicher Beziehung mit der Stadt eine Gesammt-Parochie, und sind zur Filialistenschule in Eßlingen schulpflichtig. Die fünf Anwaltsamts- oder Unter-Schultheißenamts-Bezirke, in welche sie zerfallen, sind sonach dem Stadtschultheißenamt untergeordnet. In alten Zeiten waren sie nach Weidegerechtigkeiten in Hirtenschaften eingetheilt; man weiß aber nicht anzugeben, wann diese ‚Bürger vor den Thoren‘, wie sie hießen, das Bürgerrecht erhielten. Bis in das 14. Jahrhundert befanden sich mitten unter diesen Bürgern und bürgerlichen Gütern gar viele Güter und Hintersassen fremder Fürsten und Adeligen, auch mehrerer Klöster; und erst nach und nach erwarb die Stadt das Vogt- und Steuerrecht auch über diese, besonders durch den Vertrag mit Württemberg 1399, und nun erst konnten sämtliche Bewohner in das Esslinger Bürgerrecht aufgenommen werden.«

Die Filialorte sind − trotz aller Solidarität mit der Gesamtstadt − noch immer bekannt für ihre Eigenständigkeit, ihren Zusammenhalt und den besonderen »Schlag« ihrer Bewohner. Im Esslinger Filial wurden früher als anderswo Weingärtner-, Backhäusles-, Kelter- und Brennhäusles-Genossenschaften gegründet. Die Esslinger Filialisten haben ihren eigenen Stolz und ein gesundes Selbstbewußtsein. Wer Esslingen gründlich kennenlernen will, sollte damit im Esslinger Filial beginnen. Und wer sich guter Bekanntschaft mit den Filialisten rühmen kann, dem darf man zutrauen, daß er die Esslinger überhaupt kennt.

Rund um den Faifegrädler

Mettingen, Brühl und Weil

Von allen Esslinger Filialorten bietet Mettingen das geschlossenste Bild. Es wirkt noch heute wie ein Ort für sich. Der Grund dafür ist gewiß die Lage dieses Stadtteils im Neckartal zwischen dem weit vorspringenden Schenkenberg und dem Ailenberg. Die anderen Filialorte bestehen dagegen seit jeher aus einzelnen Weilern, verstreut in die Täler und Klingen und auf die Anhöhen um Geiselbach, Hainbach und Zimmerbach. Mettingen zählte um die Mitte des vorigen Jahrhunderts knapp 373 Einwohner; heute sind es rund 5000. Damit ist Mettingen der Zahl der Einwohner nach der sechstgrößte Esslinger Stadtteil nach der Innenstadt, Oberesslingen, Berkheim, der Pliensauvorstadt und dem Zollberg. 1229 wurde Mettingen erstmals urkundlich erwähnt. Damals beurkundete der Schultheiß Rüdiger von Esslingen, daß der Esslinger Bürger Gottfried zu seinem Seelenheil dem Kloster Salem ein Jahr zuvor zwei Morgen Weingarten in Mettingen vermacht habe. In jener Zeit war Mettingen schon ein bedeutender Weinort. Die Truchsessen von Urach, die Herren von Rechberg und zahlreiche Klöster hatten Besitz an den Rebhängen von Lerchenberg und Schenkenberg. Der Name Lerchenberg tauchte bereits 1395 als Flurname auf.

Ihre Weinberge haben den Mettingern freilich nicht nur Freude gemacht, sondern ihnen auch Ärger und Sorgen bereitet. Am schlimmsten war es, wenn die Württemberger in die Mettinger Weinberge einfielen und dort wie im Städtekrieg anno 1450 arge Verwüstungen anrichteten. Im Jahre 1399 hatte man zwar durch einen Vergleich zwischen den Grafen von Württemberg und der Reichsstadt Esslingen die Herrschaftsbereiche im Esslinger Filial und an seinen Grenzen festgelegt. Aber Mettingen hatte nun einmal jahrhundertelang das Pech, unmittelbar an der Grenze zwischen Württemberg und der Reichsstadt Esslingen zu liegen. Und so oft zwischen diesen beiden erbitterten Widersachern Krieg und Streit aufloderten, hatten zuerst die Mettinger nichts zu lachen. Nicht nur ihre Weinberge, auch ihr Ort wurde mehrfach zerstört, das letztemal im Jahre 1519. Damals ließ Herzog Ulrich von Württemberg am 29. Dezember Mettingen anzünden und niederbrennen aus Zorn darüber, daß er gegen die ummauerte Reichsstadt Esslingen nichts hatte ausrichten können.

Seit 1607 gab es in Mettingen wie in den anderen Filialorten einen Schultheiß. Er löste die Untergänger als oberste Amtspersonen im Filial ab. Der Schultheiß im Filial war meist ein angesehener Mann — mächtig freilich war er nicht. Denn die Filialorte besaßen weder eine eigene Markung, noch ein Gemeindevermögen. Bei allen Behördengängen mußten die Filialisten den Weg nach Esslingen auf sich nehmen. Auch Kirchgang und Schulweg führten meist dorthin. Manch eine »Gruabank« auf den Anhöhen rings um die Stadt erinnert noch heute an die Zeit, als die Männer und Frauen vom Filial ihre Lasten auf dem Kopf und auf dem Rücken in die Stadt tragen mußten. Die steinernen Gruabänke boten Gelegenheit zum Ausruhen oder auch »Ausgruabe« und zum Absetzen der Last. 1811 wurde im Gebäude der heutigen Waisenhofschule eigens eine »Filialistenschule« für die Kinder aus dem Esslinger Filial eingerichtet; sie zählte 1827 nicht weniger als 383 Schüler und 78 Vorschulkinder. Erst um die Mitte des 19. Jahrhunderts erhielten die Filialorte eigene Schulen.

Angesichts all dieser Tatsachen wundert es einen nicht, daß die Filialisten bis gegen Ende des vorigen Jahrhunderts immer wieder einmal aufmuckten und sich darum bemühten, selbständig und von Esslingen unabhängig zu werden. Gelungen ist es ihnen nie. Die Mettinger waren übrigens neben ihren Nachbarn in Rüdern und Sulzgries diejenigen unter den Filialisten, die sich besonders gern von Esslingen losgesagt hätten. Das hatte seinen Grund gewiß nicht zuletzt in der Lage des Ortes und in seiner Geschlossenheit. Hinzu kommt, daß Mettingen sehr früh besaß, was den meisten anderen Filialorten fehlte: eine Kirche im Dorf.

Die Liebfrauenkirche mit ihrem charakteristischen Turm und dem mächtigen gotischen Chor ist noch heute das bedeutendste Bauwerk in Mettingen. Mit dem Bau von Chor und Turm wurde um die Mitte des 15. Jahrhunderts begonnen. Damals plante man eine Vergrößerung der Kirche, die ein Jahrhundert zuvor an der Stelle einer bereits 1267 genannten »Kapelle zu unserer lieben Frau« erbaut worden war. Der Schöpfer von Chor und Turm ist kein Geringerer als der berühmte Baumeister der Esslinger Frauenkirche, Hans Beblinger. Auch sein Sohn Lukas, genannt Lux, hat an der Mettinger Kirche gebaut. Wie viel den Mettingern am Bau ihrer neuen Kirche lag, aber auch, wie schwer sie sich mit diesem großen Werk taten, beweist die Tatsache, daß ihnen der Rat der Stadt mehrfach Sammelpatente ausstellen und damit das Recht einräumen mußte, Spenden zu sammeln. Die Stadt hat sich auch mehrfach an den Bischof von Konstanz gewandt mit der Bitte, die Erlaubnis für Kollekten zu erteilen. 1478 endlich war der Chor vollendet. Aber nun versiegten die Geldquellen, vermutlich als Folge der Städtekriege. So beschränkte man sich in Mettingen darauf, das alte Kirchenschiff lediglich zu erneuern, aber nicht neu zu bauen. Das erklärt die bis heute auffallende Diskrepanz zwischen dem mächtigen Turm samt dem Chor und dem sehr kurzen Schiff. Als Schutzpatrone der Mettinger Kirche werden neben Maria die Heiligen

Der Turm der gotischen Liebfrauenkirche in Mettingen, der »Faifegrädler«, prägt das Bild des Stadtteils und gab seinen Bewohnern ihren Übernamen.

Laurentius, Leonhard und Barbara genannt. In den Jahren 1969 bis 1974 wurde die Mettinger Kirche gründlich erneuert. Sie präsentiert sich seitdem wieder als ein besonders schönes Stück schwäbischer Gotik. 1963 wurde jenseits des Neckars, in Weil, die neue Lukaskirche eingeweiht. Am bekanntesten freilich ist der Turm der Kirche, der den Mettingern ihren Necknamen – Faifegrädler – eingetragen hat. Die Turmspitze ist nämlich seit dem 17. Jahrhundert von vier kleinen Ecktürmen umgeben, von denen aber – ganz gleich, welchen Standort der Betrachter einnimmt – immer nur drei auf einmal zu sehen sind, weil der vierte stets von der großen zentralen Turmspitze verdeckt wird. Daher stammt der Spruch, die Mettinger ließen – ganz wörtlich genommen – fünfe grad sein, auf gut schwäbisch: faife grad. Und deshalb nennt man die Mettinger Faifegrädler. Sie schämen sich dieses Namens aber nicht, im Gegenteil: sie sind stolz darauf. Das zeigte sich, als die Stadt Esslingen am Neckar 1977 ihr 1200-jähriges Bestehen feierte. Damals bescherten die Esslinger Weingärtner, deren große Kelter seit 1971 am Fuße des Lerchenbergs in Mettingen steht, ihrer Stadt einen neuen Wein. Erstmals bauten sie einen Spätburgunder Weißherbst aus. Und die ganze Bevölkerung war aufgerufen, einen Namen für diesen in Esslingen bis dahin nicht dagewesenen neuen Wein zu finden. Unter einigen hundert Einsendungen machte schließlich der »Faifegrädler« das Rennen. Dabei ging es der Jury zweifellos auch darum, neben dem Esslinger Staffelsteiger und dem Sulzgrieser Rosenholz mit dem Mettinger Faifegrädler jeden der drei Orte, in denen bis in unsere Tage selbständige Weingärtnergenossenschaften bestanden, mit einem auch dem Namen nach ortsbezogenen Wein zu ehren.

Ein Weinort ist Mettingen geblieben, auch wenn zu den Weinbergen heute die Bauten und Symbole großer Industriebetriebe herüberschauen. An manch einem der schieferverkleideten Weingärtnerhäuser sieht man noch eine Kammerz, einen Weinstock, der emporrankt bis zu den Fenstern der ersten Etage und der im Herbst oft reiche Früchte trägt. Alljährlich wird am ersten Wochenende im September Kirbe gefeiert. Symbol dieses Festes ist »der Trauben«, ein aus ungezählten Trauben zusammengefügtes kunstvolles Gebilde. Wenn dieser Trauben feierlich aufgezogen wird, stehen Kirbe und Weinlese vor der Tür. Bald darauf wird dann bei der neuen Kelter am Lerchenberg das Weinfest gefeiert. Und nicht die Mettinger allein, die Clauß und Haug und Böhmerle, wie sie häufig heißen, vergnügen sich bei diesem Fest, sondern genau so gern ihre Esslinger Nachbarn »aus der Stadt«. Das war nicht immer so. Im Jahre 1791 richteten sämtliche Mettinger Bürgersöhne an den Magistrat die Bitte, am Kirchweih-Montag einen Tanz halten zu dürfen. Und das begründeten sie so: »Wann wir, die wir des Tages Last und Hize tragen müssen, und dabey wissen, daß in Gegenden von einer Entfernung von 8 bis 10 Stunden 30 Mann nicht schaffen, was 10 Mann von uns verrichten, und daß unser Geschäft nicht blos einen Einfluß hat, vor uns Nahrung zu verschaffen, sondern, daß durch unsern Weinbau Nuzen vors Publikum, vor den Käufer wie den Pflanzer befördert wird, warum solten wir nicht auch der frohen Hoffnung leben, daß Euer hochwohl- und wohlgeboren gnädig geruhen würden, uns an den Freuden des menschlichen Lebens Anteil nehmen zu lassen. Wir erinnern uns, daß die Schwörtags-Feyer in der Stadt mit allen Arten von Belustigungen etliche Tage hindurch bekleidet gewesen ist.« Heute ist den Mettingern schon lange recht, was den Esslingern billig ist. Wenige Wochen nach dem großen Esslinger Bürgerfest treffen sich die Mettinger, und nicht nur sie, seit 1976 zur »Mettinger Hocketse«, und der Magistrat von heute feiert fröhlich mit und würde sich hüten, diese dörfliche Lustbarkeit zu verbieten. In Mettingen kehrt man aber auch zur Zeit der Besenwirtschaften gern ein. Und seit 1979 raucht – dank der Initiative des »Fördervereins zur Erhaltung des Mettinger Backhauses und bäuerlichen Brauchtums« – auch wieder der Schornstein auf dem Mettinger Backhaus an der Schenkenbergstraße.

Mettingen hat aber auch noch ein anderes Gesicht. 1909 wurde die 1846 gegründete Maschinenfabrik Esslingen, die ME, nach Mettingen verlegt. Auf ihrem Gelände und in ihren Hallen hat sich seit 1965 der Werksteil Mettingen des Daimler-Benz-Stammwerks Untertürkheim eingerichtet. Die Belegschaft im Werk Mettingen zählt nicht weniger als rund 6500 Beschäftigte. Aber auch andere wohlklingende Namen der Industrie am mittleren Neckar finden sich seit Jahrzehnten in Mettingen: Gebrüder Berner (1928), Fahrion (1908), Lamellen- Häussermann (1925) und Ortlieb (1911). Auf dem Brühl zwischen dem Neckar und der Bundesstraße 10 – er gehörte lange Zeit zu Obertürkheim und wurde als Viehweide genutzt – wurde 1856 die Württembergische Baumwollspinnerei gegründet und mit ihr die erste Arbeiterkolonie am mittleren Neckar. Erst in den zwanziger Jahren des 20. Jahrhunderts kam die Brühler Markung zu Esslingen. Und 1963 hat Daimler-Benz die Württembergische Baumwollspinnerei und Weberei auf dem Brühl übernommen.

Es wäre nun aber falsch, den Stadtteil Mettingen einfach zu unterscheiden in den ländlichen Weinort diesseits und die Industrieansiedlung jenseits des Neckars. Auch jenseits des Flusses und der 1845 gebauten Bahnlinie liegt ein Teil des ländlichen Mettingen. Auf der Breite und in der Champagne – den ebenen Feldern – nämlich liegt ein großer Teil des Garten- und Ackerlandes der Mettinger Wengerter. Zwar ist die Landwirtschaft zurückgegangen seit dem Jahre 1895, als in Mettingen in einem Jahr nicht weniger als fünf bis sechs Millionen Gurken und 200 Zentner Zwiebeln geerntet wurden. Mettinger Gemüse aber steht auch heute noch in gutem Ansehen – auf dem Esslinger Wochenmarkt wie auf dem Großmarkt in Stuttgart.

Weil – Dominikanerinnen-Kloster und Königliches Gestüt

Spaziert man von der Breite oder vom Brühl weiter zum Wald hin in Richtung Parksiedlung oder Ruit, signalisieren einem bald Namen wie Klosterallee, Württembergstraße und Königsallee, daß man auf besonderem Boden steht: in Weil. Die Geschichte dieses Stadtteils gliedert sich in zwei Kapitel: das ehemalige Dominikanerinnenkloster Weil und die königliche Hofdomäne samt Gestüt Weil. Das erste Kapitel reicht zurück bis in das Jahr 1230, als einige Nonnen aus Esslingen durch einen Tauschhandel mit dem Nellinger Klosterprobst Bauland in Weiler erwarben. Noch im selben Jahr gab Bischof Konrad von Konstanz die Erlaubnis, dort ein Kloster samt Kirche und Begräbnisplatz anzulegen. König Konrad der Staufer hat dieses Kloster 1240 dem Schutz des Schultheißen von Esslingen und des Vogtes auf Achalm anbefohlen. Die Klosterfrauen vom Orden des heiligen Augustinus traten bald in den Dominikanerorden über und wurden unter die Aufsicht des Priors des Esslinger Dominikanerklosters gestellt. Das Kloster Weil kam rasch zu Ansehen und Bedeutung und konnte sich der Gunst hoher wohlhabender Gönner erfreuen, die es an Schenkungen nicht fehlen ließen, so die Ritter von Bernhausen und die Witwe Bertolds von Neuffen, Gräfin Richenza von Löwenstein. Königin Margareta, die Witwe König Heinrichs VII., schenkte 1248 den Dominikanerklöstern in Esslingen, Weiler, dem heutigen Weil, und Sirnau zu gleichen Teilen ihre goldene Krone. Von der Tugendhaftigkeit, der tiefen Frömmigkeit und der mystischen Verzückung der Nonnen von Weil zeugen die »Viten von Weiler«, Lebensbilder der frommen Frauen. Die Pieta von Weil, eine kolorierte Plastik aus Lindenholz, ist ein Werk des Esslinger Bildschnitzers Peter Köllin von 1471. Sie gilt als eine der großartigsten Schöpfungen der Spätgotik und steht heute im Württembergischen Landesmuseum in Stuttgart.

Mitten in einer Zeit religiöser und wirtschaftlicher Blüte begab sich das Kloster Weiler 1360 aus der Obhut der Reichsstadt Esslingen in den Schutz der Grafen von Württemberg und geriet damit zwangsläufig zwischen die Fronten dieser beiden Widersacher. Im Städtekrieg von 1377 wurde das Kloster geplündert und verbrannt. Von diesem Schlag konnte sich Weiler noch einmal erholen. Seine Anziehungskraft war ungebrochen. 1448 zählte das Kloster nicht weniger als 130 Schwestern. Ein Jahr später aber, am 15. August 1449, brach die Katastrophe über Weil herein, die den Niedergang des Klosters einleitete. Im großen Städtekrieg überfielen die Reichsstädter das Kloster und seine Güter, peinigten die Schwestern, plünderten, brandschatzten und zerstörten. Und noch einmal, 1519, fielen die Esslinger im Kampf gegen Herzog Ulrich über das Kloster her. Die Zahl der Nonnen nahm stetig ab, die Klosterzucht ließ nach. Dennoch widersetzten sich die Nonnen von Weil standhaft und hartnäckig der Reformation, die Herzog Christoph 1556 dort einführen wollte. Von »halsstarrigen Nonnen« ist die Rede — 1560 waren es noch achtzehn, 1570 noch vier. Doch erst mit dem Tod der letzten Priorin Ursula Ehingerin im Jahre 1590 ging die Geschichte des Dominikanerinnenklosters Weil zu Ende. 1643 brannte das Kloster ab. Der Klosterhofmeister verlegte seinen Sitz nach Esslingen. Aus dem Kloster wurde eine Staatsdomäne.

Weiler Impressionen: das Schlößle (links) strahlt in neuem Glanz; von den Stallungen und Remisen des ehemaligen Gestüts blieben nur Reste.

Diese Domäne hat König Wilhelm I. von Württemberg 1817 durch Tausch für die württembergische Hofkammer erworben. Er wollte mit dem Gelände in Weil sein Privatgestüt in Scharnhausen erweitern und außerdem einen Landsitz mit einer mustergültigen Meierei schaffen. Der Weiler Park unterhalb der heutigen Parksiedlung im Ostfilderner Stadtteil Nellingen schuf die Verbindung zwischen Schlößle und Fohlenhof beim Scharnhäuser Vulkan und dem neuen Gestüt in Weil. In dem Parkgelände ließ der König Maulbeerhecken pflanzen, denn zur Meierei in Weil gehörte auch eine Seidenraupenzucht. 1821 kaufte er in Nordholland Rinder der holländischen oder friesischen Rasse für die Landwirtschaft in Weil. Am meisten aber lag ihm das Gestüt am Herzen. Weil wurde zum Haupt-Mutterstutenhof des königlichen Gestüts. Bisweilen standen dort an die hundert Stuten edelster Zucht und Rasse − englische Halbblut, Trakehner und Araber. Der württembergische Hofbaumeister Giovanni Salucci baute in den Jahren 1819 und 1820 im Stil italienischer Landhäuser das Schlößle, das königliche Landhaus in Weil. 150 Jahre später haben private Initiative und die Kunst von Restauratoren und Denkmalpflegern das Schlößle Weil in frischem Glanz erstrahlen lassen wie zur Zeit König Wilhelms I. Er soll 1864, wenige Tage vor seinem Tod, angesichts des Neckartals bei Weil und der Grabkapelle für seine verstorbene Frau Katharina von Rußland auf dem Rotenberg gesagt haben: »Ach, daß ich von einem so schönen Lande scheiden muß.«

Auch sein Nachfolger Wilhelm II. war ein Freund des Gestüts in Weil. Er begann 1892 mit der Zucht englischer Vollblüter. Im gleichen Jahr wurde das Talgelände von Weil dem Württembergischen Rennverein zur Einrichtung einer Rennbahn überlassen, und im selben Jahr fanden dort die ersten Pferderennen statt. Noch einmal begann eine glanzvolle Zeit für Weil. Die jährlichen Rennen wurden für Esslingen wie für Stuttgart sportliche und gesellschaftliche Ereignisse von internationalem Rang. Um den König und seine vom Pferdesport nicht minder begeisterte Tochter Pauline, »das Päule«, die spätere Fürstin zu Wied, scharte sich damals die »große Welt«. Und von den Weinbergen der Neckarhalde versuchten die Bauernbuben von Sulzgries durch das Fernglas des Großvaters ein Stück dieser großen Welt beim Pferderennen in Weil zu erspähen. Doch Weil wurde — trotz der Nähe der württembergischen Residenz — nicht Iffezheim. Der Württembergische Rennverein setzte zwar nach dem ersten Weltkrieg die Tradition der Weiler Pferderennen fort, doch der Glanz war dahin, der König hatte abgedankt und sich resigniert nach Bebenhausen zurückgezogen. Und auch ein Versuch der Stadt Esslingen, die Domäne in Weil für die Stadt zu erwerben, ist 1919 gescheitert. Mit der Auflösung des Gestüts Ende 1932 war es auch mit den Pferderennen in Weil vorbei. Die Tribünen wurden 1934 abgebrochen. Die bis dahin noch erhaltenen Gebäude aus klösterlicher und königlicher Zeit verfielen. Nur noch Namen wie Klosterallee und Königsallee künden heute von der einstigen Herrlichkeit.

Zwischen Gollenholz und Ailenberg

RSKN — Filial mit gesundem Selbstbewußtsein

»RSKN, RSKN, mir sen so froh, daß mir die Filialiste hen« — dieser Vers machte die Runde, als 1970 das neue Sulzgrieser Schulhaus eingeweiht wurde. Dazu muß man wissen, daß nicht nur im ehemaligen Filial, sondern in ganz Esslingen die Bezeichnung RSKN nicht als Abkürzung, sondern als Eigenname im besten Sinne gilt. RSKN steht für Rüdern, Sulzgries, Krummenacker und die Neckarhalde. Zwei der ehemaligen Unter-Schultheißenamts-Bezirke sind hier zusammengekommen: Rüdern und Sulzgries mit den ehemaligen Weilern Hohenacker und Krummenacker. Die Neckarhalde hat zu Beginn dieses Jahrhunderts das heutige Viergespann vollständig gemacht. Und viele denken an RSKN, wenn sie ein Beispiel suchen für die bis heute stolz und selbstbewußt bewahrte ländlich-dörfliche Eigenart des Esslinger Filials. Daran haben auch die vielen in den letzten beiden Jahrzehnten entstandenen Neubaugebiete nichts geändert: der Bregel und die Kornhalde, der Fritzen und die Raunswiesen. In RSKN ist die Kirche im Dorf geblieben, das gleichsam in Jahresringen zu beiden Seiten der Sulzgrieser Straße gewachsene Schulhaus ebenfalls, und wenn im »Hirsch« Bürgerversammlung ist, dann bekommt der Besucher aus dem Tal das Gefühl, als lebe im Vorsitzenden des Bürgerausschusses der alte Schultheiß weiter.

»Anmutiger Obstgarten und treffliche Weinberge«

Die Oberamtsbeschreibung von 1845 schildert den Rüderner Bezirk auf der Höhe des Rückens zwischen Guggenthal und Beutenbach als einen »anmuthigen Obstgarten mit regellos zerstreuten Häusergruppen« und versäumt auch nicht, der »reizenden Aussicht« vom Ailenberg und der »trefflichen Weinberge« Erwähnung zu tun. Damals hatte Rüdern 441 Einwohner. In Sulzgries, Hohenacker und Krummenacker zählte man 696. Heute leben im Gebiet von RSKN an die achttausend Menschen. Als erster dieser vier Orte wurde Krummenacker urkundlich erwähnt. Im Jahre 1229 beglaubigte Schultheiß Rüdiger von Esslingen mit dem Stadtsiegel »vor genannten Zeugen« im Salemer Pfleghof den Verkauf von Äckern und Weinbergen in Krummenacker an das Kloster Salem durch Burkhard, den Sohn des Gärtners. 1275 wird Sulzgries erstmals urkundlich genannt. In diesem Jahr schenkte Judenta, die Witwe des Ritters Wolfram, des Vogtes zu Rems, dem Kloster Steinheim an der Murr ein Gut in Sulzgries. Vier Jahre später erscheint auch der Name Rüdern, und zwar in einer Schenkungsurkunde, als Bertold von Beutau 1279 zu seinem und seiner Eltern Seelenheil dem Zisterzienserkloster Bebenhausen unter anderem die jährlichen Zinsen »von dem Weingarten und der Wiese des Wernher von Rüdern« schenkte. Im Jahre 1327 befreite die Stadt Esslingen die in ihrem Zehnten liegenden Güter des Klosters Salem von allen Abgaben mit Ausnahme von einem Pfund jährlich. Darunter waren auch 24 Morgen Weingärten »an Neckarhalden gelegen hinter dem holtz genannt« und 50 Morgen »holtz da zu Sültzgriez«. 80 Morgen »holtz« auf Sulzgrieser Markung besaß das Kloster Steinheim. Weinberge, Obstwiesen und Kornfelder — die Kornhalde trägt ihren Namen zu Recht — prägen noch heute das Bild von RSKN. Namen wie Hinterer Holzweg, Spitalwaldweg, Waldstraße und Holzweinberg weisen neben den genannten Urkunden deutlich darauf hin, daß in früheren Jahrhunderten dort auch der Wald eine Rolle gespielt hat. Tatsächlich bedeckte der »Sulzgrieser Wald« westlich der alten Siedlungen Rüdern, Sulzgries und Krummenacker eine Fläche von rund einem auf anderthalb Kilometer. Dieser Wald war zunächst zum überwiegenden Teil im Besitz von auswärtigen Klöstern und des Esslinger Spitals. Bis gegen Ende des 16. Jahrhunderts aber waren die rund 250 Morgen Wald fast ganz in die Hand von Sulzgrieser Bürgern übergegangen. Von der Mitte des 18. Jahrhunderts an nahm man immer wieder Rodungen vor, bis zuletzt Ende des 19. Jahrhunderts der ganze Sulzgrieser Wald abgeholzt war.

Grenzstreitigkeiten seit dem Mittelalter

Ähnlich den Filialisten in Mettingen hatten auch die Bewohner von Sulzgries und Rüdern im Mittelalter darunter zu leiden, daß sie gleich hinter der württembergischen Grenze zuhause waren. Zwischen Württemberg und Esslingen herrschte lange Zeit ein Streit darüber, inwieweit Bürger der Stadt und ihrer Filialorte zugleich noch Hörige anderer Herrschaften, in diesem Fall Württembergs, sein könnten. In diesem Streit ging es sicherlich weit weniger um die Rechte und Pflichten des einzelnen Bürgers als vielmehr um das Bestreben der beiden politischen Gegner, jeweils den eigenen Herrschafts- und Einflußbereich auszudehnen. Erst der Vergleich zwischen der Stadt Esslingen und dem Grafen Eberhard III. von Württemberg im September 1399 brachte Klarheit darüber, daß auch die »Bürger vor den Toren«, also die Bewohner der Filialorte, für immer und ewig zur Stadt Esslingen gehörten und damit frei seien. Die Filialisten wurden vollgültige Esslinger Bürger.

Der alte Grenzstreit aber schwelte weiter, zumal wenn es um den Viehtrieb auf der Rüderner Heide ging. Die einander unmittelbar benachbarten Rüderner und Uhlbacher führten darüber im Frühjahr 1503 einen so erbitterten Rechtsstreit, daß Esslingen die Universität Heidelberg um ein Rechtsgutachten bat. Dieses ausführliche Gutachten von »Dechin und doctores der Juristischen Facultet zu Heydelberg« wird noch heute im Esslinger Stadtarchiv aufbewahrt. Mehr als viereinhalb Jahrhunderte sind seitdem vergangen, und es gab in diesem Zeitraum sehr viel schlimmere und folgenreichere Konflikte als den Zwist zwischen den württembergischen Uhlbachern und den Esslinger Filialisten aus Rüdern. Setzt man aber einmal an die Stelle des Viehtriebs von einst den Autoverkehr von heute, dann fragt man sich, wie lange Grenzstreitigkeiten aus dem Mittelalter wohl nachzuwirken vermögen.

Der Vergleich von 1399 hat den rechtlichen Status der Esslinger Filialisten geregelt und ihre Unabhängigkeit von Württemberg bestätigt. Ganz ihr eigener Herr aber waren sie damit noch lange nicht. Die Schultheißen im Filial besaßen zwar Ansehen, aber wenig Einfluß. Die Kinder mußten von weither in die Filialistenschule nach Esslingen geschickt werden, und wehe, es verirrte sich einmal etwa ein Mettinger oder ein Rüderner Kind in die sehr viel näher gelegene und leichter erreichbare Schule im feindlichen, weil württembergischen Obertürkheim! Und all die vielen Kirchlein und Kapellen, ja sogar eine so schöne stattliche Kirche wie die in Mettingen änderten nichts an der Tatsache, daß die Filialisten nach Esslingen eingepfarrt waren. Wohl fungierten der Spitalprediger und die sogenannten Helfer der Stadtkirche als Filialprediger und hielten hin und wieder Gottesdienste im Filial ab. Zur Taufe aber und zur Einsegnung, zum Abendmahl und zur Hochzeit mußte man sich allemal auf den Weg nach Esslingen machen.

In Rüdern stand bereits im 13. Jahrhundert eine Dreifaltigkeitskapelle; sie wurde später wegen Baufälligkeit von Grund auf erneuert und 1482 erneut eingeweiht. Die erste Sulzgrieser Kapelle stand Ecke Bergstraße und Kelterstraße. Sie war den Märtyrern Kosmas und Damian geweiht und reichte mit Sicherheit bis ins 14. Jahrhundert zurück. Erst 1838/39 wurde für Sulzgries und Rüdern eine neue gemeinsame Kirche im damaligen »Kameralamtsstil« gebaut. Und erst 1891 kam zum erstenmal ein Pfarrverweser nach Sulzgries; 1905 wurde die selbständige Teilkirchengemeinde Sulzgries errichtet. 1847 erhielt Sulzgries die erste eigene Schule, im selben Jahr wie Mettingen und zwei Jahre früher als Wäldenbronn und Liebersbronn.

Backhäusle, Brennhäusle und Keltergesellschaft

Dank seiner zentralen Lage inmitten der Filialorte und Weiler zwischen Geiselbach und Rüderner Heide hat sich Sulzgries im Laufe der Zeit zum Mittelpunkt von RSKN entwickelt. Dort stehen nicht allein die Kirche, die Schulhäuser und das Gasthaus mit dem größten Saal, in Sulzgries stehen auch – voll funktionsfähig und in Betrieb bis heute – das Backhäusle in der Kelterstraße und das Brennhäusle in der Bergstraße, zwei genossenschaftliche Einrichtungen mit einer weit über hundertjährigen Tradition. 1835 wurde in Sulzgries die Brennerei-Gesellschaft gegründet, und noch im selben Jahr wurde das Brennhäusle an der Bergstraße erbaut. Fast 150 Jahre nach seiner Erbauung, im April 1981, wurde das Sulzgrieser Brennhäusle, das seitdem unablässig in Betrieb war, unter Denkmalschutz gestellt. Es ist wirklich nur ein bescheidenes Häusle, gegenüber vom alten Brunnen, ein wenig oberhalb vom »See«. Seine Einrichtung aber wurde im Laufe der Zeit stets auf den neuesten Stand gebracht und gehalten. Die Brennerei-Genossenschaft Sulzgries zählte heute mehr als hundert Mitglieder, eine stattliche Zahl, wenn man weiß, daß nur Mitglied werden kann, wer in Sulzgries wohnt und selbst Obstbau betreibt.

Der Brennerei-Gesellschaft folgte 1863 die Kelter-Gesellschaft, 1886 die Backhausgesellschaft − ein Jahr später wurde das heute ebenfalls noch intakte und regelmäßig betriebene Backhäusle an der Kelterstraße in Betrieb genommen − und 1916 die Milchverwertungsgenossenschaft. Mit der Gründung der Keltergesellschaft ging der Bau der Sulzgrieser Kelter auf der Neckarhalde einher. Sie war in Betrieb bis zur Fusion der Weingärtnergenossenschaften von Esslingen, Mettingen und Sulzgries und zum Bau der neuen gemeinsamen Kelter der Genossenschaft am Lerchenberg in Mettingen. Die Filialisten von RSKN sind stolz darauf, daß seit dem Bau ihres Brennhäusles anno 1835 dort keine einzige strafbare Handlung bekannt geworden ist. Und sie halten sich zu Recht auch etwas darauf zugute, daß ihr Backhäusle niemals Gemeinde-Eigentum, sondern ebenfalls eine genossenschaftliche Einrichtung war. Die Mitglieder der 1886 gegründeten Backhaus-Gesellschaft trafen sich in den Jahren vor dem ersten Weltkrieg regelmäßig zwischen Weihnachten und Neujahr bei einem ihrer Mitglieder zur Backhaus-Versammlung. Und der, der seinerzeit als kleiner Bub im Filial von Haus zu Haus lief und vermeldete, der Großvater lasse auch auf den soundsovielten zur Versammlung einladen, der erinnert sich noch heute daran, welche Bedeutung dieser Versammlung offenbar beigemessen wurde. In der Stube stellte man eigens Bänke auf, damit alle Platz fanden. Und Christian Friedrich, der Großvater, holte nicht nur wie sonst »einen Most« aus dem Keller. Er ließ zur Feier des Tages auch eine Korbflasche mit selbstgebranntem Kirschengeist die Runde machen.

Das ist nun schon ein paar Generationen her, aber die alten Filialisten, die hagebüchenen Weinzähne und Viertelesschlotzer, die gibt es auch heute noch draußen in RSKN. Sohn heißen sie und Wager, Diehl und Engelfried, so wie sie in Mettingen Böhmerle und Clauß und in Esslingen Hägele und Hemminger heißen. Die Alten unter ihnen erinnern sich noch gut daran, wie einst der Büttel die neuesten Bekanntmachungen ausschellte, wie am Neujahrsmorgen − und nur an diesem − der Bäcker mit frischen Brezeln von Krummenacker nach Sulzgries kam, sie erzählen vom »Buchte« und vom »Erdefresser« und vom »Zwiebelstehler«, vom Zwist mit Esslinger Marktfrauen, deretwegen manch einer lieber den weiten und beschwerlichen Weg auf den Stuttgarter Großmarkt gemacht haben soll, von dem Weichselkirschenbaum auf dem »Heidenäckerle«, dessen gesamten Ertrag alljährlich ein Esslinger Konditormeister für seine Schwarzwälder Kirschtorten zu kaufen pflegte. Gern erinnert man sich auch noch an die Sichelhenke, und die Sulzgrieser Kirbe wird noch heute am dritten Sonntag im September gefeiert. Die Zeiten sind vorbei, als 1784 der Spitalprediger Magister Friedrich Köstlin an die Stadtoberen die dringende Bitte richtete, in den seiner Seelsorge anvertrauten Filialen Mettingen und Rüdern und Sulzgries doch den »ärgerlichen Kirchweyh-Tanz« zu verbieten, einen sündlichen Unfug, der zu seiner Betrübnis von Jahr zu Jahr wiederholt werde und der doch nur den Müßiggang nähre und das Vermögen »unserer sonst so armen Weingärtner so liederlich schwäche«. Heute darf im Filial getanzt werden, nicht nur an der Kirbe. Die Volkstanzgruppe Esslingen ist − streng genommen − in Sulzgries daheim, und sie ist in der ganzen Stadt wohl gelitten.

Die »Heimstätte« auf der Neckarhalde

Das alte Filial RSK aber wäre heute nicht vollständig ohne das N, das für die Neckarhalde steht. Im Jahre 1910 entstand »auf der Heimstätte« eine der ersten genossenschaftlichen Siedlungen in Deutschland, die nach dem Muster der Siedlung Eden in Berlin ohne staatliche Gelder erstellt wurden. Freunde der Heimstätten- und Gartenstadtbewegung hatten sich unter Führung von Walther von Gyziky zusammengetan. »Hinaus aus der Enge der Städte, hinaus aus den Mietskasernen, hinaus aufs Land!« lautete die Devise. Im Jahre 1906 war in Stuttgart von Anhängern der Boden- und Lebensreform ein Verein zur Begründung ländlicher Heimstätten gegründet worden. Zu seinen Mitgliedern gehörte auch der Esslinger Fabrikant Kommerzienrat Paul Dick. Er lenkte die Aufmerksamkeit des Vereins auf die Sulzgrieser Heide. Verhandlungen mit der Stadt Esslingen folgten, und schon am 26. August 1908 beschloß der Gemeinderat in öffentlicher Sitzung, das 98 200 qm, also etwa 31 württembergische Morgen große Gelände bei der Sulzgrieser Kelter »zum Zweck der Gründung einer Heimstätten-Genossenschaft mit beschränkter Haftpflicht zu dem sehr mäßigen Kaufpreis von 1250 Mark für den württembergischen Morgen, also rund 40 Pfennig pro Quadratmeter, zur Errichtung billiger Einfamilienhäuser für Minderbemittelte zur Verfügung zu stellen«.
Der damalige Oberbürgermeister Dr. Max von Mülberger war ebenso wie Fabrikant Dick ein eifriger Förderer der Sache. Bereits am 14. September 1908 lagen ein fertiger Bebauungsplan und ein Kaufvertragsentwurf vor.

Industriebauten und Weinberge prägen das Bild des Neckartals zwischen Mettingen und Untertürkheim. Über dem Mettinger Kirchturm (rechts) der Weinbergturm auf dem Ailenberg, links dahinter die Grabkapelle auf dem Rotenberg.

Und am 11. Oktober 1908 wurden alle an diesem Projekt Interessierten zur Gründungsversammlung der »Ersten Heimstätten-Genossenschaft Neckarhalde« in den »Palm'schen Bau« eingeladen. Im Status der neuen Genossenschaft hieß es unter anderem: »In dieser Siedlung soll eine gemeinnützige Regelung der Wohnungsverhältnisse und der Bodenrente angestrebt werden. Auch soll der Obst- und Gemüsebau unter sachkundiger Anleitung gefördert werden, ebenso die Verarbeitung und der Verkauf der gewonnenen Bodenprodukte und Erzeugnisse durch die Genossenschaft erfolgen. Ferner sollen gemeinnützige und wohltätige Einrichtungen aller Art geschaffen werden, um das Geistes- und Körperleben der Besiedler zu fördern.«

Am 1. Januar 1909 zählte die Genossenschaft bereits 44 Mitglieder. Eine Mark hatten die angehenden Heimstätten-Bewohner für den Quadratmeter zu bezahlen, wohlgemerkt einschließlich aller Erschließungskosten. Ein »solide erbautes Wohnhaus mit 5 bis 6 Wohnräumen« auf der Neckarhalde nebst Stallanbau und 1500 qm Land kostete damals 8000 bis 10 000 Mark. Spekulation war von vornherein ausgeschlossen. Die 1500 qm großen Grundstücke durften nämlich nach der Satzung weder geteilt noch mit einem weiteren Wohnhaus überbaut werden. Auch durfte »niemand ein Grundstück erwerben in der spekulativen Absicht, durch jahrelanges Hinausschieben des Baues eine Erhöhung des Bodenpreises zu seinen Gunsten zu erzielen«. Als im Sommer 1910 der Halley'sche Komet seine Bahn zog – er war auch in Esslingen sehr gut zu sehen –, da wurde in der Mittelstraße 3 »auf der Heimstätte« das erste Kind der neuen Siedlung geboren, das »Kometenkind«. Und ein paar Häuser weiter, in der Mittelstraße 8, wurde im August 1910 die erste Hochzeit auf der Neckarhalde gefeiert. Die Kindheitserinnerungen des »Kometenkinds« sind ein Stück Geschichte dieses jungen Esslinger Stadtteils. Damals kam noch der »Konsumbauer« mit seinem Gaul aus der Stadt auf die Heimstätte und brachte alles mit, was man dort gerade brauchte. Die Satzung der Genossenschaft ließ es nämlich nicht zu, daß in der Siedlung selbst Läden oder Wirtschaften eingerichtet wurden, denn auf dem billigen Grund sollte es keine gewinnbringenden Unternehmungen geben. Eine Ausnahme machte da im Laufe der Jahre allenfalls das Café Hekkenrösle, das besonders für seinen Brestlingskuchen bekannt war. Kein Wunder: in der Zeit zwischen Herbst 1909 und Frühjahr 1910 wurden in der neuen Heimstätten-Kolonie auf der Neckarhalde 8000 Erdbeersetzlinge gepflanzt.

Im Hainbach rund ums Kirchle

St. Bernhardt, Wäldenbronn und Obertal

Zum Esslinger Filial »im Hainbach« gehörten die Weiler zu beiden Seiten des gleichnamigen Baches vom Helmensberg im Westen bis zum Jägerhaus im Osten, im Norden begrenzt vom Kirschenbuckel, dem Wald beim Katharinenbrünnele und der Römerstraße, also Serach, St. Bernhardt, Obertal, Wäldenbronn, Kennenburg, Wiflingshausen und Liebersbronn. Nachdem Esslingen 1803 württembergisch geworden war, teilte man »den Hainbach« in den Unter-Schultheißenamts-Bezirk Liebersbronn mit Kennenburg und Wiflingshausen und in den Unter-Schultheißenamts-Bezirk Wäldenbronn mit Obertal, St. Bernhardt, Serach und Hohenkreuz.

Die Hainbachorte sind charakteristisch für das Esslinger Gebiet: ursprünglich kleine Weiler, in Klingen, Täler und an Berghänge geschmiegt, von der Stadt ziemlich abgeschieden, umgeben von Wald und – mindestens sechseinhalb Jahrhunderte lang – von Weinbergen. 1251 zählte man im Hainbach an die 380 Morgen Weinberge. Und noch zu Beginn dieses Jahrhunderts waren ein Drittel der Einwohner von St. Bernhardt Weingärtner. Die Struktur der steilen, terrassierten Weinberge ist noch heute an den Hängen und Steigen von St. Bernhardt, Obertal, Kennenburg und Wiflingshausen zu erkennen, wenngleich ein großer Teil der Hecken- und Wiesenwege, der Obstgärten und Gütle dem Wohnungsbau der letzten dreißig Jahre geopfert werden mußte.

Der Söflinger Pfleghof stand im Filial

Wäldenbronn hat seinen Namen von dem Brunnen bei den Wäldern, dem heutigen Acht-Röhren-Brunnen. Der Hainbach kommt aus der Schlucht im Schurwald zwischen dem Götzenberg und dem Kernen. Zustrom erhält er durch zahlreiche Brunnen und Bächlein. Es ist sehr sinnvoll, daß dieser Teil des Esslinger Filials seinen Namen dem Wasser verdankt, dem Hainbach und dem Wäldenbronnen. In diesem Gebiet verläuft nämlich ein wichtiger Quellhorizont zwischen Stubensandstein und Bunten Mergeln. Nirgends wie hier und auf dem Hegensberg erkennt man auch so deutlich eine der Bruchlinien des Fildergrabens, dessen Einbruch vor Millionen von Jahren die Esslinger Landschaft stark geprägt hat.

Im 13. und 14. Jahrhundert erscheint in den Urkunden abwechselnd der Name Hainbach, Heinbach und Heimbach. 1329 wird »Waeldibrun« erstmals erwähnt. Das heutige Obertal nannte man damals noch den Oberen Hainbach. Es lag am Weinbau, wenn im Mittelalter so viele auswärtige Adlige und Klöster Besitz im Esslinger Filial hatten. So besaßen die Klöster Sirnau, Denkendorf, Weil, Anhausen, Fürstenfeld, Kaisheim, Salem und Söflingen Güter im Hainbachtal. Die ersten Grundherren im Hainbachtal waren vermutlich die Markgrafen von Burgau bei Günzburg im heutigen Bayrisch-Schwaben; sie hatten das Gebiet von den Staufern als Lehen erhalten. Auch Graf Hartmann von Dillingen hatte Besitz im Hainbachtal. Er schenkte diese Weinberge 1258 dem Frauenkloster Söflingen bei Ulm. Dieses Kloster erhielt 1278 auch einen Teil der Hainbach-Weinberge aus dem Besitz der Markgrafen von Burgau. Fünf Jahrhunderte lang war die Abtei Söflingen Grundherrin im Hainbach. Das rechtfertigte den Bau eines Pfleghofs, des einzigen in der Stadt, der nicht innerhalb der Mauern, sondern draußen im Filial stand, und zwar beim heutigen Acht-Röhren-Brunnen an der Abzweigung des Hofwiesenwegs von der Stettener Straße. Der Name Nonnenklinge erinnert heute noch daran. Aus dem Jahre 1280 wissen wir, daß nun auch ein wohlhabender Esslinger Bürger zu Besitz im Hainbach kam. Damals nämlich verkaufte

Markgraf Heinrich von Burgau den restlichen Teil seiner Besitzungen dem Esslinger Bürger Heinrich Steinbiß. Dessen Enkel Heinrich Zwin wiederum verkaufte diese Besitzungen 1343 der Stadt Esslingen, und zwar »mit gerihte, lüten, wälden, holtze, velde, waide, wasser, wassers flusse wegen und stegen ... mit allen ir rechten und zuogehördén«. Besitz im Hainbach hatten im Mittelalter auch die Herzöge von Teck und die Grafen von Württemberg. Nach dem Ende der Stauferzeit kamen auch diese Besitztümer nach und nach in die Hände von Esslinger Familien – Helmut Dölker nennt als Beleg dafür Flurnamen wie Koßmänne und Pfauenberg – und in den Besitz des Esslinger Spitals. Erst in späteren Jahrhunderten haben sich auch wieder Prominente von auswärts im Hainbach niedergelassen, so die Familie von Palm auf dem Schloßgut Hohenkreuz, Graf Alexander von Württemberg im Schlößle Serach und die Familien Kürn, Kreidweiß und Holdermann in Kennenburg.

Auch die Hainbachorte hatten im Laufe der Jahrhunderte unter den Streitigkeiten zwischen den Grafen von Württemberg und der Reichsstadt Esslingen zu leiden. Nicht selten mußten ihre Bewohner in den Mauern der Stadt Zuflucht suchen. Im April 1450 zogen die Esslinger bewaffnet gen Strümpfelbach, doch sie wurden zurückgeschlagen und von den württembergischen Feinden bis weit ins Hainbachtal hinein verfolgt. Durch das Hainbachtal gen Esslingen zog auch Herzog Ulrich im September 1519. Auf der Anhöhe beim St. Bernhardter Kirchle hat er sein Lager aufgeschlagen. Und von der oberen Ebershalde aus ließ er die Stadt beschießen. Kein Wunder, wenn noch heute die Kanonen auf der Esslinger Burg – symbolisch – dorthin ausgerichtet sind.

Die Wiedertäufer vom Hainbachtal

Das Gelände um den tief in den Wäldern entspringenden Hainbach bot sich aber nicht nur als geeignetes Anmarschgelände in Kriegszeiten an. Die abgeschiedenen, entlegenen Weiler wurden im 16. Jahrhundert auch ein Zufluchtsort für die Wiedertäufer. Soll man sie als Sektierer bezeichnen, als religiöse Fanatiker oder als Anhänger einer stillen, ernsthaften Frömmigkeit? Otto Schuster schreibt in seiner »Kirchengeschichte von Stadt und Bezirk Esslingen«: »Die Wiedertäufer verachteten Kirchen und Klöster, Ohrenbeichte, Mutter Gottes und Heilige. In eifriger Nachfolge Jesu predigten sie den duldenden Gehorsam und bewiesen ihn auch in der Verfolgung.« Sie wollten nach dem Vorbild der urchristlichen Gemeinde ohne kirchliches Gepränge zusammenkommen, miteinander Gottes Wort hören, das Abendmahl feiern, Zeugnis ablegen. Mit der Erwachsenentaufe wollten sie ihre Bekehrung gleichsam besiegeln. Die Lehre der Wiedertäufer fand nach Meinung von Schuster im Esslinger Filial deshalb so starken Widerhall, weil hier die Reformation länger als anderswo auf sich warten ließ. Die »Wiedertäuferklinge« im Hainbachtal erinnert noch heute an die verbotenen, geheimen Zusammenkünfte der religiösen Schwärmer, die natürlich am meisten zu leiden hatten in den Jahren 1526 bis 1530, kurz vor Einführung der Reformation in der Reichsstadt Esslingen. Bekannte Namen unter den Esslinger Wiedertäufern waren Johann Fleiner, Hans Feigenbutz vom Hainbach, der Zuberhans vom Hegensberg und Stefan Böhmerlin, der »des verdampten Irrsals und der Ketzerey des Widertaufs halben« in die lebenslängliche Verbannung über Rhein und Donau hinaus geschickt worden und dennoch in seine Heimatstadt Esslingen zurückgekehrt war. Am 5. Oktober 1529 wurde er zum Tode verurteilt und tags darauf hingerichtet.

Ärger mit den Mostpressen

Ärger mit den Leuten aus dem Hainbach gab es im Laufe der Jahrhunderte aber nicht nur aus weltanschaulichen, sondern auch aus wirtschaftlichen Gründen. In der Zeit des 30-jährigen Krieges kam hierzulande der Most auf. Die Stadtväter sahen das gar nicht gern, denn sie fürchteten im Most eine Konkurrenz zum Wein, dem sie ihre wichtigsten Einnahmen verdankten. Außerdem verlockte der Most zum Weinpantschen. Deshalb ordnete der Rat im Jahre 1623 an, die Mostpressen und Mosttröge im Hainbach sofort abzuschaffen und sie notfalls kurzerhand zu »spalten«. Außerdem wurde den Hainbachleuten verboten, ihren Birnen- und Apfelwein an Fuhrleute oder gar an Wirte zu verkaufen. Das freilich haben sich die hagebüchenen Filialisten vom Hainbach nicht gern sagen lassen. Etliche von ihnen haben ihre Mostpressen »nit verspalten lassen, sondern trutzige Reden getrieben«. Eigenwillig und ein wenig widerborstig sind sie auch heute noch. Sie bleiben auch gern für sich, ein Charakterzug, der mitschwingen mag in dem Necknamen Wäldenbronner Krebaclub. Natürlich spielt dabei auch die Erinnerung an die Wengertersbutten und die hohen geflochtenen Tragkörbe, die Kretta oder Kreba, eine Rolle. Im Esslinger Jubiläumsjahr 1977 haben beim historischen Festzug Mitglieder des Wäldenbronner Gesangvereins Concordia den Wäldenbronner Krebaclub wieder aufleben lassen, und neuerdings präsentiert sich der Krebaclub gleich der Esslinger Volkstanzgruppe in der nach alten Erinnerungen neu geschaffenen »Esslinger Tracht«.

Schloßgut Hohenkreuz und Schlößle Serach

In der kirchlichen Zuordnung der Hainbachorte findet man bis in unsere Tage Hinweise darauf, wie sie zusammengehörten und wohin sie sich orientierten. Die 1328 erstmals urkundlich genannte Kirche von St. Bernhardt, die 1898 ihre heutige Gestalt erhielt, war früher die Filialkirche für den ganzen Hainbach. Noch heute gehört das jenseits des Hainbachtals auf der gegenüberliegenden Anhöhe gelegene Wiflingshausen kirchlich zu St. Bernhardt. Die Leichenzüge mußten seit dem 16. Jahrhundert bis in unsere Tage den steilen Weg nehmen vom Holzwiesenweg hinunter zur Talstraße und auf der anderen Seite ebenso steil wieder hinauf zur Kirche St. Bernhardt zum hohen Kreuz, wie sie in der Oberamtsbeschreibung von 1845 genannt wird. Und auch die Liebersbronner haben sich erst nach dem Bau der ihnen viel näher gelegenen Hegensberger Kirche im Jahre 1927 mit ihren lange Zeit als »feindlich« empfundenen Nachbarn vom Hegensberg zu einer neuen Kirchengemeinde Hegensberg-Liebersbronn zusammengetan.

Die beiden beherrschenden Gebäude auf der Anhöhe zwischen Geiselbach und Hainbach waren früher die Kirche St. Bernhardt und das Schloß Hohenkreuz. Das Schloßgut gehörte 1588 Johannes Böhm, einem Mitglied der Esslinger Bürgerstube. 1608 war das damals mehr als sieben Morgen große Gut im Besitz des Bürgermeisters David Bonz, nach dem es den Namen »Bonzenschlößchen« erhielt. Auf Umwegen gelangte das Anwesen in den Besitz des Forstmeisters Seefels; 1717 erscheint es im Esslinger Güterbuch als »Seefelsisches Schlößchen«. Schließlich erwarb im Februar 1722 Jonathan Edler von Palm das Schlößchen samt Scheuer, Stallungen und 40 Morgen Gütern im Umkreis. Noch am selben Tag hat Jonathan von Palm aus dem Besitz des Esslinger Spitals zusätzlich noch sage und schreibe hundert Morgen Güter beim Hohenkreuz erworben. Derselbe Palm war es auch, der zum Bau eines laufenden Brunnens auf seinem Hof Tobias Mayer aus Marbach kommen ließ, den Vater des als Mathematiker und Astronom zu hohen Ehren gelangten Johann Tobias Mayer. Erst im Jahre 1913 kam das Schloßgut Hohenkreuz in den Besitz der Stadt Esslingen. Auf seinem Areal entstanden die Kasernen und der erste Teil des heutigen Stadtteils Hohenkreuz. Noch in den Jahren nach dem zweiten Weltkrieg verbarg sich hinter hohen Mauern zwischen Seracher Straße und Hohenkreuzweg ein Herrenhaus in einem kleinen Park. Seit 1957 steht dort die evangelische Hohenkreuz-Kirche.
Mitten hinein in idyllische Abgeschiedenheit führte einst der Weg weiter nach Serach. Alteingesessene sprechen noch heute vom »Särich«. Tat-

sächlich kommt der Name des Ortes − Seherach − von Saher oder Seher, das heißt Riedgras. Serach war demnach als ein Ort bekannt, wo viel Riedgras wuchs. Den Einheimischen leuchtet das ein, denn sie erinnern sich noch des Sees an der heutigen Barbarossastraße etwa zwischen dem Bolzplatz und der katholischen Kirche St. Joseph. Von dort führt der Weg über den Helmensberg weiter in Richtung Gollenholz und Kirschen-buckel. An seinem Fuße steht das Schlößle Serach (heute Schlößlesweg 39), das ums Jahr 1820 von Oberamtsrichter Georgii als Landhaus erbaut, durch seinen berühmtesten Besitzer, den Grafen Alexander von Würt-temberg, erweitert und zu einem beliebten Treffpunkt des schwäbischen Dichterkreises um Gustav Schwab, Justinus Kerner, Hermann Kurz, Karl Mayer und Nikolaus Lenau wurde. Erst nach dem Tode des Grafen hat Prinz Felix von Hohenlohe-Öhringen 1853 in der Nachbarschaft des »Alten Palais« eine Reihe von Neubauten errichten lassen, darunter das sogenannte »Neue Schloß« und das Schweizerhaus. 1886 hat Freiherr Cotta von Cottendorf das Landgut erworben. 1918 kam ein Teil des An-wesens in den Besitz der Stadt Esslingen, die dort eine Lungenheilstätte, das spätere Fachkrankenhaus Serach, einrichtete. Mit diesen Gebäuden am Fuße des Kirschenbuckels verbinden sich aber auch andere Erinne-rungen: »auf dem Gollenholz« hat bereits in den frühen dreißiger Jahren dieses Jahrhunderts die heute so selbstverständliche Stadtranderholung für Kinder ihren Anfang genommen. Beim Schlößchen Serach hat das Forstamt 1963 ein Arboretum angelegt, in dem heute rund siebzig Laub- und Nadelbaumarten aus allen Erdteilen zu sehen sind.

Kennenburg − ein Ort für »Freunde der Natur und des Wassers«

Von den im Tal und auf der rechten Anhöhe über dem Hainbach gelege-nen Orten geht es hinüber auf das Gebiet links vom Hainbach, die später zu einem selbständigen Unter-Schultheißenamts-Bezirk zusammenge-faßten Orte Kennenburg, Wiflingshausen und Liebersbronn. Dort stand der dritte der drei Herrensitze, die es einst im Hainbach gab, und zugleich der älteste, nämlich »die Kennenburg«. Sie war die einzige Burg im Hain-bach und stand wohl oberhalb von Brücke und Mühle im Talgrund dort, wo heute die Straße vom Rübgartenkopf − auch »auf der Haine« ge-nannt − abknickt in Richtung Hegensberg. 1339 ist von einem »berfrit«, einem Bergfried im Hainbach die Rede. Damals wird auch schon die Mühle am Hainbach erwähnt und in ihrer Nachbarschaft eine zur Burg gehörige Liebfrauenkapelle, die im Mittelalter Wallfahrtskapelle war. Die Burg zählte sicherlich zu dem staufischen Reichsgut im Hainbach und könnte den Herzögen zu Teck gehört haben. 1360 verkaufte Simon von Kirchheim, ein Lehensmann der Herzöge zu Teck, die Burg samt Kelter, Wiese und Mühle an den Esslinger Bürger Hans Ulrich; später kam sie in den Besitz der Esslinger Familie Kürn, der dieser Stadtteil seinen heutigen Namen verdankt.

Im Januar 1384 wurde ein Morgen Weinberg im Hainbach »über des Kürnen Burg gelegen« verkauft. 1463 ist die Rede vom »Hirschland, da man zur Kürnenburg geht«, also von den Hirschländern, der heutigen Hirschlandstraße, durch die auch heute noch ein Weg nach Kennenburg führt. Zu dieser Zeit hatte Eberhard Kürn den »Burgstall« bereits verkauft. Die alte Burg begann zu zerfallen. 1589 hat das Esslinger Spital die Burg gekauft und sie samt der Wallfahrtskirche nach und nach abbrechen lassen. Zu neuer Blüte kam die Kennenburg, die ehemalige Kürnenburg, im Jahre 1837, als dort von einer Actien-Gesellschaft eine Wasserheilanstalt mit Namen Wilhelmsbrunnen eingerichtet wurde. Die Oberamtsbeschreibung von 1845 weiß darüber zu berichten: »Die oben erwähnten Quellen liefern das ausgezeichnet gute und reine Wasser in das nur einige hundert Schritte vom Ursprung entfernte, in edlem Styl erbaute, wenn gleich einfache Kurhaus, vor welchem in einer Terrassen-Mauer die Douchen angebracht sind. Die Räume für die Badewannen befinden sich in einem unmittelbar mit dem Hause verbundenen Anbau, so daß der Badende auf dem Weg zu und von der Quelle das Haus nicht zu verlassen hat. In die geräumigen Wannen fließt fortwährend das klarste, frischeste Wasser zu. Wenn dieses nicht für die Bäder und Douchen benützt wird, so gelangt es in einen Springbrunnen, der einen dicken Strahl emportreibt und ein Bassin unterhalb der Terrasse füllt.« Diese Beschreibung behielt in ihren Grundzügen bis in die siebziger Jahre dieses Jahrhunderts Gültigkeit, auch wenn sich der Verwendungszweck der Gebäude beim Wilhelmsbrunnen mehrfach geändert hat. Noch poetischer hat August Konrad Magenau (1801–1857), der Sohn des Niederstotzinger Pfarrers, das damalige Kennenburg geschildert. Er hielt sich 1840 längere Zeit in Kennenburg auf und schrieb die »Kennenburg-Lieder« sowie »Ein Gemälde der Wasser-Heilanstalt zu Kennenburg im Heimbachthal bei Eßlingen am Neckar. Den Freunden der Natur und des Wassers gewidmet.« 1845 wurde aus der Wasserheilanstalt ein Heim für Nerven- und Gemütskranke unter prominenter Leitung der Ärzte Dr. Landerer und Dr. Reinhold Krauß. 1941 hat die Stadt das gesamte Areal gekauft und dort die Frauenklinik der Städtischen Krankenanstalten und ein Altenheim eingerichtet. Diese Gebäude mußten Mitte der siebziger Jahre dem Bau des modernen Altenzentrums weichen.

»Auf dem Berg« beim Jägerhaus

Liebersbronn, Wiflingshausen, Oberhof und Kimmichsweiler

Von Kennenburg geht es steil bergauf nach Wiflingshausen und nach Liebersbronn. Die beiden Orte gehörten zwar verwaltungsmäßig lange Zeit
zum Filial Hainbach, doch hält Helmut Dölker es für wahrscheinlich, daß
sie ursprünglich von Oberesslingen aus gegründet wurden. Dafür spricht
auch der im Kieser'schen Forstlagerbuch verwendete Ortsname Ober-
hegnesberg für Liebersbronn und Wiflingshausen, dem der Name Unter-
hegnesberg für den heutigen Stadtteil Hegensberg entspricht. Die Oberamtsbeschreibung von 1845 verwendet die Bezeichnung »der vordere
Berg« für Liebersbronn und »der hintere Berg« für Wiflingshausen. Betrachtet man die Landkarte oder den Stadtplan, so leuchtet einem ein,
daß diese beiden Bezeichnungen nur aus Oberesslinger Sicht Gültigkeit
haben; von der Innenstadt aus gesehen, ergeben die Bezeichnungen vor-
derer und hinterer Berg keinen Sinn. Und so wie noch heute kein Alteingesessener sagen würde, er wohne in Hegensberg, sondern vielmehr auf
dem Hegensberg, so kann man auch heute noch von alten Liebersbron-
nern und Wiflingshäusern hören, sie wohnten »auf dem Berg.«
Der Name Wiflingshausen erscheint 1280 als Wolvelinshusen, 1346 als
Wülfelingshausen und 1474 als Wylflingshausen. Den Verlust des l erklärt
Helmut Dölker mit der unbewußten Neigung der Sprecher zur Vereinfa-
chung der Aussprache. Der Name weist auf einen Wulfling oder Wolfling
hin, der dort gesiedelt hat. Auch in dem Namen Liebersbronn steckt ein
alter Eigenname. Die Zwiefalter Chronik erwähnt um das Jahr 1130
einen Ort namens Liubirisbrunnen. 1273 erscheint der Name Luibers-
bronne, 1284 Luperthesbrunne und 1346 Luibersbrun. Ein Mann namens Liubheri könnte demnach bei der Gründung des Ortes eine Rolle
gespielt haben. Von Helmut Dölker stammt auch der Hinweis, daß zu den
frühen Siedlern in Liebersbronn Mönche gehört haben könnten, und zwar
Barfüßer, die sich erst im Jahre 1237 drunten in der Stadt niedergelassen
haben. Darauf könnten noch heute gebräuchliche Namen hinweisen –
der Flurname Mönchelen, der davon abgeleitete Mönchelenweg und das
Mönchsbrünnele an eben diesem Mönchelenweg. Hinzu kommt die zwar
nicht urkundlich belegte, aber bis heute mündlich bewahrte Überlieferung, in der Neuen Straße, und zwar beim heutigen Haus Nr. 92, sei früher
einmal ein Kloster gestanden. Trotz moderner Verkleidung wirkt dieses
Haus tatsächlich noch heute älter und gedrungener als seine Nachbarn.
Das Haus besitzt einen auffallend guten gewölbten Keller, und der dama-

lige Pfarrer Ehninger berichtete 1937 gar noch von einem »kühnen Gewölbe mit frühgotischen Fenstern und Strebepfeilern«. Helmut Dölker erhärtet diese Vermutungen mit der Reimchronik aus dem Jahre 1567, die von den Esslinger Barfüßern berichtet:

> »wo sie vor haben gehalten Haus
> bei einem Wand- und Heckenstrauß,
> zunächst bei einem Brünnlein kalt,
> liegt gleich unten an dem Wald,
> wird das Steckenbrünnlein genannt.«

So idyllisch, wie es aus diesen Zeilen klingt, war das Leben »auf dem Berg« in früheren Jahrhunderten ganz gewiß nicht. Ein Licht darauf wirft jene Eintragung aus dem Totenbuch der Pfarrei Oberesslingen vom 28. September 1648. Damals wurde das zweieinhalbjährige Mariele Zeininger vom Hegensberg am hellichten Tag vor den Augen seiner Mutter von einem Wolf angefallen und zerfleischt. »In dem Steckhenberg« – und das ist bezeichnenderweise nicht weit vom heutigen Gewand Wolfsbrunnen – fand man, was von dem armen Kind übrig geblieben war.

Gefahr drohte aber nicht nur aus dem Wald. Auch dem Wald selbst drohte zu jener Zeit oft Gefahr, auch aus dem benachbarten württembergischen »Ausland«. Deshalb baute die Stadt Esslingen 1729 »zur besseren Behütung des Waldes am Rennweg, wo man am weitesten herumsehen und viel hören kann« die erste »Holzwarthütte«, die 1773 vergrößert wurde, damit auch die Familie des Försters dort wohnen konnte. 1838 wurde ein Nebengebäude errichtet, das sich bald zu einer beliebten Sommerfrische für die Esslinger entwickelte. 1899 baute der Ziegeleibesitzer und Baumeister Brinzinger die »Waldschenke zu den drei Linden«, das heutige »Jägerhaus«, das mittlerweile dem ganzen Anwesen den Namen gegeben hat.

Vom Jägerhaus führen noch heute erholsame Spazierwege nach Kimmichsweiler und zum Oberhof, zwei Weilern, die ursprünglich zu Hegensberg gehörten und erst 1913/14 – der Oberhof 1913 mit Oberesslingen, Kimmichsweiler 1914 mit Hegensberg – nach Esslingen eingemeindet wurden. Die ältere von beiden Siedlungen ist der Oberhof. Ein Gut in Obernhove wird bereits 1304 als Besitz des Esslinger Spitals erwähnt. 1597 bestand dieses Anwesen aus einem geräumigen Haus, Stallungen, Scheuer und Küchengarten, »alles von einer starken Mauer umgeben«, dazu Äcker, Wiesen, Weingärten. Diesen stattlichen Besitz hat das Spital am 18. September 1693 an das Kloster Kaisheim verkauft. Kimmichsweiler dagegen wurde erst im Jahre 1750 gegründet, und zwar von einem

Bürger namens Johann Georg Kimmich aus Oberesslingen, der dem neuen Stadtteil auch seinen Namen gab.

Es ist zwar heute, da die beiden Stadtteile nicht nur optisch eng zusammengewachsen sind, fast nicht mehr vorstellbar, aber es war so: zwischen Liebersbronn und Hegensberg verlief einst eine Staatsgrenze, nämlich die Grenze zwischen Württemberg und der Freien Reichsstadt Esslingen. Das hatte auch in kirchlicher Hinsicht eine verschiedene Zugehörigkeit zur Folge, die in diesem Fall zwar nicht einen Unterschied der Konfession mit sich brachte, wohl aber eine völlig andere, nicht zuletzt geographisch andere Zuordnung in vielen wichtigen Dingen des täglichen Lebens.

Die Württemberger vom Hegensberg

Die Filialisten aus Liebersbronn hatten einen langen und beschwerlichen Kirchweg, die steile Mühlhalde hinunter bis zum Hainbach und ebenso steil wieder hinauf nach St. Bernhardt, wo ein Diakon Gottesdienst hielt. Für Taufen und Trauungen war die Stadtkirche zuständig. Da hatten es die Hegensberger wesentlich einfacher. Der kurze und recht bequeme Hegensberger Kirchweg führte für sie in die Oberesslinger Kirche. Sein Name blieb auch nach dem Bau der ersten Kirche auf dem Hegensberg im Jahre 1927 erhalten. Heute verbirgt sich der Hegensberger Kirchweg — sehr zum Verdruß oder doch zum Bedauern von Volkskundlern und Namensforschern — hinter der Potsdamer Straße.

So hatten die Hegensberger und die Liebersbronner selten den gleichen Weg. Es gab keine Berührungspunkte zwischen ihnen, keine gemeinsamen Interessen. Kein Wunder, wenn die Bewohner der beiden doch so nahen Ortschaften ein recht kühles, wenn nicht gar feindliches Verhältnis zueinander hatten. Und wie das oft so ist entlang einer Grenze: die einen sehen auf die anderen herab mit Spott, mit Verachtung und mit vielerlei Hinweisen darauf, daß »wir« eben ganz anders sind als »ihr« dort drüben jenseits der Grenze. So spotteten die Liebersbronner auf die »Hexenberger« vom Hegensberg, und die wiederum revanchierten sich und nannten die Nachbarn im Filial »Hoabekrätzer« nach der Hoap oder dem Häble, dem gebogenen Rebmesser der Weingärtner. Natürlich mußte es in jedem der beiden Orte einen eigenen Gesangverein und einen eigenen Turnverein geben, und noch in diesem Jahrhundert setzte es mitunter Hiebe, wenn ein Liebersbronner auf den Hegensberg »in den Verein« ging oder umgekehrt. Und ebenfalls noch in diesem Jahrhundert hat Professor Helmut Dölker erhebliche Unterschiede in der Mundart der beiden Orte festgestellt. So sagte man auf dem württembergischen Hegensberg so wie in Oberesslingen beispielsweise Schtoi und noi für Stein und nein, im esslingischen Liebersbronn dagegen Schtoa und noa.

Der Weg zum heutigen Stadtteil Hegensberg-Liebersbronn wurde erstmals im Jahre 1927 eingeschlagen, als hart an der alten »Staatsgrenze« eine neue Kirche gebaut wurde. Seit sich Hegensberg 1844 von Oberesslingen gelöst hatte und verwaltungstechnisch selbständig geworden war, regte sich dort auch das Bestreben nach einer eigenen, von Oberesslingen unabhängigen Kirchengemeinde. 1890 wurde zunächst einmal eine Filialkirchengemeinde für Hegensberg gebildet. 1892 legte die Gemeinde Hegensberg einen eigenen Friedhof an. Vom Jahre 1901 an hielt der Oberesslinger Pfarrer alle vierzehn Tage eine Bibelstunde in der Hegensberger Schule; für diesen Zweck wurde 1903 sogar ein Harmonium angeschafft. Im Jahre 1909 wurde in der »Traube« in Liebersbronn ein Krankenpflegeverein für den Hegensberg gegründet, und siehe da: »Liebersbronn und der obere Teil von Wiflingshausen schließen sich an«, wie der damalige Hegensberger Schultheiß Kettenmann in seinem Tagebuch vermerkte. Hegensberger und Liebersbronner zogen auch an einem Strang, als 1913 Verhandlungen mit der Kirchengemeinde St. Bernhardt begannen mit dem Ziel, Liebersbronn aus dem St. Bernhardter Sprengel herauszulösen, um eine neue Teilkirchengemeinde Hegensberg-Liebersbronn zu gründen. Es dauerte noch bis zum Jahre 1927, bis die gemeinsame neue Kirche eingeweiht werden konnte. Seit dieser Zeit trugen die Liebersbronner ihre Toten auch nicht mehr über den Hainbach bis hinüber nach St. Bernhardt zu Grabe, sondern beerdigten sie auf dem Hegensberger Friedhof. Die Kirche aus dem Jahre 1927 dient als Gemeindehaus, seit 1959 ein Stückchen oberhalb die neue Liebersbronner Kirche eingeweiht wurde.

Heute ist die alte Grenze in jeder Hinsicht überwunden. Während die alten Filialorte Mettingen und RSK sich noch immer als eine in sich geschlossene Einheit darbieten und beispielsweise auch jeweils einen eigenen Bürgerausschuß haben, sind im Hainbach die Grenzen zwischen ehemals esslingischem und württembergischem Gebiet verwischt. Die alten Widersacher Liebersbronn und Hegensberg samt Oberhof und Kimmichsweiler verstehen sich als ein Stadtteil und haben auch ihren eigenen Bürgerausschuß. Die ehemaligen Filialorte im Hainbach — mit Ausnahme von Liebersbronn — haben sich in zwei Einfluß- und Interessensphären und damit auch in zwei Bürgerausschüsse geteilt, nämlich St. Bernhardt mit den links des Hainbachs gelegenen Stadtteilen Kennenburg und Wiflingshausen auf der einen, Wäldenbronn mit Hohenkreuz, Serach und Obertal auf der anderen Seite.

Im Schatten der Martinskirche

Oberesslingen – seit 1913 ein Esslinger Stadtteil

Es gab eine Zeit, da glaubte man, das alte württembergische Dorf Oberesslingen sei älter als die ehemals Freie Reichsstadt Esslingen. Die Grabungen, die anfangs der sechziger Jahre unter der Esslinger Stadtkirche St. Dionys durchgeführt wurden, haben diese Auffassung widerlegt. Urkundlich erwähnt wurde Oberesslingen erstmals im Jahre 1208. Damals hat Irene von Hohenstaufen zum Gedenken und für das Seelenheil ihres ermordeten Gemahls Philipp von Schwaben dem Kloster Adelberg einen Hof in Oberesslingen geschenkt. Dieser Hof stand an der Ecke Hindenburg- und Kreuzstraße, an der Stelle, an der später das inzwischen abgebrochene Hermann-Kurz-Haus gebaut wurde. Neben diesem Adelberger Hof gab es im mittelalterlichen Oberesslingen noch drei weitere stattliche Höfe. Ebenfalls in der Kreuzstraße, am Platz des mittlerweile großenteils überbauten »Diakonissengartens«, stand der Weiler Hof. Der Rechberger Hof stand an der Ecke Halden- und Georg-Deuschle-Straße. Nichts mehr bekannt ist darüber, wo der größte der vier Oberesslinger Höfe, der Esslinger Spitalhof, stand. Dem Spital nämlich gehörte einst mehr als ein Viertel der Oberesslinger Markung. Das Gegenstück zu dem im Tal gelegenen »unteren« Spitalhof war der ebenfalls zum Besitz des Spitals gehörige Oberhof.
Die Siedlung Oberesslingen freilich ist wesentlich älter als das Jahr ihrer ersten urkundlichen Erwähnung. Vermutlich haben sich in Oberesslingen zur gleichen Zeit wie in Esslingen Alemannen niedergelassen, etwa um das Jahr 620, nach der Vertreibung der Römer. Vor den Römern müssen schon Kelten in Oberesslingen gelebt haben. Das alles sind keine Vermutungen, sondern durch Grabungen an mehreren Stellen erhärtete Tatsachen. In einer Baugrube bei der Schwertmühle wurde 1867 ein mehr als 2500 Jahre altes Bronzeschwert aus der Keltenzeit gefunden. Nicht weit von der Oberesslinger Martinskirche stieß man im Jahre 1910 auf die Überreste einer römischen Villa. Eine Urne, die ein Gesicht trägt, war dort der bedeutendste Fund. Eine ebenfalls dort gefundene Münze weist auf die Entstehungszeit dieses römischen Gutshofs hin: er kann nicht vor dem Jahr 192 gebaut worden sein. Zahlreiche Hinweise auf die Alemannen hat man in Oberesslingen gar an drei Stellen gefunden: in den Hirschländern zwischen Häberlin-, Paul-Gerhardt- und Hirschlandstraße, auf dem Gelände der ehemaligen Ziegelei, etwa dort, wo heute die John-F. Kennedy-Schule steht, und beim ehemaligen Gasthaus »Deutscher Krug«

Ecke Plochinger und Schorndorfer Straße. An allen drei Orten stieß man auf alemannische Friedhöfe. Fritz Berger nimmt an, daß dort in der Zeit der alemannischen Landnahme jeweils eine alemannische Siedlung gegründet wurde. Viele der dort gefundenen Schmuckstücke, Waffen und Gebrauchsgegenstände des täglichen Lebens sind heute im Esslinger Stadtmuseum zu sehen. Die bekanntesten Funde sind das sogenannte »Esslinger Reiterle«, sowie eine Amulettkapsel vom Ende des 7. Jahrhunderts.

Oberesslingens Chronist Pfarrer Wilhelm Berner hat sich sehr gründlich mit der Frage nach dem Oberesslinger Kirchenheiligen beschäftigt. Er hält es für denkbar, daß die erste Esslinger Kirche, jene Cella, die Abt Fulrad von St. Denis von dem Alemannen Hafti erhalten hatte, eine Martinskirche war. Ihren Namen könnte man auf die Kirche in Oberesslingen übertragen haben, als unter der heutigen Esslinger Stadtkirche St. Dionys die Gebeine des Heiligen Vitalis bestattet wurden. Die erste Oberesslinger Kirche könnte aber auch von vornherein dem Heiligen Martin geweiht gewesen sein, gleichsam als Gegenstück zu der ebenfalls aus der Zeit der alemannischen Landnahme und der frühesten Christianisierung in unserem Raum stammenden Berkheimer Michaelskirche.

Auch in Oberesslingen wurde jahrhundertelang der Konflikt zwischen der Grafschaft Württemberg und der Reichsstadt Esslingen ausgetragen. Zwar hatten die Esslinger 1389 in einem Vertrag auf die Vogtei von Oberesslingen verzichtet. Aber schon im Städtekrieg von 1448 legten die Esslinger das benachbarte Dorf in Schutt und Asche. 1519 gab der Schwäbische Bund seinen Söldnern Oberesslingen zur Plünderung frei. Und 1448, immer noch zur Zeit Herzog Ulrichs, wurde Oberesslingen wiederum von den Reichsstädtischen niedergebrannt. Das benachbarte Zell erlitt damals das gleiche Schicksal. Schlimm waren für Oberesslingen und das zu seinem Kirchspiel gehörige Hegensberg die Jahre des Dreißigjährigen Kriegs. Nach der Schlacht bei Nördlingen im Jahre 1634 starben an den Folgen von Hunger und Pest nicht weniger als 284 der damals rund 450 Glieder dieser Pfarrei. Im Oberesslinger Kirchenbuch ist nachzulesen: »Vom 16. Januar 1635 bis 1. Juni 1636 ist kein Kind geboren und getauft worden, sintemal alle Mütter gestorben . . . Den 25. Oktober 1635 waren noch 14 Ehen hier und neun uff dem Hägensperg, 16 Witwer und 21 Wittwen.« 1688 kamen die Franzosen und plünderten Oberesslingen. Erst im 18. Jahrhundert brachen für den geschundenen Ort wieder friedlichere Zeiten an. Schon im Jahre 1360 hatten die Grafen von Württemberg ihr Oberesslinger Patronat an die Grafen von Rechberg auf Staufeneck gegeben, die wiederum einen Teil des Oberesslinger Zehnten an das Esslinger Spital verkauften. Herzog Carl Alexander setzte anstelle der

Grafen von Rechberg in den Jahren 1734 bis 1751 seinen Oberstallmeister Heinrich Reinhardt Freiherr von Rödern als Patronatsherrn in Oberesslingen ein. Es war derselbe Freiherr von Rödern, der im Auftrag seines Herzogs den damaligen württembergischen Finanzminister, den Juden Süs Oppenheimer, bekannt als »Jud Süs«, verhaftete, ehe dieser ins Ausland fliehen konnte. Und kein anderer als der Oberesslinger Patronatsherr war gemeint mit dem Vers, der nach diesem Vorfall im ganzen Land die Runde machte: »Da sprach der Herr von Reder:
Halt! Oder stirb entweder!«

Brastbergers »erweckliche Predigten«

Für die Oberesslinger indes verbinden sich mit dem Namen des Freiherrn von Rödern nur gute Erinnerungen. Er hat der Gemeinde nicht nur eine Glocke und – im Jahre 1734 – ein goldenes Abendmahlsgerät gestiftet. Er hat auch den Hauslehrer seiner Kinder, den Ludwigsburger Kasernenprediger Gottlob Imanuel Brastberger, als Pfarrer nach Oberesslingen geholt. So schildert Wilhelm Berner die »Brastberger-Jahre« 1745 bis 1756: »Brastberger rüttelte durch seine erwecklichen Predigten seine Oberesslinger und Hegensberger Pfarrkinder auf und versammelte darüber hinaus viele Städter sowie Männer und Frauen aus der weiteren Umgebung unter seiner Kanzel. Mit seinen Predigtbüchern, besonders den ‚Zeugnissen der Wahrheit‘, machte er dem württembergischen Volk ein unschätzbares Geschenk. Der ‚Brastberger‘ wurde in Tausenden von Familien gelesen, von den Auswanderern mitgenommen und von denen, die in den zwanziger und dreißiger Jahren des letzten Jahrhunderts nach Osten zogen, wieder mitgebracht, als sie ihre Wohnsitze in Rußland und Rumänien vor dem zweiten Weltkrieg wieder aufgeben mußten. Die Brastbergerjahre haben Oberesslingen für mehr als ein Jahrhundert geprägt.« Natürlich strahlte dieser neue Geist protestantischer Frömmigkeit auch hinauf auf den Hegensberg, wo die pietistisch geprägte »Stund'« bis in unsere Tage eine wichtige Rolle gespielt hat.
Der Freiherr von Rödern war nicht der einzige württembergische Würdenträger, den es nach Oberesslingen verschlagen hat. Es scheint fast, als wäre das idyllisch gelegene Dorf im Neckartal um die Mitte des vorigen Jahrhunderts bei vornehmen Stuttgartern in Mode gekommen. So zog im Jahre 1838 der pensionierte Oberst und ehemalige Königliche Kammerherr August von Brunnow mit seiner Familie nach Oberesslingen. Er bewirtschaftete sein Landgut selbst. Seine besondere Liebhaberei soll es gewesen sein, zu drechseln und zu schreinern. Und jedes Jahr auf Weih-

nachten fertigte er für alle Schulkinder des Ortes kunstvoll gebundene Schreibhefte. Dieser Herr von Brunnow hatte eine temperamentvolle und für jene Zeit höchst emanzipierte Tochter, Eva Marie. Sie engagierte sich heftig im Revolutionsjahr 1848 und soll sogar selbst flammende Reden gehalten haben. So lernte sie den Schriftsteller Hermann Kurz kennen, mit dem sie am 20. November 1851 in der Oberesslinger Kirche getraut wurde. In den Jahren 1859 bis 1862 lebte die Familie Kurz im Hause des früheren Hohenhaslacher Pfarrers und demokratischen Landtagsabgeordneten Hopf Ecke Kreuz- und Hindenburgstraße.

Zur gleichen Zeit ließ sich der Staatsrat von Adelung in Oberesslingen nieder. Sein Haus in der Kreuzstraße mit der stattlichen Altane und dem weitläufigen, von einer Mauer umgebenen Garten beherbergte manchen vornehmen Gast. An schönen Sommernachmittagen soll mitunter die württembergische Königin Olga gern zum Kaffee auf der Adelung'schen Terrasse nach Oberesslingen gefahren sein. Im Jahre 1880 erwarb die Evangelische Diakonissenanstalt Stuttgart den Adelung'schen Besitz und richtete dort ein Feierabendhaus für betagte Diakonissen ein. Der Diakonissenweg in Oberesslingen ist die einzige Spur, die aus jener Zeit im Ort geblieben ist. In den siebziger Jahren hat die Stadt Haus und »Diakonissengarten« erworben, das biedermeierlich-behäbige Haus abgebrochen und dort moderne Schwesternwohnungen gebaut.

Esslingens zweitgrößter Stadtteil

Das württembergische Dorf Oberesslingen im Oberamt Esslingen hat sein ländlich-idyllisches Eigenleben geführt bis ins Jahr 1913. Sein letzter Schultheiß, der spätere Esslinger Bürgermeister und Ehrenbürger Georg Deuschle, hat die Eingemeindung vorbereitet. Doch glaube keiner, die Esslinger hätten den neuen Stadtteil mit fliegenden Fahnen aufgenommen. Es bedurfte hartnäckiger Verhandlungen und zuletzt sogar einer Kampfabstimmung, bei der Oberbürgermeister Max von Mülberger mit seiner Zweitstimme den Ausschlag gab, bis die Eingemeindung zum 1. April 1913 vollzogen werden konnte.

Noch in den dreißiger und vierziger Jahren dieses Jahrhunderts markierten Wiesen und Kornfelder die − heute nicht mehr wahrnehmbare − Grenze zwischen Esslingen und Oberesslingen. Mitunter ist der alte dörfliche Charakter von Oberesslingen noch zu spüren, etwa bei den Lammgarten-Festen der Oberesslinger Vereine auf der obstbaumbestandenen Wiese zwischen Hindenburg- und Plochinger Straße oder beim Wochenmarkt am Hainbach. Oberesslingen ist mit rund 13600 Einwohnern heute nach der Innenstadt der größte und volkreichste Esslinger Stadtteil. Dieser Aufschwung begann nach dem zweiten Weltkrieg, als die »Industrie-Insel« zwischen dem Alten Neckar und dem Neckarkanal erschlossen wurde. Zahlreiche Esslinger und auswärtige Industriebetriebe haben sich im Laufe der Jahre dort niedergelassen, darunter AEG-Telefunken (in Esslingen seit 1942, seit 1917 Apparat GmbH), J.F. Mahler Apparate- und Ofenbau (in Esslingen seit 1864), die Milchwerke Esslingen-Geislingen, das ITT-Bildröhrenwerk (SEL) und Wilde + Spieth, Büro-Sitzmöbel und Turngeräte.

In der Gartenstadt wurde weitergebaut, neue Wohngebiete entstanden in den Lerchenäckern und im Weiher. Neue Schulen wurden gebaut, Kindergärten, Geschäfte, Gemeindehäuser. Über allem Neuen aber ragt wie einst die Oberesslinger Martinskirche empor, 1827/28 im sogenannten württembergischen Kameralamtsstil erbaut, 1956/57 grundlegend umgebaut und erneuert. 1972 wurde die Versöhnungskirche in der Paracelsusstraße beim Krankenhaus eingeweiht.

Sirnau − Alemannengräber und Erwerbslosensiedlung

Die Oberesslinger Martinskirche ist auch die Mutterkirche der 1952 erbauten Sirnauer Kirche. Sirnau hat im Juni 1982 sein 50-jähriges Bestehen als einer der jüngsten Esslinger Stadtteile gefeiert. Sirnau ist aber zugleich, wie der damalige Stadtarchivar Erwin Haffner Mitte der dreißiger Jahre schrieb, eine Jahrtausende alte Siedlung. Die Geschichte von Sirnau − 1241 als Sirmenowe erstmals urkundlich erwähnt − gliedert sich in vier Abschnitte: die vor- und frühgeschichtliche Zeit, die Geschichte des Dorfes Sirnau, die mit seiner Zerstörung im Jahre 1449 endet, die Geschichte des Klosters Sirnau und des diesem eng verbundenen Sirnauer Hofs und die gerade ein halbes Jahrhundert umfassende Geschichte des heutigen Stadtteils Sirnau. Wahrscheinlich wäre vom ersten Kapitel dieser langen Geschichte wenig oder nichts bekannt ohne das vierte, ohne die in den dreißiger Jahren dieses Jahrhunderts begonnene Bautätigkeit auf Sirnauer Markung. Damals stieß man auf zwei alemannische Friedhöfe. Im Sommer 1936 wurden dort systematische Grabungen durchgeführt, die wahre Schätze an den Tag brachten.

Inmitten der beiden alemannischen Friedhöfe fand man damals auch Gräber aus der Hallstattzeit, in denen die wertvollsten Funde dieser Grabung gemacht wurden: Korallen- und Goldschmuck − Ringe, Armreifen, Ketten und Fibeln − und ein Tonkrug. Auf dem alemannischen Gräberfeld wurden mehr als 220 Gräber freigelegt. Man nimmt an, daß dort bis ins siebte Jahrhundert Menschen bestattet wurden. Als Grabbeigaben fand man vor allem Waffen, Schmuck und die verschiedensten Gefäße, aus Holz, Ton, Bronze und aus Glas. Aus den Gräbern der Männer stammen Schwerter, Pfeilspitzen, Messer und Äxte, Sporen und Lanzenspitzen. Als Grabbeigaben für die Frauen fand man die schönsten Schmuckstücke in reicher Fülle − Fibeln, Gürtel- und Schuhschnallen, Ketten aus Glas, Bernstein und Bergkristall, Dosen und Ringe, oft fein ziseliert und mit reichem ornamentalem Schmuck. Die Sirnauer Funde gewähren gründliche Einblicke in das Leben der Menschen im Neckartal in der ersten Hälfte des ersten nachchristlichen Jahrtausends.

Um die Mitte des 13. Jahrhunderts hatten verschiedene geistliche und weltliche Herrschaften Besitz in Sirnau, so die Herren von Altbach und die Grafen von Aichelberg (am Albaufstieg). Albert von Altbach verkaufte 1241 sein Gut in Sirnau an die Dominikanerinnen zu Kirchheim, die alsbald einige Schwestern ins Neckartal schickten. So wurde das Dominikanerinnenkloster zum Heiligen Kreuz gegründet. Sirnau galt wohl ebenso wie das weiter neckarabwärts gelegene Weil als ein vornehmes Kloster. Es erhielt zahlreiche Stiftungen und Schenkungen von begüterten Esslinger Familien. Ihr Wohlstand bedeutete für die frommen Schwestern freilich auch eine Gefahr. Von der Klostergründung bis zum Jahre 1292 mußten die Nonnen nicht weniger als sechsmal fliehen und in den festen Mauern der nahen Stadt Esslingen Zuflucht suchen. Deshalb ent-

Durch dieses Portal betritt man den Sirnauer Hof. Er steht am Platz des ehemaligen Sirnauer Dominikanerinnen-Klosters und gehörte dem Esslinger Spital − rechts das Wappen des Spitals mit der Heiligen Katharina.

schlossen sie sich, ihr Kloster in die Stadt zu verlegen. Die Sirnauer Straße weist noch heute auf das Kloster in der mittelalterlichen Pliensauvorstadt zwischen Pliensaubrücke und Innerer Brücke hin. Im Jahre 1525 übergaben die Sirnauer Nonnen ihr Kloster und den Sirnauer Hof dem Esslinger Spital. Das alte Dorf Sirnau und der Sirnauer Hof wurden im Städtekrieg Mitte des 15. Jahrhunderts von den Württembergern zerstört. Der Sirnauer Hof aber wurde im gleichen Jahrhundert neu aufgebaut und mit der noch heute stehenden, 1576 vollendeten Mauer umgeben. 1683 übernahm der erste Pächter das Hofgut Sirnau. Ein Jahrhundert lang, von 1828 bis 1928, gehörte der Sirnauer Hof zur Gemeinde Deizisau. Die württembergische Verwaltungsordnung von 1822 hatte nämlich bestimmt, daß einzelne Weiler und Höfe sich der jeweils nächsten Gemeinde anzuschließen hätten. Und das war im Falle Sirnaus nicht Esslingen, sondern das − jenseits der Körsch − näher gelegene Deizisau.

Kaum aber war Sirnau im März 1928 nach Esslingen eingemeindet worden, da begann auch schon der vierte Abschnitt seiner Geschichte. Die Arbeitslosigkeit und Wohnungsknappheit jener Zeit ließen den Plan reifen, eine »Erwerbslosensiedlung« zu bauen. Die Wahl fiel auf Sirnau, und bald gingen dort die ersten Siedler ans Werk. Ende März 1932 wurde mit dem Bauen begonnen, und schon am 1. Juli konnte der damalige Oberbürgermeister Dr. Lang von Langen die ersten Neubauten der Öffentlichkeit präsentieren. Eine Wohnungseinheit, das heißt eine Doppelhaushälfte mit großem Garten, kostete damals 3000 Reichsmark.

Das »Schüle« − Mittelpunkt der neuen Siedlung

Die Sirnauer waren stolz auf ihr Werk, das sie mit ihrer eigenen Hände Arbeit geschaffen hatten. Die Familien der ersten fünfzig »Siedler«, die im Sommer 1932 in Sirnau ihren Einzug gehalten haben, bildeten bald eine verschworene Gemeinschaft. In den Gärten wurden Träublesbüsche und Aprikosenbäume gepflanzt, Erdbeer- und Gemüsebeete angelegt, Hasenställe gezimmert. Der 1933 erbaute Kindergarten entwickelte sich in kurzer Zeit zum lebendigen Mittelpunkt der Siedlung, zu einem Kultur- und Kommunikationszentrum, für das sich ein jeder Sirnauer verantwortlich fühlte, wo man nicht nur die jüngsten Siedler gut aufgehoben wußte, sondern auch gemeinsam fröhliche Feste feierte. Amsel-, Drossel-, Finken- und Starenweg, das ist das Kernstück des heutigen Sirnau. Viele weitere Wege sind bis heute dazugekommen, denn im Anschluß an die »Erwerbslosensiedlung« der frühen dreißiger Jahre entstanden in der sogenannten »Privatsiedlung« bis zum Jahre 1955 mehr als hundert weitere

Wohnungen in schmucken Häusern. Zum Kindergarten gesellten sich im Laufe der Zeit Schule, Kirchen, Vereinsheime. Anläßlich der Gründung der Siedlung konnte man lesen: »Der Versuch, mit einem Minimum an Mitteln ein Maximum von gesundem, sonnigem Wohnraum zu erreichen, darf wohl als gelungen bezeichnet werden. Für die Siedler, welche zum Teil schon jahrelang arbeitslos sind, bedeuten diese neuerstellten Heime einen Lichtblick und eine frohe Hoffnung auf die Zukunft. Erfüllt mit neuem Mut gingen die Siedler an ihr Werk, das ihnen eine neue Heimat geben wird.« 1982 feierte der Stadtteil Sirnau sein 50-jähriges Bestehen, Grund genug für die Siedler von einst und für ihre Söhne, einmal mehr zu bekräftigen: Sirnau soll Sirnau bleiben.

Zell — die Cella am Neckar

Esslingens allerjüngster Stadtteil

In Sirnau, lange Zeit Esslingens jüngstem Stadtteil, hat man die Wahl, welchem von den beiden mittlerweile allerjüngsten Esslinger Stadtteilen man nun zuerst einen Besuch abstatten will. Überquert man den Neckar und schlägt den Weg in das schräg gegenüber im Tal liegende Zell am Neckar ein, oder steigt man durch das nahe Berkheimer Wäldle hinauf nach Berkheim? Die beiden Orte wurden erst im Zuge der baden-württembergischen Gemeinde- und Verwaltungsreform am 1. Mai 1974 (Berkheim) und am 1. Juli 1974 (Zell) in die Stadt Esslingen eingegliedert. Beginnen wir mit Esslingens allerjüngstem Stadtteil, mit Zell am Neckar.
Es ist anzunehmen, daß schon um die Mitte des ersten Jahrtausends Alemannen am Zeller Bach siedelten. Urkundlich erwähnt wird Zell erstmals im Jahre 1229, als ein Olrico de Celle als Mitunterzeichner einer Urkunde auftrat. Diese Schreibweise des Namens weist deutlich auf den Ursprung des Ortsnamens Zell hin. Die Cella, eine Kapelle am Platz des heutigen Ortes Zell, war vermutlich eine Gründung des karolingischen Klosters Faurndau. Man nimmt an, daß schon diese erste Kapelle am Platz der heutigen Zeller Kirche stand. Am Ende des 13. Jahrhunderts hatten die Grafen von Aichelberg (am Albaufstieg, bei Weilheim unter Teck) die Ortsherrschaft in Zell inne. Sie nannten sich auch Grafen von Kersch. Ihre Burg stand auf dem Hügel über der Mündung der Körsch in den Neckar, der noch heute den Namen Körschburg trägt. Diese Körschburg

hat sich im Laufe des 13. Jahrhunderts zu einer regelrechten Raubritterburg entwickelt, von der aus vorbeiziehende Kaufleute überfallen und beraubt wurden. Um diesem Tun Einhalt zu gebieten, unternahmen die Esslinger – selten genug – gemeinsame Schritte mit den Grafen von Württemberg und zerstörten im Jahre 1292 die Burg.

Im Jahre 1303 haben die Grafen von Kersch und von Aichelberg ihre Zeller Herrschaft an das Kloster Adelberg im Schurwald verkauft. Bezeugt haben diesen Handel ein Ritter von Staufeneck, Ritter Ulrich von Rechberg und der Mönch Eberhard von Adelberg. Gleichzeitig erwarb das Kloster Adelberg auch den Zeller Nachbarort Altbach. Seitdem bildeten Zell und Altbach zusammen das von Adelberg verwaltete »Zeller Viertel«, auch Zeller Zehnt genannt. Diese Verbindung blieb im kirchlichen und im schulischen Bereich bis in das 20. Jahrhundert bestehen.

Die Verwaltung der beiden Orte hatte zur Zeit der Klosterherrschaft ihren Sitz im Adelberger Pfleghof in der Esslinger Obertorvorstadt, der aufgrund eines alten Asylrechts auch Freihof genannt wurde. Das 1178 gegründete Prämonstratenserkloster Adelberg war übrigens im Jahre seiner Gründung von Mönchen aus dem Kloster Roggenburg bei Krumbach in Schwaben bezogen worden, demselben Kloster, das in Esslingen einen Pfleghof unterhielt.

Neben dem Kloster Adelberg kamen im Laufe der Zeit auch das Esslinger Spital und wohlhabende Esslinger Bürger zu Besitz in Zell. Zugleich aber wurde Zell ein Zankapfel zwischen der Reichsstadt und den Württembergern. Die Esslinger Stadtknechte richteten in dem unter württembergischer Hoheit stehenden Dorf schlimme Schäden an. Einmal schälten sie in den Zeller Obstgärten mutwillig die Rinde von den Bäumen. Ein andermal drangen sie in die Kelter ein und ließen den Wein aus sämtlichen Fässern auslaufen – und das kurz nach der Weinlese. Am schlimmsten aber erging es Zell im Jahre 1499. Die Esslinger zündeten eine Reihe von Häusern an und brannten die Zeller Kelter nieder. Am Ende dieses bösen Jahres war das ganze Dorf zerstört und mußte neu aufgebaut werden.

1536 wurde im Zuge der Reformation das Kloster Adelberg aufgehoben. Zell kam zur Herrschaft Württemberg, wurde jedoch weiterhin von Adelberg aus verwaltet als Teil des dortigen Klosteramtes. Erst 1806 wurde das Klosteramt Adelberg aufgehoben. Das Zeller Viertel, also die Dörfer Zell und Altbach, wurde ein Teil des Oberamts Esslingen.

Ernst Goll hat seinem »Heimatbuch der Gemeinde Zell am Neckar« den Untertitel gegeben »Die Entwicklung unserer Gemeinde vom bäuerlichen Dorf zur Industriegemeinde«. Damit ist aufs beste die Entwicklung des Ortes in den letzten 150 Jahren umrissen. Zell war bis ins erste Drittel des vorigen Jahrhunderts eine Weinbaugemeinde. Eine Statistik aus dem

Jahre 1830 zeigt, daß in Zell immerhin knapp der vierte Teil des Weines erzeugt wurde, den damals die Esslinger Weingärtner einbringen konnten. In Esslingen verzeichnete man 1830 einen Weinertrag von 879 Eimer; ein Eimer entsprach 294,4 Liter. Im damals noch von Esslingen unabhängigen württembergischen Oberesslingen und Hegensberg erntete man im selben Jahr 262 Eimer Wein. In Zell waren es 207 Eimer, eine stattliche Menge, hinter der renommierte Weinorte unserer Tage wie Rotenberg mit 158 Eimer und Uhlbach gar mit nur 85 Eimer weit zurückblieben. Den Hängen der Zeller Markung sieht man noch heute an, daß sie früher für den Weinbau angelegt und terrassiert waren. Und Flurnamen wie Kelterwiesen, Forstweinberg und Katharinenweinberg — er gehörte einst dem Esslinger Spital — erinnern noch heute an die Tradition des Weinbaus in Zell.

In jener dörflich-idyllischen Zeit der Jahre 1816 bis 1827 wuchs im alten Zeller Pfarrhaus der spätere Missionar Gottfried Weigle auf. Die Zeller Jugendjahre müssen Weigle stark geprägt haben, und er hat gewiß an das Dorf seiner Kindheit gedacht, als er Jahre später als Student im Tübinger Stift zu einer schon vorhandenen Melodie den Text dichtete, einen Text, von dem heute ein jeder glaubt, er sei nicht von einem Verfasser geschrieben, sondern als Volksgut »seit jeher« mündlich überliefert. Es ist das Lied: »Drunten im Unterland . . . «

> »Drunten im Unterland, do isch's halt fei.
> Schlehen im Oberland, Trauben im Unterland,
> drunten im Unterland möcht i wohl sei.
> Drunten im Neckartal, do isch's halt gut.
> Isch mer's do oba rom manchmal au no so dumm,
> han i doch alleweil drunta guts Blut . . .«

Friedrich Silcher hat in einem Brief an Hoffmann von Fallersleben 1859 den gebürtigen Zeller Gottfried Weigle ausdrücklich als den Dichter dieses Liedes bezeichnet. Und die Zeller wären nicht einmal überheblich, wenn sie dieses längst zum Volkslied gewordene Lied als ihr Zeller Heimatlied ausgeben wollten. Der Lebensweg Gottfried Weigles führte ihn später weit weg von seinem Heimatdorf am Neckar. Nach dem Studium und einer weiteren Ausbildung im Missionshaus in Basel kam er als Missionar nach Mangalur in Ostindien. Dort ist er 1855 im Alter von nicht ganz vierzig Jahren gestorben.

Die Wende vom bäuerlichen Dorf zur Industriegemeinde brachte für Zell das Jahr 1846. Am 14. Dezember dieses Jahres fuhr die erste Eisenbahn durch Zell. Es dauerte zwar noch eine Weile, bis Zell wenigstens ein Haltepunkt an dieser Bahnlinie wurde, aber die Neuzeit hatte begonnen. Die Bauern und Weingärtner, die in der Landwirtschaft kaum mehr ihr Auskommen hatten, suchten Arbeit in den immer rascher und zahlreicher entstehenden Fabriken im benachbarten Esslingen, im Filstal und im Neckartal. Damals konnte man noch täglich um die Mittagszeit die Frauen beobachten, die mit Schubkarren und Handwagen die nahe Stadt ansteuerten, um ihren dort arbeitenden Männern das Essen zu bringen. Die Bevölkerung nahm stetig zu. Von 635 Einwohnern im Jahre 1840 über 1015 Einwohner im Jahre 1908 wuchs Zell nach und nach bis auf 4000 Einwohner an. Schulen, Kirchen, Kindergärten wurden gebaut oder auch erneuert und vergrößert. Industriegelände und neue Wohngebiete wurden erschlossen, Straßen gebaut, der Zeller Bach verdolt. Industriebetriebe siedelten sich an wie die Werkzeugfabrik Hermann Bilz (gegründet 1935), die Maschinenfabrik Albert Fezer (gegründet 1933), die pharmazeutische Firma Robugen (gegründet 1927), die Firma Spieth-Maschinenelemente, Ernst Spieth, Fabrik für Schießanlagen und Kegelbahnen, die Filzwarenfabrik Bernhard Voigt (gegründet 1907) und die Metallwarenfabrik Wilhelm Wagner (gegründet 1524). Vereine für die verschiedensten Liebhabereien und Interessengebiete wurden gegründet. Alte und neue Zeller wurden auf der Mettenhalde und Im Hangelstein ansässig. Und ein besonderer Wunsch der Gemeinde Zell am Neckar ging in Erfüllung, als Zell schon ein Esslinger Stadtteil geworden war: am 29. Januar 1977 wurde das Zentrum Zell, ein modernes einladendes Kultur- und Sportzentrum am Alten Neckar, eingeweiht.

Bei den »Meisen« vom Berkheimer Wald

Altes Siedlungsland – junger Stadtteil

Im gleichen Jahr wie Zell ist auch die Gemeinde Berkheim am Rande der Filder ein Esslinger Stadtteil, der Bevölkerungszahl nach heute der drittgrößte, geworden. Berkheim war schon in römischer und alemannischer Zeit besiedelt. Die in ihren Grundmauern romanische Michaelskirche gilt als eine der ältesten in dieser Gegend. Sie wurde vermutlich – wie zahlreiche andere Michaelskirchen im Land – an der Stelle einer ehemals heidnischen Kultstätte erbaut. Um 1120 schenkte Graf Bertold Kirche und Dorf Berkheim dem Kloster Denkendorf. Berkheim blieb bis 1739 Filial der evangelischen Gemeinde Denkendorf; bis zur Mitte des vorigen

Jahrhunderts gehörte es zur evangelischen Kirchengemeinde Nellingen. Mit dem Klosteramt Denkendorf kam die Gemeinde Berkheim 1806 zum Oberamt Köngen und zwei Jahre später zum Oberamt Esslingen. Erst 1889 erhielt Berkheim eine eigene Pfarrei.

»Ergiebiger Wieswachs und schöner Wald«

Die Oberamtsbeschreibung von 1845 rühmt den nicht ausgedehnten, aber ergiebigen »Wieswachs« auf Berkheimer Markung, die Obstzucht, »schöne Nußbäume und besonders Linden von herrlichem Wuchs, deren Blüthen einen kleinen Nebenerwerb liefern«, und die Rindviehzucht. Besonders hervorgehoben wird »ein schöner Laubwald«, von dem allerdings ein großer Teil seit langem schon als Stiftungswald der Stadt Esslingen gehörte. Nach altverbrieftem Recht durften jedoch die Berkheimer früher im Stiftungswald ihr Vieh weiden lassen und Holz sammeln. Der Berkheimer Wald – die Esslinger sagen: das Berkheimer Wäldle, und das ist nicht herabsetzend, sondern liebevoll gemeint – war schon lange vor der Eingliederung der Gemeinde Berkheim in die Stadt Esslingen ein von den Esslingern wie von den Berkheimern gern besuchtes Ausflugsziel. Besonders zur Zeit der Scillablüte strömten die Esslinger oft in hellen Scharen in den Berkheimer Wald. Ehe die Berkheimer Aufstiegsstraße im Zuge der Adenauerbrücke gebaut wurde, führte ein sehr beliebter Weg durch das sogenannte Friedenstäle, vorbei an der im Jahre 1800 von Jakob Zink gegründeten Hammerschmiede, einer der frühesten Gründungen der Esslinger Industriegeschichte. Dort stand auch das Schießhaus, mit Gartenwirtschaft, Kegelbahn und einladenden hölzernen Gartenhäusern lange Zeit ein beliebtes Ausflugsziel. Der Hammerschmied Zink war es auch, der die Fähre »Cimbria« betrieb. Sie stellte seit 1889 die kürzeste Verbindung für die Esslinger zu den Sirnauer Wiesen und zum Friedenstäle dar. Ihr Betrieb wurde erst nach dem schweren Unglück von 1918 eingestellt, als nach einem Fußballspiel auf den Sirnauer Wiesen ein Gewitter aufzog, die überladene Fähre kenterte und 21 Menschen den Tod fanden. An die Arbeiter in seinem Unternehmen, aber auch in zahlreichen anderen Esslinger Betrieben dachte Kommerzienrat Oscar Merkel, als er im Jahre 1891 den nach seiner Tochter genannten Alicensteg stiftete. Er verkürzte für die Berkheimer »Pendler« den Weg in die Stadt ganz beträchtlich. Und auch die Berkheimer Frauen, die jeden Mittag mit Vesperkörben und »Essenkübele« in die Stadt gingen, waren froh über diese Abkürzung.
Ob die Berkheimer ihren Necknamen »Meisen« ebenfalls dem nahen

Wald verdanken oder ob die Bezeichnung ihrer Sangesfreudigkeit zuzuschreiben ist, das läßt sich nicht mit Gewißheit sagen. Fest aber steht, daß
Berkheimer Meisen und Esslinger Zwiebel seit einer Reihe von Jahren in
schöner Eintracht leben und daß die Bürger aus dem Tal gern gesehene
Gäste sind, wenn die Berkheimer an einem Wochenende im Spätsommer
rings um die Osterfeldhalle das jährliche Meisenfest feiern.
Berkheim hat sich seit dem zweiten Weltkrieg stürmisch entwickelt.
Durch zielstrebige Umlegungen wurde immer wieder neues Bauland geschaffen, für den Wohnungsbau wie für die Ansiedlung von Gewerbe
und Industrie, allen voran FESTO-Pneumatic. Dazu kamen neue Schulen,
Kirchen (1955 St. Maria, 1977 die evangelische Osterfeldkirche), Kindergärten, Spielplätze und Sportanlagen, großzügige Sporthallen, ein
Hallen-Freibad, eine ansprechende moderne Ortsmitte mit Bücherei,
Sitzungssaal, Sozialstation, Büroräumen und Geschäften und schließlich
im Jahre 1975 die Osterfeldhalle, Mittelpunkt des vielfältigen Vereins-
lebens in diesem Stadtteil, der seine Eigenständigkeit zu bewahren verstand.

Über der Brück' — auch noch in Esslingen

Die Pliensauvorstadt und der Zollberg

Jenseits des Neckars liegen außer Berkheim auch die Stadtteile Sirnau,
Brühl, Weil und der Zollberg. Wenn aber ein alter Esslinger von einem
sagt, er wohne »über der Brück'«, so ist damit nur die Pliensauvorstadt
gemeint, mit deren Bau 1865 begonnen wurde. Im Mittelalter, als noch
die ganze Stadt auf dem rechten Neckarufer lag, trug das Viertel zwischen
der Inneren Brücke und dem Neckar die Bezeichnung Pliensauvorstadt.
Der Name wurde Mitte des vorigen Jahrhunderts auf die neue Vorstadt
jenseits des Flusses übertragen. Sie wurde zur Vorstadt schlechthin in
einer Zeit, da für den Wohnungsbau wie für die Industrie neues Bauland
gefunden werden mußte. So machten denn auch Fabriken und Villen der
Gründerzeit den Anfang beim Bau der Vorstadt jenseits der Pliensaubrücke, altdeutsche Fachwerkgiebel und ausladende Backsteinfassa-
den. Duderstadt, Gruner, Roser, Stiefelmayer sind die bekanntesten Namen aus jener Zeit. Aber es scheint, als habe man in der Pliensauvorstadt
in ihrer ersten Zeit nur gearbeitet und gewohnt. Es fehlte an städtebauli-
chen Orientierungspunkten, an Stätten der Begegnung für die Bevölke-

rung des jungen Stadtteils. Das wurde erst – wenn auch noch in sehr bescheidenem Rahmen – anders, als 1880 in »Steck's Säle« zwischen Kreuzgarten- und Uhlandstraße die »Kleinkinderpflege« eingerichtet wurde, der zweite kirchliche Kindergarten, den es in Esslingen gab. Die Initiative zu ihrer Gründung war von den Fabrikanten der Vorstadt ausgegangen. Ins »Schüle« schickte man bald nicht nur die jüngsten Vorstädter; dort wurden auch Bibelstunden gehalten, dort traf man sich zum Gottesdienst und zur Singstunde. An Pfingsten 1901 wurde in Steck's Säle der erste Gottesdienst für die Pliensauvorstadt gehalten. Und ein Vierteljahrhundert später, am 8. November 1925, wurde der Grundstein für die Südkirche gelegt.

Kontrapunkt zur Frauenkirche – die Südkirche

Dieses zu seiner Zeit aufsehenerregende Bauwerk zählt auch heute noch zu den bemerkenswerten Baudenkmalen der Stadt. Das Werk des Stuttgarter Professors Martin Elsaeßer wurde im November 1926 eingeweiht. Die Südkirche gilt als einer der bedeutendsten Kirchenbauten des Expressionismus, der Stilrichtung zwischen Jugendstil und der neuen Sachlichkeit der Bauhauszeit. Als sensationell galt damals die Trennung des Kirchenraums in den Predigtraum und eine Feierkirche. Hinzu kamen die Emporen für die Kirchenmusik. Der mächtige Backsteinbau steht an beherrschender, im wahrsten Sinne des Wortes hervorragender Stelle über der Pliensauvorstadt und dem Neckartal. Und so war es auch gemeint. Man wollte ein Gegenstück schaffen zu der jenseits des Flusses emporragenden Frauenkirche. Erfinderisch war man damals nur in einem Punkt nicht: beim Namen der Kirche. Aber das war wohl so üblich in jener Zeit: der 1909 erbauten Ostkirche, der heutigen Johanneskirche am Charlottenplatz, folgte nun eben die Südkirche im Süden der Stadt. Der Bau dieser Kirche fiel in die Ära Riethmüller, die noch heute vielen Esslingern in guter Erinnerung ist. In Pfarrer Otto Riethmüller, dem späteren Leiter des deutschen evangelischen Mädchenwerks im Burkhardt-Haus in Berlin-Dahlem, fand Professor Elsaeßer beim Bau der Kirche einen ebenbürtigen Partner. Von Riethmüller stammt die Thematik für den figürlichen und grafischen Schmuck der Kirche und die Zwölfersymbolik im Gewölbe der Feierkirche. Die Glasmalereien in der Feierkirche entwarf Martin Elsaeßer. Dorkas Reinacher schuf die kanzeltragenden Engel, ihre Schülerin Maria Eulenbruch die Kreuzigungsgruppe über dem Altar.
Als mit dem Bau der Pliensauvorstadt begonnen wurde, verkehrten schon

seit zwanzig Jahren Züge auf der Bahnlinie von Stuttgart nach Plochingen. Der Pliensauturm war damals noch ein Tor, die Eingangspforte in die Stadt für jeden, der aus der Vorstadt kam. Wegen der Bahnlinie mußte ein beschrankter Übergang für Fußgänger und Fuhrwerke geschaffen werden. Das blieb so bis in die zwanziger Jahre dieses Jahrhunderts. Am 26. November 1926 ist der letzte Krautbauer mit seinem Fuhrwerk von den Fildern durch das Pliensautor gefahren. Dann wurde der Torbogen zugemauert. Rampen, Brücke und Treppen trennten seitdem Pliensaubrücke und Pliensaustraße. Ein Teil dieser die ursprüngliche Situation noch erheblich störenden Bauwerke konnte nach dem Bau der Vogelsangbrücke abgebrochen werden. Auch die Straßenbahnschienen gehören der Vergangenheit an, seit im Jahre 1978 die türkisfarbenen Wagen der Filderstraßenbahn den Betrieb eingestellt haben.

Zwischen Mutzenreis und Berkheimer Wald

Vieles hat sich in den letzten dreißig Jahren »über der Brück'« verändert. Fabriken sind verschwunden, neue wurden gebaut. Nur noch eine Erinnerung sind der alte gußeiserne Alicensteg und die Tennisplätze am Neckarufer. Neu sind fußgängerfreundliche Bezirke auf der Pliensaubrücke und unterhalb der Südkirche, sind Esslingens älteste Hochhäuser in der Stuttgarter Straße und seine jüngsten im Geuernrain. Neu ist die Adalbert-Stifter-Schule in der Breite, das katholische Gemeindezentrum St. Elisabeth, und neu ist ein ganzer Stadtteil oberhalb der Pliensauvorstadt, der Zollberg. Dieses Wohngebiet mit rund 6000 Bewohnern ist heute der Einwohnerzahl nach so groß wie die Pliensauvorstadt. Im Jahre 1955 wurde auf dem Zollberg der erste Spatenstich getan. Der Name des Stadtteils erinnert an das württembergische Zollhaus auf der Anhöhe in Richtung Nellingen. Die Wohngebiete zu beiden Seiten der Zollbergstraße zwischen Mutzenreis im Westen und Berkheimer Wald im Osten sind in mehreren Abschnitten entstanden. Wo es noch zu Beginn der fünfziger Jahre nur Gütle, Obstwiesen und das »Freizeitheim«, das heutige Waldheim Zollberg, gab, stehen heute zwei Kirchen, St. Augustinus und die Christuskirche, Schulen und Geschäfte. Zollernplatz und Neuffenstraße, Jusiweg, Michael-Stifel-Platz und Eichendorffstraße sind in Esslingen heute so geläufige Namen und Begriffe wie Hafenmarkt, Heugasse und Neckarstraße.

Esslinger Sagen

Warum die Esslinger Zwiebel heißen

»Zwiebel« heißen die Esslinger mit ihrem Necknamen. Und die Mitglieder der – natürlich auch nicht von ungefähr – Gesellschaft Zwieblingen genannten Esslinger Karnevalsgesellschaft nennt man die Zwieblinger. So werden die Esslinger heutzutage einmal als »Zwiebel«, ein andermal auch als Zwieblinger geneckt. Mag sein, dieser Übername kommt ganz einfach von den vielen Zwiebeln, die seit jeher im Esslinger Filial wachsen, vom Zwiebelkuchen wohl auch, den Esslingens Bäcker und Hausfrauen bis heute gern backen, ist er doch auch eine fast unerläßliche Beigabe zum neuen Wein, an dem in Esslingen ebenfalls seit vielen Jahrhunderten keine Not ist. Viel lieber aber erklären die Esslinger ihren Spott- und Übernamen Zwiebel mit der Sage vom Teufel und der beherzten Esslinger Marktfrau.

Lange ist es her, da machte der Teufel einmal einen Besuch in Esslingen am Neckar. Er spazierte durch die Stadt, grüßte mal hierhin, mal dorthin und freute sich diebisch, wenn die rechtschaffenen Bürger seinen Gruß höflich erwiderten und an gar nichts Böses dachten. Der Teufel kam auch auf den Marktplatz, und da es wohl ein Mittwoch oder ein Samstag war, wurde dort gerade der Wochenmarkt abgehalten. Der Teufel staunte nicht schlecht, was da alles feilgeboten wurde: Rettiche, Kopfsalat und Blumenkohl, Birnen, Zwetschgen und ganz besonders schöne rotbackige Äpfel. Es gelüstete ihn sehr, einen solchen Apfel zu versuchen. So trat er an einen Stand heran und sagte in schmeichelndem Ton: »Da habt Ihr aber schöne Äpfel, gute Frau. Wollt Ihr einen hungrigen und durstigen Fremden nicht einen davon versuchen lassen?«

Da hatte sich der Teufel aber getäuscht, wenn er geglaubt hatte, einer Wengertersfrau aus dem Esslinger Filial könne man mit solch schönen Sprüchen imponieren. Die war sowieso viel schlauer als all die ehrbaren Bürger, die den Teufel zuvor in der Pliensau und auf dem Hafenmarkt so respektvoll gegrüßt hatten. Sie hatte nämlich aus der eleganten Hose des Fremden einen Pferdefuß hervorschauen sehen, als er sich zu ihren Äpfeln hinunterbückte. Und ein Hauch von Schwefel war ihr auch schon in die Nase gestiegen. Deshalb war sie auf der Hut. Sie sagte aber ganz höflich: »Das freut mich, daß Euch meine Äpfel so gefallen. Es sind auch Luiken von der Ahne Garten. Probiert nur einmal, wie saftig die sind.«

Und damit griff sie in den Korb, der neben ihr stand und reichte dem Fremden ein Versucherle. Kaum aber hatte der voller Gier hineingebissen, da verzog er auch schon ganz fürchterlich das Gesicht und schüttelte sich voll Abscheu. Die listige Marktfrau hatte ihm nämlich statt des erbetenen Apfels eine schöne, saftige Zwiebel gegeben. »Das sollen eure Äpfel sein! Spott über euch Esslinger!« schrie der Teufel in seiner Wut und Enttäuschung. »Zwiebel sind es, scharfe Zwiebel. Und deshalb sollt ihr künftig nicht mehr Esslinger heißen, ihr stolzen Reichsstädter, sondern Zwiebel.« Sprach's, und verließ eilends voller Zorn den Esslinger Wochenmarkt. Die anderen Marktleute erzählten nachher, durch das Mettinger Tor sei er verschwunden, Stuttgart zu. Und auf dem Esslinger Wochenmarkt, ja in der ganzen Stadt hat sich der Teufel fortan nie mehr sehen lassen. Das ist es den Esslingern wert, daß ihre Nachbarn sie gelegentlich Zwiebel nennen.

Die Sage vom Postmichel

Der Postmichel ist gewiß die beliebteste Sagengestalt der Esslinger. Nicht von ungefähr wurde ihm 1916 auf einem der belebtesten Plätze der Innenstadt ein Denkmal gesetzt: der Postmichelbrunnen. Er ist das Werk des Cannstatter Bildhauers Emil Kiemlen. Und gestiftet hat ihn ein ehemaliger Schüler des Esslinger Gymnasiums, das heute den Namen des »Turnvaters« Georgii trägt. Als bei einem Jubiläum des »Pennals« zu Spenden für die Schule aufgerufen wurde, soll er sich geweigert haben, Geld aufzuwenden für die Anstalt, mit der ihn offenbar nicht nur angenehme Erinnerungen verbanden. Armut oder gar Geiz wollte er sich freilich auch nicht nachsagen lassen, und so entschloß er sich, nicht der Schule, sondern seiner Heimatstadt eine Spende zu machen, nämlich den Postmichelbrunnen. Er erinnert bis heute an den unglücklichen Postreiter Michel Banhard aus Deggingen, dem in Esslingen so Schlimmes widerfahren ist. Im Jahre 1491 wurde auf der Esslinger Steige in Stuttgart der wohlhabende Esslinger Bürger Amandus Marchthaler erschlagen. Sein Tod blieb ungesühnt, denn vom Mörder fehlte jede Spur. Da fand − mehr als zwei Jahre später − der Postreiter Michel Banhard auf seinem täglichen Ritt von Esslingen nach Stuttgart und wieder zurück einen wertvollen Ring. Er wußte nicht, daß just an dieser Stelle der Mord an Amandus Marchthaler geschehen war. Michel Banhard hob den kostbaren Ring auf und steckte ihn an seinen Finger, um ihn ja heil nach Esslingen zu bringen, wo er den Fund alsbald melden und das Schmuckstück abliefern wollte. Zuvor aber kehrte er ein, um sich mit einem Trunk Wein zu stärken. Dem Wirt und Michels Trinkkumpanen fiel der Ring natürlich auf, und bald erinnerte sich einer, den nämlichen Ring an der Hand des weiland ermordeten Marchthaler gesehen zu haben. Das bestätigte kurz darauf auch der Neffe des Ermordeten, Matthäus von Wels, der mittlerweile das Erbe des reichen Onkels angetreten hatte.

Und das Schicksal des unglücklichen Postmichel nahm seinen Lauf. Er wurde beschuldigt, Amandus Marchthaler vor Jahr und Tag ermordet und dabei den Ring an sich genommen zu haben. All seinen Unschuldsbeteuerungen zum Trotz wurde Michel Banhard im Wolfstor eingesperrt. Dort hat man ihn so grausam gefoltert, daß die Schreie des Unglücklichen und sein Wehklagen in der ganzen Stadt zu hören waren. Lange blieb Michel standhaft, wußte er doch, daß er nicht der Mörder Marchthalers war und unschuldig büßen sollte. Doch schließlich vermochte er die Qualen der Folter nicht mehr zu ertragen und rief in seiner Not: »Ja, ja, dann bin ich's halt gewesen und habe den Marchthaler erschlagen. Nur laßt mich sterben, macht dieser Plage ein Ende.« Und so wurde der Postreiter Michael Banhard zum Tode durch das Schwert verurteilt.

Sein letzter Wunsch wurde ihm erfüllt: er durfte auf seinem Roß zum Richtplatz reiten und dabei noch einmal sein Posthorn blasen. Er blies es auch vor des Marchthalers Haus, wo dessen Neffe Matthäus von Wels aus dem Fenster schaute. Auf dem Richtplatz aber beteuerte der Postmichel noch einmal seine Unschuld und kündigte an, er werde künftig alljährlich in der Michaelisnacht vor dem Haus des Scharfrichters in Stuttgart und auch in Esslingen blasen, so lange, bis der wahre Mörder Marchthalers gefunden und gerichtet sei. So sprach er und stieß zum Abschied ein letztesmal in sein Horn.

Und in der Tat: pünktlich an Michaelis (29. September) des darauffolgenden Jahres erwachte der Henker in Stuttgart am schaurigen Ton eines Posthorns. Und er sah einen gespenstischen Reiter auf einem Schimmel davontraben, Esslingen zu. Auch dort hörte man den Postmichel blasen, auch dort sah man die schemenhafte Gestalt hoch zu Roß, den Kopf unter dem Arm, das Horn in der Hand. Auch Matthäus von Wels hörte den toten Postmichel blasen. Zu Tode erschrocken, verließ er die Stadt, denn all sein Reichtum freute ihn nicht mehr, nun er fürchten mußte, künftig alle Jahre von dem fürchterlichen Spuk geschreckt zu werden.

Jahre vergingen, und immer an Michaelis hörte man zu Stuttgart und in Esslingen den Postmichel sein Horn blasen. Und alljährlich wuchs bei den

Esslinger Bürgern die Sorge, ob man vielleicht doch einen Unschuldigen für den Mord an Amandus Marchthaler habe büßen lassen. Mehr als ein halbes Jahrhundert später kam ein alter Mann nach Esslingen, siech und zerlumpt, und flehte um einen Platz im Spital, um dort sein Ende zu erwarten. Auch dieser alte Mann wurde in der Michaelisnacht Zeuge der gespenstischen Erscheinung: er sah den Geisterreiter auf seinem Schimmel, den Kopf unter dem Arm, und er hörte den schaurigen Klang des Posthorns. Da brach der Alte zusammen und gab sich zu erkennen als Matthäus von Wels, Marchthalers Neffe, der einst so überstürzt die Stadt verlassen hatte. Er sei es gewesen, so bekannte er, der einst aus Habsucht seinen Onkel erschlagen und in seinem Blute habe liegen lassen. Aber gebüßt habe er zeitlebens für diese Tat, denn an keinem Platz, wo auch immer er im Laufe der Jahrzehnte gehofft habe, Ruhe zu finden, sei er den Schreckensvisionen entgangen, überallhin habe ihn der Klang aus dem Horn des unglücklichen Michel Banhard verfolgt.

Dieses Geständnis hatte ihn all seine Kraft gekostet. Er tat einen letzten Seufzer und starb. Der unschuldig gefolterte und hingerichtete Postmichel aber hatte fortan seine Ruhe. Und die Esslinger Bürger konnten in der Michaelisnacht wieder ruhig schlafen.

Erzählt hat diese Geschichte der 1799 in Stuttgart geborene Pfarrer Wilhelm Friedrich Munder, der 1851 in Leonberg-Eltingen gestorben ist. Und sie hat ungezählte ergriffene Leser gefunden, seit sie in der Sammlung »vaterländischer Erzählungen aus Württembergs ältesten Tagen« erschien, die erstmals um die Mitte des 19. Jahrhunderts herausgegeben wurde unter dem Titel »Württemberg wie es war und ist«.

Mélac und das Mädchen von Esslingen

Es war zur Zeit der Franzosenkriege (1688–1697), als französische Truppen durch Schwaben zogen, das Land verwüsteten, Städte und Dörfer verbrannten und der Bevölkerung unendliches Leid zufügten. Besonders schlimm trieb es der General Mélac, der von der Pfalz her mit seinen Soldaten sengend und mordbrennend durchs Land zog und überall wüste Zerstörungen anrichtete. Wer sich vor ihm und seinen Truppen in Sicherheit bringen konnte, der tat dies in aller Eile. Sicherheit hofften viele hinter den starken Mauern der Freien Reichsstadt Esslingen am Neckar zu finden. Dorthin brachte auch der Hochdorfer Pfarrer Jeremias Haug sein schönes Töchterlein Katharina. Der Wirt zum Goldenen Adler war ein entfernter Verwandter von ihm, und dort, in dem stattlichen Gasthof in der Küferstraße, glaubte er Katharina in Sicherheit.

Das Mélac-Häusle auf der Esslinger Burg

Doch die Esslinger öffneten Mélac und seinen marodierenden Horden
die Tore aus Furcht, er werde sonst in seiner Wut die Stadt niederbrennen.
Und das Unglück wollte es, daß der französische General ausgerechnet
im Goldenen Adler Herberge nahm. Dort entdeckte er bald die junge
Katharina, die schöne Pfarrerstochter aus Hochdorf. Von Stund an stellte
er ihr nach, verfolgte sie auf Schritt und Tritt mit lüsternen Blicken und
mit heißen Schwüren. Doch Katharina wies in ihrer Unschuld alle seine
Anträge zurück. Um es mit dem französischen General, den alle im Haus
und in der Stadt so sehr fürchteten, aber doch nicht ganz zu verderben,
folgte sie eines Abends seiner Einladung in das kleine Häuschen auf der
äußeren Burgmauer, das heute den Namen Mélac-Häusle trägt. Dort versuchte der General mit allen Mitteln, mit Lockungen und mit Verspre-
chungen, das Mädchen für sich zu gewinnen. Katharina aber blieb standhaft. Da riß der enttäuschte Liebhaber in seiner Wut das Fenster auf, zeigte hinunter auf die im Mondlicht friedlich daliegende Stadt und drohte,
Esslingen alsbald in Grund und Boden zu verbrennen, wenn sie ihm nicht
alsbald zu Willen sei. Da endlich versprach das Mädchen unter heißen

Tränen, sich in sein Schicksal zu ergeben. Aber nicht hier solle es geschehen, flehte sie, nicht gleichsam im Angesicht der ihr so lieben Stadt, sondern weit draußen, in der Einsamkeit der Weinberge am Ailenberg.

Mélac ließ sich erweichen. In der nächsten Nacht führte sie ihn mitten durch die Weinberge, weit weg von der Stadt, zum Ailenberg, auf dem noch heute jenes runde Türmchen steht, in dem der General sein Esslinger Liebesabenteuer zu bestehen dachte. Er ahnte nicht, daß Katharina in ihrem Gewand einen Dolch trug. Unheimlich war es in dem Weinbergturm. Das Tal herauf zog ein Gewitter. Wetterleuchten zuckte gespenstisch, und der Sturm rüttelte an den Läden. Von weitem schlug eine Glocke Mitternacht. Der General hatte schon kräftig dem Wein zugesprochen und wollte nun endlich das schöne Mädchen in die Arme schliessen. Sie ließ es geschehen, packte aber zugleich mit dem Mut der Verzweiflung den Dolch und stieß ihn ihrem Peiniger in den Rücken. Doch Katharina hatte ihre Kräfte überschätzt. Der Dolch hatte Mélac nur verwundet, aber nicht getötet. Wutentbrannt ergriff nun er die Waffe und stieß den Dolch Katharina mitten ins Herz. Doch als sie leblos vor ihm zu Boden sank, war es auch ihm an dem einsamen Ort nicht mehr geheuer. Wie von seinem eigenen schlechten Gewissen gehetzt, floh er von dannen. Er dachte nicht mehr daran, die Stadt anzuzünden, sondern zog mit seinen Truppen auf dem schnellsten Weg weiter. Das Leiden und Sterben des unschuldigen Mädchens hatte wohl doch an sein hartes Herz gerührt und ihm den Aufenthalt in Esslingen verleidet. Katharina aber, das tapfere Mädchen von Esslingen, wurde nach ihrem Tod gefeiert als die opfermütige Retterin der Stadt. Und ihre Geschichte wird erzählt bis heute angesichts des Turmes auf dem Ailenberg und beim Mélac-Häusle auf der Esslinger Burg.

Während nun freilich die Sage vom Postmichel − zum Leidwesen mancher Esslinger − ganz und gar erfunden ist, steckt in der Geschichte vom Mädchen von Esslingen ein wahrer Kern. Tatsächlich kam eine Anna Catharina, Tochter des Hochdorfer Pfarrers Jeremias Haug, anno 1683 nach Esslingen, also schon fünf Jahre vor dem Besuch Mélacs in Esslingen. Während dieser fünf Jahre soll Anna Catharina nach Aussage ihres Vaters »ehrlich und züchtig« gelebt haben. Im November 1688 arbeitete sie als Haustochter im »Goldenen Adler« in der Bindergasse (heute Ecke Küfer- und Adlergasse). Diesen angesehenen Gasthof hatte zwei Jahre zuvor der »gewesene Heerpauckher« Johann Michael Leonhard Rutenberger aus Gunzenhausen im Altmühltal gekauft. So kam es, daß Catharina auch den General Mélac bedienen mußte, als er 1688 im Goldenen Adler Quartier nahm. Ob es nun einfach Furcht war, ob Sorge um das Schicksal der Stadt und aus dieser geboren der Entschluß, den General notgedrungen bei Laune zu halten − jedenfalls gab Catharina den Nachstellungen

Mélacs nach. Der Esslinger Historiker und Heimatforscher Fritz Berger hat nachgewiesen, daß aus dieser Verbindung sogar ein Kind hervorgegangen ist, ein Söhnlein namens Joseph, das im Alter von einem Dreivierteljahr, im August 1690, gestorben ist und in Sirnau begraben wurde. Catharina, das »Mädchen von Esslingen« war bei ihrer Begegnung mit Mélac immerhin schon 21 Jahre alt und nicht »süße sechzehn«, wie die Sage glauben machen will. Doch wie dem auch sei, ihre Ehre hatte sie verloren, und der Hochdorfer Pfarrer machte dem Adlerwirt Rutenberger heftige Vorwürfe, weil er nicht besser auf das seiner Obhut anvertraute Mädchen aufgepaßt hatte. In mehreren Schreiben an den Rat der Stadt Esslingen bat Jeremias Haug darum, seiner Tochter ein gutes Leumundszeugnis auszustellen und damit zugleich zu bestätigen, daß ihr von Mélac Gewalt angetan worden sei. Außerdem machte er sich Sorgen um den Unterhalt seiner Tochter und ihres Kindes, zumal er selbst noch viele Kinder zu Hause habe und sein Fixum an Frucht, Geld und Wein sich nur auf hundert Gulden erstrecke.

Im Februar 1691 hat der Adlerwirt Rutenberger, inzwischen Witwer geworden, Catharina geheiratet. Aus welchen Motiven − darüber geben Kirchenbücher und Ratsprotokolle keine Auskunft. Belegt aber ist, daß dem Paar im Oktober 1694 ein Söhnlein mit dem Namen Johann Wolfgang Friedrich geboren wurde. Für den Buben fanden sich drei angesehene Paten, sicher ein Beweis dafür, daß man Anna Catharina ihren Sündenfall aus der Besatzungszeit verziehen hatte. Sechs Jahre später, im April 1700, ist Johann Michael Leonhard Rutenberger gestorben. Im darauffolgenden Jahr hat die Rutenbergerin wieder geheiratet, und zwar Johann Saz, einen Sohn des Wirtes zum Roten Löwen in Straßburg. Im April 1743 ist »das Mädchen von Esslingen« im Alter von 75 Jahren gestorben.

Die Sage von der Katharinenlinde

Das Esslinger Spital, eine Pflegestätte für Arme und Kranke, ist in der ersten Hälfte des 13. Jahrhunderts entstanden. Die ausgedehnten Gebäude des Spitals füllten den weiten Raum des heutigen Marktplatzes vom Kielmeyerhaus, der ehemaligen Spitalkelter, bis hinüber zur Stadtkirche St. Dionys. Schutzheilige des Esslinger Spitals war die Heilige Katharina von Alexandrien, die im Jahre 307 unter Maxentius gerädert und enthauptet wurde. Ihr steinernes Bildnis ist noch heute am Kielmeyerhaus zu sehen. Man erkennt deutlich das von einem Blitzschlag getroffene Rad, mit dem sie hingerichtet werden sollte, und das Schwert, mit dem sie enthauptet wurde.

Der Sage nach soll Katharina ihren Häschern entkommen und von Alexandria in Ägypten bis auf die Rüderner Heide bei Esslingen gelangt sein. Dort aber ereilte sie ihr Schicksal. Sie wurde von ihren Verfolgern erneut gefaßt und wieder bis nach Alexandrien verschleppt, wo sie den Märtyrertod starb. Zuvor aber hat sie dem Esslinger Spital ihr Vermögen vermacht. Dasselbe Wappen wie das Esslinger Katharinen-Spital führt übrigens auch das Katharinen-Kloster auf dem Sinai.

Es geht aber auch die Sage, Katharina sollte alsbald nach ihrer Ergreifung auf der Rüderner Heide hingerichtet werden, nahe dem Platz, wo heute die Katharinenlinde steht. Auf der Richtstätte bat sie ihre Richter um ein Gottesurteil: eine Linde, so sprach sie, solle man verkehrt, also mit dem Geäst nach unten und dem Stamm nach oben, in den Boden pflanzen. Verdorre der Baum, so sei ihre Schuld erwiesen. Schlage er aber aus und begännen seine Wurzeln zu grünen, so sei sie unschuldig. So geschah es. Und siehe da: die Wurzeln schlugen aus, der Baum wurde groß und kräftig und trug fortan den Namen Katharinenlinde. Nach ihrem späteren Tod wurde die Heilige Katharina unter diesem Baum beigesetzt.

Soweit die Sage. Es gibt sie in mancherlei Variationen, die vom Hunnenkönig Etzel berichten, von heidnischen und bekehrten Hunnen und Alemannen und von einer unschuldig hingerichteten Jungfrau, deren Unschuld sich erst nach ihrem Tod durch das nämliche Gottesurteil – die umgekehrt eingepflanzte und dennoch wieder grünende Linde – erwies. Sicher ist, daß die Vorgängerin der heute nur noch als Baumruine erhaltenen Katharinenlinde zu Beginn des vorigen Jahrhunderts vom Ochsenwirt Gugel aus Esslingen gepflanzt wurde. 1875 hat sie ein Sturm gefällt. 1888 wurden an ihrer Stelle sechs junge Linden gepflanzt. Die heutigen Katharinenlinden sind erst wenige Jahrzehnte alt (gepflanzt 1950, 1953, 1966 und 1975). Der Platz aber, an dem sie stehen, 469 Meter über dem Meer, ist heute so beliebt wie eh und je, seit die Esslinger Spaziergänge zur Katharinenlinde machen.

Der Schlurger vom Ailenberg

»Schlurger« nennen alte Esslinger noch heute das runde Türmchen in den Weinbergen auf dem Ailenberg zwischen Rüdern und Obertürkheim. Der Name Ailenberg ist schon um die Wende vom 13. und 14. Jahrhundert bezeugt, und zwar als Ölberg oder Ölenberg. Im Mittelalter soll dort eine Wallfahrtskapelle gestanden sein. Sie lag – so berichtet Friedrich Fezer – an einem Wallfahrtsweg, der von Oberesslingen über Kennenburg und St. Bernhardt und vom Ailenberg weiter über Weil nach Heumaden führte. Auch einen Wartturm kann man sich an diesem exponierten Platz an der ehemaligen »Landesgrenze« nach Württemberg gut vorstellen. Anno 1574 wurde dort aufgrund einer testamentarischen Verfügung des Esslinger Stadtamtmanns Joß Burkhardt »zu dessen Gedächtnuß und gemainer Stadt zur besunderen Zier ein Lusthäuschen« erbaut. Der abgelegene Platz, das auffällige Türmlein in den Weinbergen mögen die Phantasie der Leute von Sulzgries und Rüdern, aber auch der Esslinger angeregt haben. Und so erzählte man sich denn »von altersher« vom »Schlurger«, einem guten Geist, der die Weinberge in seine besondere Obhut genommen hat. Zur Zeit der Blüte und erst recht zur Zeit der Lese »schlurgt« er, der Schlurger, allnächtlich durch die Weinberge, um sie zu hüten. Und je öfter man des Nachts den Schlurger in den Weinbergen höre, so erzählen alte Wengerter, desto sicherer könne man sein, daß die Ernte gut werde und der Wein aufs beste gerate.

Vom Krokodil und vom Teufele in der Spitalkelter

Die Kelter des ehemaligen Katharinen-Spitals, das heutige Kielmeyerhaus am Esslinger Marktplatz, ist mit mancherlei Bildwerk geschmückt. Von der Heiligen Katharina, der Schutzpatronin und Wappenfigur des Spitals, war schon die Rede. Was aber hat es mit dem »schwarzen Männle« auf sich, das finster und geduckt an der Südwestecke des Hauses unter dem Steingesims des ersten Stockwerks hockt? Das Männle hält mit beiden Armen ein Schild, das die Jahreszahl 1582 trägt, dieselbe, die auch auf dem Spitalwappen an der Südfront des Hauses verzeichnet ist. Man könnte also annehmen, das Männle solle lediglich das Baujahr der Spitalkelter im wahrsten Sinne des Wortes festhalten. Man könnte es aber auch als eine Art Neidkopf oder Blecker verstehen, angebracht an exponierter Stelle des Gebäudes als Abwehr und zum Schutz vor bösen Geistern und finsteren Mächten. Man kann das »Teufele«, wie die Bewohner des Hauses ihren Hausgeist und Kobold seit langem nennen, aber auch als die Darstellung jenes Keltergeistes sehen, von dem die Sage erzählt.
Acht Bäume, also acht Pressen standen einst in der stattlichen Kelter des Katharinen-Spitals. Denn das Spital war reich, und zu seinem Besitz gehörten eine große Zahl von Weinbergen: 20 Morgen allein in der Neckarhalde, 18 Morgen in Mettingen und in Rüdern und weitere Weinberge in Uhlbach, Ober- und Untertürkheim. Viele Bewohner der Stadt boten dem Spital für die Zeit der Weinlese ihre Dienste an, und manch einer hat dabei wohl auch ein wenig in die eigene Tasche gewirtschaftet. Es soll in den achtziger Jahren des 16. Jahrhunderts gewesen sein. In der Spital-

kelter herrschte wieder einmal Hochbetrieb. Da wurde nicht nur geschafft und gewerkelt, nicht nur getrunken und allerlei fröhlicher Schabernack getrieben, es wurde auch betrogen und gestohlen. Da tat es plötzlich einen gewaltigen Schlag, und aus dem dunklen Hintergrund der nur notdürftig erhellten Kelter kam ein kohlpechrabenschwarzes Männlein geflogen. Kichernd setzte es sich auf den hintersten Kelterbaum, drohte den Leuten und begann zu zetern und zu schimpfen, daß es nur so eine Art hatte. Er sei der Keltergeist des Spitals, und es sei offenbar höchste Zeit, daß er wieder einmal nach dem Rechten sehe. Und während die Lichter in der ganzen Kelter erloschen, hörte man die Schreie derer, auf deren Rücken aus der Dunkelheit eine kräftige Tracht Prügel niedersauste.

Außer sich über die unerhörten Vorfälle in der Spitalkelter, beriet sich der Vogt mit seinen Helfern, darunter auch dem Keller- und Keltermeister. Er fürchtete, das ganze Spital könnte in Verruf kommen, hatte doch erst kurz zuvor ein fürchterliches Krokodil in den Kellern des Spitals unter dem Marktplatz einen Küfer gefressen. Nur noch seine lederne Schürze hatte man gefunden. Den Keltermeister aber, ausgerechnet ihn, liessen Krokodil und Teufele gelassen. Er kenne die beiden schon lange, bekannte er nun. Den Keltergeist dürfe er schon längst als seinen Freund betrachten, und das Krokodil habe sich im Laufe der Zeit offenbar auch an ihn gewöhnt. Jedenfalls habe es ihn noch nie auch nur bedroht. Nicht böse Geister, wie der Vogt schon befürchtet hatte, trieben in der Kelter ihr Unwesen. Ganz im Gegenteil. Der Keltergeist, der schwarze Kobold, habe sich doch jetzt erst wieder als sein treuester Gehilfe bewährt. Er und das Krokodil erschienen nämlich nur dann für jedermann sichtbar in der Kelter, wenn es gelte, die gestörte Ordnung wiederherzustellen.

Der Keltermeister schlug vor, die winklige alte Kelter abzureißen und an ihrer Stelle eine neue zu bauen, in der man besser Ordnung halten könne. Und so geschah es. Zum Dank aber für seine guten Dienste setzte man dem schwarzen Teufele, dem Keltergeist, ein bleibendes Denkmal. Am Kielmeyerhaus ist es bis heute zu sehen.

Esslingen am Neckar im Spiegel der Literatur

Kein weißer Fleck auf der literarischen Landkarte

»Deutschland hat nicht leicht eine schönere Gegend: das Feld vortrefflich, die Luft wunderbar gut und gesund, Berge, Wiesen, Täler, Flüsse, Quellen, Wälder, alles höchst anmutig, der Wein, wie er von einem solchen Lande erwarten läßt.« Ulrich von Hutten war es, der anno 1519 der Stadt Esslingen am Neckar solches Lob gespendet hat. Und es ist nicht bei diesem einen Lob der Stadt geblieben. Wenn in unseren Tagen die Esslinger mitunter klagen oder ein wenig geniert argwöhnen, ihre Stadt sei doch recht unbekannt – so im Schatten Stuttgarts –, dann sollten sie einmal in Reiseberichten des 18. und 19. Jahrhunderts blättern, um festzustellen, daß die Reichsstadt am Neckar es stets verstanden hat, inmitten ihrer Nachbarschaft ihr eigenes, unverwechselbares Profil zu wahren, daß ihre Besucher schon früh ihre besonderen Reize und ihre Schönheit zu schätzen wußten.

»Die Gegend um Esslingen bis ganz nach Stuttgart hin ist von unbeschreiblicher Schönheit! Weingärten wechseln sich mit Maisfeldern – hier Welschkorn genannt – und Weizenfeldern ab. Die naheliegenden hohen Berge sind teils mit Wald bedeckt, teils nähren sie die edelsten Reben. Eine angesehene Persönlichkeit sagte mir später in Stuttgart, dieser Weg von Esslingen gehöre zu den schönsten Gegenden von Württemberg.« Wenn selbst der kühl beobachtende Berliner Aufklärer Friedrich Nicolai 1781 auf seiner Reise durch Deutschland und die Schweiz angesichts der Stadt Esslingen in solche Begeisterung ausgebrochen ist, dann möchte man gern wissen, was wohl ein Dichter der deutschen Romantik empfunden und geschrieben hätte, wäre nur einmal einer nach Esslingen gekommen. Die deutschen Romantiker waren in Nürnberg und in Heidelberg anzutreffen – was aber hätten sie in Esslingen suchen sollen? Weit gefehlt. Während der Studien zu seinem Roman »Die Kronenwächter« kam Achim von Arnim 1820 auch nach Esslingen. Und er schrieb von dort an seine Frau Bettina: »Könnte ich nur eine Stunde im Jahr auf den Esslinger Frauenkirchturm steigen und in die Gegend schauen oder von der

Burg den Zinkenbläsern auf dem Stadtkirchenturm zuhören! Das ist eine Stadt! Kein Schritt ohne besondere Merkwürdigkeit!«

Nicht anders muß es Johannes Brahms empfunden haben, der im Jahre 1854 an Clara Schumann schrieb, in Esslingen sei »ein Stück Eichendorff losgelassen: dunkle Mitternacht, die Brunnen verschlafen rauschen, verworrene Stimmen und tiefe Wehmut im Herzen«. Diesem romantischen Zauber der Stadt konnte auch die im Laufe des 19. Jahrhunderts rasch emporstrebende Industriestadt Esslingen offenbar nichts anhaben. Sonst hätte nicht Theodor Heuss noch im Jahre 1952 in einem Brief an den damaligen Oberbürgermeister von Esslingen als einer »Stadt aus dem Musterbuche der Romantik« gesprochen.

Die Esslinger freuen sich bis heute an all dem Lob, das Reisende, auswärtige Freunde und Besucher ihrer Stadt zollten. Wo aber bleibt der Esslinger Dichter, der seiner Stadt das Preislied gesungen hat? War es der »Schulmeister von Esslingen«, dessen Bild in der Manessischen Liederhandschrift bewahrt ist? Heinrich soll er geheißen, ums Jahr 1280 gelebt haben, und der Überlieferung nach war er wohl mehr ein Minnesänger als ein Schulmeister. Den Frühling besang er und die Minne, er huldigte den Staufern und schalt die Habsburger. Mag sein, daß er die liebliche Landschaft rings um Esslingen vor Augen hatte, wenn er vom Mai und von der Minne, von Blumen und Nachtigallen gesungen hat. Das Bild Esslingens freilich hat er nicht gezeichnet.

1448 ist der Humanist Niklas von Wile Stadtschreiber von Esslingen geworden. Sein langjähriges Wirken in dieser Stadt hat Otto Borst gewürdigt: »Mit den Esslingern Niklas von Wile und Heinrich Steinhövel beginnt die gedruckte deutsche Literatur. 21 Jahre schreibt, dichtet, übersetzt Niklas von Wile nun hier in den Mauern der Stadt, begründet und leitet eine weltberühmte Schule Schreibens und Dichtens und wird zum geradezu unersetzlichen Diplomaten, zum politischen Kopf der Stadt. Niklas hat von Esslingen aus die Renaissance in Süddeutschland mit eingeleitet, vor allem durch seine 1478 erschienenen Translationes, Übersetzungen also, mit denen er Namen wie Aenea Silvio, Boccaccio, Petrarca, Lukian und andere in der deutschen Literatur heimisch gemacht hat. Damals war das geistig aufblühende Esslingen auch eine Stadt des Buchdrucks. In Esslingen ist 1472 das erste Buch Württembergs gedruckt worden; die Stadt darf getrost in Anspruch nehmen, ältester württembergischer Druckort zu sein. Urheber dieses Ruhmes ist der Drucker Konrad Fyner.«

Geschrieben, gedruckt und publiziert also hat man in Esslingen am Nekkar schon seit Jahrhunderten. Doch wann wurde die Stadt selbst zum Gegenstand poetischen Eifers und dichterischer Begeisterung?

»Wie heißt die Stadt, zu der wir wallen,
Mit ihren Thürmen, ihren Hallen?
Oh hätt' ich einen Pindarsmund!
Wie flösse mir am Tag der Lieder
Die Hymne von der Lippe nieder,
Und thät' ihr Lob den Horchern kund!

Zeig' immer stolz Dein Prachtgelände,
die schmucken Werke Deiner Hände,
Dein Thal vom Segen Gottes voll,
Und Deine grauen Alterthümer,
Der Burg und der Kapellen Trümmer,
Die Kindeskind noch schauen soll'n.

Du pflegst auch uns'res Liedes Blüthe,
Nimm uns'ren Dank für Deine Güthe,
Für gastlich aufgethanes Thor.
Den unser'n soll Dein Chor durchdringen,
Es hallt ein rein, ein kräftig Singen,
Ein Lobgesang in Aller Ohr!«

Mit diesem Prolog grüßte Gustav Schwab, Mitglied des Stuttgarter Liederkranzes, im Mai 1828 die Sänger beim »Liederfest zu Esslingen«, dem
ersten Sängerfest dieser Größe in Deutschland.
Das war im selben Jahr, als Graf Alexander von Württemberg im idyllischen Serach bei Esslingen das Schlößle und ein Landgut mit Wald und
Weinbergen gekauft hat. Dieser Sohn des Herzogs Wilhelm Friedrich
Philipp von Württemberg kaufte auch das Obere Palm'sche Palais, das
heutige Neue Rathaus in Esslingen. Der Graf hatte es schon in jungen Jahren in dem in Esslingen stationierten 3. Württembergischen Reiterregi-
ment zum Oberstleutnant gebracht. 1832 nahm er, erst einunddreißig
Jahre alt, seinen Abschied und lebte fortan der Freundschaft und der
Poesie. Ludwig Uhland, Gustav Schwab, Justinus Kerner und Nikolaus
Lenau gehörten zu dem Freundeskreis, der sich oft und gern um den Grafen Alexander scharte und das Seracher Schlößle bald zu einer regelrechten Dépendance des »schwäbischen Weimar«, des Kerner-Hauses am
Fuße der Weibertreu in Weinsberg, machte. Man feierte Gartenfeste, las
Gedichte, musizierte und unternahm zwischendurch ausgelassene Land-
partien.
»Eine schöne Fahrt auf dem Neckar, wo Lenau uns durch sein meisterhaf-
tes Spiel auf der Guitarre entzückte, wird mir namentlich unvergeßlich

sein. Denken Sie sich dazu den reizendsten Sommertag, die Natur in aller Schönheit und Fülle, welche die abwechselnd romantischen und malerischen Ufer des Neckars entfalteten, um mit uns zu fühlen, daß wir alle in wahrer Begeisterung schwärmten. Ja, es war eine herrliche Zeit, reich an Poesie und hohem geistigem Genusse. Die Abende vereinigten uns gewöhnlich wieder in Esslingen in traulichem Zusammensein. Graf Alexander erfreute uns durch seinen ausgezeichneten Vortrag auf dem Flügel; Gräfin Marie besaß eine sehr schöne Stimme, und wenn sie Lenaus inniges Lied ,Weil auf mir, du dunkles Auge' mit tiefer Empfindung vortrug, sah ich das seinige in freudigem Strahle erglühen.« So erinnert sich eine, die dabei war im romantischen Esslingen um die Mitte des vorigen Jahrhunderts, die unter dem Pseudonym Emma Niendorf schriftstellernde Emma von Suckow.

»Du paradiesisches Serach . . . «

Nikolaus Lenau, der in Ungarn als Sohn deutscher Eltern geborene Nikolaus Niembsch Edler von Strehlenau, hat Gräfin Marie, der Lieblingsschwester des Grafen Alexander, manche Huldigung dargebracht. Wie glücklich er in Serach war, verriet er im September 1833 in einem Brief an seinen Schwager: »In einer der schönsten Gegenden Württembergs, im Hause eines ganz fidelen Freundes, im Umgange einer jungen, schönen, geistreichen Dame, mit allen Bequemlichkeiten eines üppigen Magnatenlebens versehen, kannst Du Dir denken, daß es meiner bequemhaftiglichen, faulen Dichterhaut nicht übel behagte.«
Eine andere Zeitgenossin Lenaus und Augenzeugin der romantischen Zeiten von Serach, Marie von Hünersdorff, beschreibt den Weg von Esslingen hinaus nach Serach: »Als die braunen Mauern von Esslingen am silberblauen Neckar emporstiegen zwischen neuumkleideten Rebengipfeln, sprengte uns Graf Alexander entgegen. Er stülpte den von Weinsberg wohlbekannten grünen Alphut mit den Spielhahnfedern auf, und fort ging es, nach Serach hinauf . . . Vorüber an der Romantik der kleinen Reichsstadt, ihren altersgrauen Wällen und Thürmchen, dem Judenkirchhofe mit bemoosten Steinen, die Waldschlucht hinan zu den jungen Birken. Fort durch den Frühling! Hier ist alles elfenhaft grün, überall Blumen und Thau, nichts vom Lärm des Alltags, kein Staub, kein zertretener Pfad. Weiß schimmert von der Höhe das Schweizerhaus, das, mit Blüthen aller Zonen umgürtet, in den Weinbergen unbelauscht nistet. Du paradiesisches Serach − süße Maierinnerungen weckst du in der Brust.«

Isolde Kurz: »Das Paradies unserer Kindheit«

Man muß sich zwischendurch immer wieder in Erinnerung rufen, daß hier
nicht von Jena, Weimar oder von Heidelberg die Rede ist, sondern von
Esslingen am Neckar. Zu den Verehrerinnen des Grafen Alexander von
Württemberg gehörte auch Marie von Brunnow, die Tochter eines wohlhabenden Oberesslinger Bürgers. Daß dieses aller Beschreibung nach
einst sehr idyllische Dorf erst 1913 nach Esslingen eingemeindet worden
ist, hat seine Bewohner keineswegs daran gehindert, in die benachbarte
Stadt zu gehen oder zu fahren, wenn es etwas Besonderes zu feiern galt.
Das geschah dann zumeist im »Museum«, der heutigen »Reichsstadt«,
am Rathausplatz. Dort ist Marie von Brunnow im Februar 1848 denn
auch ihrem künftigen Mann begegnet, dem Schriftsteller Hermann Kurz.
Drei Jahre später wurde in der kleinen Oberesslinger Dorfkirche Hoch-
zeit gefeiert. 1859 zog die Familie Kurz für vier Jahre nach Oberesslingen.
Vier Jahre, in denen es sehr einsam war um den Dichter Hermann Kurz.
Vier Jahre, die seiner Tochter Isolde und ihren Brüdern einen wahren
Schatz der schönsten Kindheits- und Jugenderinnerungen bescherten.
Isolde Kurz hat das beides später sehr genau gesehen. Sie erinnert sich:
»Im Frühjahr 1859 nahmen meine Eltern den Vorschlag ihres alten
Freundes, des Expfarrers und Landtagsabgeordneten Hopf an, der lange
Zeit in den inneren politischen Kämpfen Württembergs eine Rolle ge-
spielt hat, und zogen zu ihm nach Oberesslingen, in die alte Heimat mei-
ner Mutter. Dieser Entschluß, aus der Not geboren, sollte für Hermann
Kurz verhängnisvoll werden, da er ihn dem freilich schon längst stocken-
den literarischen Leben der Hauptstadt entrückte, um ihn der tiefsten
Vereinsamung entgegenzuführen; uns Kindern hat er freilich eine Reihe
idyllisch schöner Jugendjahre gesichert. Zunächst wirkte die ländliche
Stille und die stete Berührung mit der Natur sowie der tägliche Umgang
des zuverlässigen, gleichmäßig gestimmten Freundes wohltätig auf des
Vaters reizbar gewordenes Nervensystem. Meine Mutter war selig, die
Orte wiederzusehen, wo sie ihre Jugend und die ersten Monde einer
glücklichen Liebe verbracht hatte. Noch war das Dörflein ganz das alte;
der Neckar floß still und klar zwischen flachen Weidenufern vorüber.
Dorthin wanderten wir an den Sommerabenden groß und klein, um im
Freien zu baden. Das Hopf'sche Haus, das wir bewohnten, lag nur wenige
Schritte von dem ehemaligen Besitz meiner Mutter entfernt in einer gros-
sen Obstwiese, die von Hühnern und Pfauen bevölkert und von einer
Mauer eingefaßt war. Es sollte das Paradies unserer Kindheit werden.«
Die Oberesslinger freilich sahen das Leben und Treiben im Hause Kurz
mit einigem Befremden. Kein Wunder, denn wie sollten sie verstehen,

daß Marie Kurz, geborene von Brunnow, ihrer Tochter lieber Latein als Kochen und Knopflochstich beibrachte und daß ihr die Bildung ihrer Kinder weit mehr am Herzen lag als sorgfältig eingesäumte Handtücher. Isolde und ihre Brüder waren glücklich dabei, auch wenn sie manchen harten Strauß mit den Oberesslinger Buben und Mädchen auszufechten hatten, die argwöhnisch das höchst befremdliche Treiben der »Heidenkinder« beobachteten, die sich als die Helden Trojas ausgaben und im Garten den Göttern Griechenlands Altäre bauten. Isolde Kurz erinnerte sich:

»Wie auf einer weltfremden Insel hausten wir hinter unserer Gartenmauer, die zwar nicht hoch, aber doch bedeutend höher war als wir selbst, auf den Raum eines Obstgartens angewiesen, den wir für ein Stück Griechenland hielten. Das schönste aber war, im offenen Neckar zu baden, an seinen Weidenufern die ausgeworfenen Muschelschalen zu sammeln, in denen man sich die Farben anrieb, oder seine niedere Furt mit hochgeschürzten Kleidern zu durchwaten, um dann jenseits im Sirnauer Wäldchen sich auszutollen. Der eigentümliche Geruch des fließenden Süßwassers, der an den Neckarufern besonders stark war, hat sich mir aufs tiefste eingeprägt und erregt mir, wo ich ihm begegne, ein unbeschreibliches Jugend- und Heimatgefühl«

»Doch immer behalten die Quellen das Wort«

Nur knapp fünfzehn Jahre jünger als Isolde Kurz war die 1867 als Tochter des Küfermeisters Gottlob Jacob Schieber am Landolinsplatz in Esslingen geborene Anna Schieber. 1905 erschien ihr Roman »Alle guten Geister«, der sie bald in ganz Schwaben und weit darüber hinaus bekannt machte. Das eigentliche »Esslingen-Buch« von Anna Schieber aber sind die »Erinnerungen aus meinem ersten Jahrsiebent«, die sie mit Worten von Eduard Mörike überschrieben hat: »Doch immer behalten die Quellen das Wort«. Auch in anderen Büchern der zu ihrer Zeit vielgelesenen schwäbischen Autorin tauchen immer wieder Erinnerungen an ihre Kindertage auf, und das sind allemal Erinnerungen an Esslingen. »Ich bin wieder einmal die alten Wege gegangen. Den Landolinsberg hinauf gegen die Burg hin und den Grünen Weg entlang. Mich dünkt, er sei nicht mehr so grün wie einst. Ich kann mir noch Zeiten denken, da schlugen die Büsche und Bäume hoch über einem zusammen, und man war ganz ins Grüne hineingetaucht. Bis sich dann auf einmal die Wölbung auftat und das Neckartal vor einem lag und alles in Licht und Sonne und Farbe und Duft schwamm, die Stadt, die liebe, alte Stadt mit ihren Türmen und Giebeln und Gassen und der Neckar und die jenseitigen Höhen. Wenn dann eine Uhr zu schlagen anhub und eine nach der anderen folgte, die auf dem Neuen Rathaus und die auf dem Alten Rathaus, auf der beim Zwölfuhrschlag der Adler mit den Flügeln schlug, und auf der Stadtkirche und dem Schelztor und dem Pliensautor, und die hellen und dunkleren Töne da oben in der Luft verzitterten. Und wenn dann noch die Vesper-Glöckchen nacheinander läuteten, das helle, flinke auf der Burg drüben zuerst, und man wußte: in fünf Minuten kannst du drunten sein, da, wo der Giebel des Vaterhauses hart an die alte Stadtmauer anstößt.«

Viel Gefühl, viel verklärte Erinnerung steckt in diesen Zeilen, und doch: es stimmt jedes Detail, und die meisten dieser Beobachtungen sind auch heute noch nachzuvollziehen. Noch schärfer beobachtete der 1946 verstorbene Kunsthistoriker und Kunsterzieher Fritz Alexander Kauffmann, dessen Kindheitserinnerungen erst 1956 erschienen sind unter dem Titel »Leonhard – Chronik einer Kindheit«. Kauffmann ist im Denkendorfer Kloster geboren und aufgewachsen. Sein Vater hatte dort eine Fabrik für Gewürze und Liköre eingerichtet. Fritz war das älteste von fünf Geschwistern. Nach dem Besuch der Denkendorfer Volksschule hat ihn der Vater nach Esslingen aufs Gymnasium geschickt. Nach Jahren erinnert sich Fritz Alexander Kauffmann:

»Leonhard kannte die Stadt von manchem Besuch. Zum erstenmal pilgerte er jetzt neben seiner Tante quer durch die ganze Häuserflut. Dabei brauchte er sich auch gar nicht zu beeilen. Er konnte die Auslagen der Läden betrachten und über die Brüstungen der inneren Brücken in die stillen Kanäle hinunterblicken. Den größten Eindruck machte ihm der Marktplatz. Obwohl gerade Wochenmarkt war, empfand er lebhaft seine außerordentliche Weite, die behäbige Würde der Bürgerhäuser ringsum, die vielfachen Nebenplätze und Straßenöffnungen, die Gewalt der Stadtkirche in seinem Rücken. Das mächtige Gefüge steinkühler Bauten verband sich ihm mit der köstlichen Morgenluft, die von Rauch und Marktgerüchen nicht verunreinigt, sondern nur gewürzt schien. Etwas wie Andacht erfüllte ihn.«

Fritz Alexander Kauffmann spricht aus, was viele Esslinger, gebürtige und zugezogene, schon erlebt und empfunden haben. Er fängt Bilder ein, die zu den Eigentümlichkeiten des Esslinger Stadtbildes gehören. Und er beschreibt sie so, daß der Leser erkennt, was die Eigenart dieser Bilder und Motive ausmacht. Ein treffliches Beispiel dafür ist auch seine Schilderung der Esslinger Burg.

»Die Burg bedeutete für Leonhard das unbefangene Beieinander des Hagersten und des Beleibtesten. Nie vordem war ihm ja derart Kapitales begegnet wie der Rundturm, welcher am Aussprung des Hangs über der

Stadt thronte, und nie etwas so wagehalsig Gestelztes wie die sogenannte Hochwacht, dieses schmale, dreistöckige Häuschen hoch auf dem Grate des mittleren Wehrganges, der an dieser Stelle zu allem hin im Winkel verlief. Die beiden ungleichen Nachbarn waren durch das Gemäuer der Brustwehr miteinander verbunden. Leonhard spürte, daß die Hochwacht und der Turm sich die Waage hielten. Kühn ausgedrückt und himmelan gesteigert wog das fast Körperlose so viel wie jenes ungeheure Massiv«. Diese Hochwacht, auch Wächterhäusle genannt, hat offenbar seit jeher die Besucher der Stadt beeindruckt, so auch Eduard Mörike, als er »mit ein paar Gläsern frischen Brunnenwassers im Magen« anno 1840 zur Esslinger Burg hinaufgestiegen ist und hernach seinem Freund Hartlaub berichtet hat: »Sie ist auf der Stadtseite offen und führt endlich auf ein sonderbar in die Luft hinaushängendes Häuschen, welches ein Wächter bewohnt.« Am meisten beeindruckt aber hat Mörike die Frauenkirche, die er rühmt als »eine der schönsten, die weit und breit zu finden sind«.

»In einer der reizendsten Lagen des Neckarthales«

Angesichts so vieler beredter Zeugnisse zum Lobe der Stadt Esslingen, ihrer Schönheit und ihrer Eigentümlichkeiten, nimmt es einen wunder, daß die Bürger dieser Stadt so um die Mitte unseres Jahrhunderts häufig so wenig selbstbewußt, ja zuweilen fast ein wenig geniert waren ob der Tatsache, daß sie aus »Esslingen bei Stuttgart« stammten. Ein Jahrhundert früher scheint das ganz anders gewesen zu sein. Da spielte Esslingen stolz und selbstbewußt seinen Part im Kreise der anderen ehemaligen Reichsstädte des Landes, neben Ulm beispielsweise und Heilbronn. Es war die Zeit der schwäbischen Liederfeste, die die schwäbischen Sänger zu Hunderten zusammenführten. Als man das zweite Schwäbische Liederfest feierte – nach Otto Borst »das erste in Deutschland, das im großen und planmäßigen Stile aufgezogen worden ist« –, da wurde einstimmig Esslingen zum Schauplatz bestimmt. Denn die Verantwortlichen waren sich einig: »In der That hätte auch im ganzen Vaterlande keine einladendere Stelle für eine Feyer gewählt werden können, die es verdiente, durch die Umgebung einer Frühlingsnatur in der herrlichsten Erscheinung gehoben und gleichsam verklärt zu werden. Esslingen liegt in einer der reizendsten Lagen des Neckarthales, ganz in der Nähe der Hauptstadt.« Gustav Schwab, einer der Männer des schwäbischen Dichterkreises, hat beim Esslinger Liederfest vom 26. Mai 1828 den berühmt gewordenen Prolog gesprochen. Daß dieses Lob nicht nur aus gegebenem Anlaß zu Ehren der gastgebenden Stadt gespendet wurde, sondern gründlichem

Augenschein und fester Überzeugung entsprang, findet man bestätigt in Gustav Schwabs Reiseschilderungen. Seine »Wanderungen durch Schwaben« sind 1837 in Leipzig erschienen als Band 2 einer Reihe mit dem Titel »Das malerische und romantische Deutschland«. Keine Frage, daß darin Esslingen ein ganzes Kapitel gewidmet wird. Und manch ein Esslinger unserer Tage hört heute mit Staunen, was ein Bürger der »Hauptstadt«, weit herumgekommen im Land, über dieses Esslingen damals zu sagen wußte: »Wer alle Reize und Denkwürdigkeiten dieser lieblichsten Gegend und Stadt in Schwaben bildlich darstellen wollte, müßte sich mit seinen Ansichten in ganzen Heften verbreiten können, und ebenso müßte die Beschreibung Bögen, statt Blätter, füllen . . . Die alte Stadt Esslingen ruht aus und verjüngt sich im Schoße der reichsten Natur; sie selbst ist in ihrem Innern reich an historischen Erinnerungen . . . Wer auf der Brücke von Esslingen steht und die erlesensten Gaben der Natur mit den seltensten Schätzen des Altertums gepaart überschaut, wird einstimmend mit dem Dichter der umblühten, ehrwürdigen Stadt die Worte zurufen: Zeig immer stolz dein Prachtgelände . . . «

Es scheint, als hätten immer wieder auswärtige Besucher die Esslinger darauf hinweisen müssen, was sie haben an ihrer Stadt und wie froh sie darüber sein können, an einem solchen Platz zu leben. Und das, obwohl es den Esslingern an einem weit über das Jahr 1803 hinaus erhaltenen gesunden Reichsstadt-Dünkel durchaus nicht gebricht. Es hat lange gebraucht, bis sich die offizielle Esslinger Stadtwerbung des Wertes und der Werbewirksamkeit der »grauen Alterthümer« erinnert, bis sie begriffen hat, daß man mit solchen Pfunden getrost wuchern darf. Lag es am beharrlichen Schielen zur jahrhundertelang ungeliebten »Residenz«, der man viele Errungenschaften neidete und darüber den Sinn für die eigenen Qualitäten und Spezialitäten verlor? Oder ist's schwäbische Mentalität, daß man sich seine Stadt gleichsam nur für den Hausgebrauch »hehlinge schee« wünscht, so wie viele Schwaben am liebsten zwar schon reich, aber doch »hehlinge reich« sein möchten?

Glücklich die Stadt, in der angesichts solcher Verwirrung der Gefühle, der Schwierigkeiten mit der eigenen Identität dann ein Reisender, ein Gast, ein Zugereister mit scharfem Blick und klarem Urteil – das ein warmes Herz nicht ausschließen muß – die Dinge wieder ins Lot bringt und das sagt, was die Bürger über ihre eigene Stadt entweder nicht zu sagen wissen oder nicht zu sagen wagen. Und das gilt keineswegs nur für die hymnischen Lobpreisungen der Romantik und des Biedermeier. Das gilt mindestens so sehr ein gutes Jahrhundert später, in den Jahren nach dem zweiten Weltkrieg, in denen es gerade im unversehrt gebliebenen Esslingen viele Zugereiste gab. Einer von ihnen ist der aus dem böhmischen

Riesengebirge, aus Trautenau, stammende Dichter und Schriftsteller Josef Mühlberger. Er hat der Stadt das folgende Lob ins Stammbuch geschrieben, und zwar im Jahre 1973 im Merian-Band über die Neckarstadt: »Ich wußte von Esslingen, bevor ich es wirklich sah. Es war ein Kennen vom Hörensagen, aus der Geschichte und Literatur, als Stadt des Humanismus, des Arztes Heinrich Steinhöwel, der als einer der ersten Deutschen Petrarca und Boccaccio übersetzte, des Ratsschreibers Niklas von Wyle, eines Freundes des Enea Silvio Piccolomini, des späteren Papstes Pius II., des bedeutenden Buchdruckers Fyner . . ., kannte die Stadt aus der frühesten Stadtdarstellung im Kupferstich des Wenzel Hollar, vor allem aus Ricarda Huchs Lebensbild Esslingens. Ich hatte also ein inneres Bild von der Stadt. Es wurde nicht enttäuscht, als ich sie wenige Tage nach meiner Ankunft in Göppingen im Zuge der Vertreibung besuchte . . .
Es blieb nicht bei Geschichte und Literatur, die Stadt verwuchs mit meinem Leben auf vielfache Art. Hier wurde in der wirren Zeit nach 1945 der Plan gefaßt, die aus dem Osten vertriebenen Künstler zu sammeln; die Künstlergilde wurde gegründet, und sie gedieh und fand hier Heimat . . .
Man liebt Esslingen trotz seiner notwendigen Veränderungen nicht nur seiner Altertümer, sondern seiner Schönheiten wegen, von denen noch übergenug da sind, und wegen des geistigen Fluidums der wirtschaftlich emsigen Stadt. Esslingen gibt geistige Gespräche und künstlerische Anregungen in Fülle.«

Wahlheimat der Künstlergilde

Am 10. April 1948 ist in Geisels Weinstuben in Esslingen die Künstlergilde, ein Verband heimatvertriebener und geflüchteter Kulturschaffender, gegründet worden. Maler, Bildhauer, Graphiker, Musiker, Literaten, Theater- und Filmleute, die alle ihre Heimatlandschaften und Wirkungsstätten verloren hatten, fanden sich in dieser Vereinigung zusammen. Heute zählt die Künstlergilde mehr als tausend Mitglieder. Esslingen ist bis heute Sitz ihrer Bundesgeschäftsstelle und − mehr als das − die Wahlheimat der Künstlergilde.
Was das für ihre Mitglieder bedeutet, schildert Johanna Baronin von Herzogenberg: »Wenn ich es recht bedenke, war ich in Esslingen nie allein. Immer waren Freunde da, die alten, die neuen − ich kam nie als Fremde in diese Stadt, ich kam nach Esslingen, weil wir uns trafen. Und aus dem Glücksgefühl der Begegnung mit Freunden brach ich immer auch auf, um ein wenig allein zu sein. Aber ich war nie einsam in Esslingen.«
Nachzulesen sind diese Worte in einer Anthologie, einer Huldigung an

Esslingen, mit der dreißig Autoren aus der Fachgruppe Schrifttum der Künstlergilde der Stadt zu ihrer 1200-Jahrfeier anno 1977 Dank gesagt haben. »Tauche ich in deinen Schatten« steht als Motto über diesem »äußeren Dank für innere Doppelheimat«. Die 1923 in Haida geborene Margarete Kubelka schrieb die Verse, die der Anthologie den Namen gaben:

>»Einmal im Jahr
>gehe ich durch deine Straßen,
>tauche ich in deinen Schatten,
>bete ich in deinen Kirchen.
>
>Du bist nicht spröde,
>zwölfhundert Jahre junge Schöne.
>Durch Fachwerkfältchen,
>aus Fensteraugen
>blinzelst du mir zu.«

In Esslingen hat auch der aus dem Sudetenland stammende Ernst Paul die neue Heimat gefunden: »Es handelt sich um ein Gemeinwesen, das alle Vorteile einer mittleren Stadt mit jenen einer Großstadt verbindet. Das Leben ist übersichtlich und trotzdem bewegt und hinreichend anonym. Es hat starke kulturelle Prägung und ist frei von spießerischer Einseitigkeit. Es ist traditionsgebunden und doch weltzugewandt.« Für Esslingen, die neue Heimat, hat Ernst Paul viele Jahre als Abgeordneter im Deutschen Bundestag gearbeitet. Er ist in Esslingen seßhaft geworden.
Einer seiner Landsleute, Walter Reiprich, erinnert sich dank der Künstlergilde seiner »Esslinger Wiederbegegnungen«:
»Die Künstlergilde führte uns nach Esslingen: einzige Stadt des mittleren Neckars, die ihren mittelalterlichen Charakter über Krieg und Notzeit rettete ... Verlust wandelte sich in Gewinn: Begegnungen mit Schriftstellern, Malern, Musikern und Künstlern aus heimatnahen Landschaften zwischen Mauern, Türmen und Bürgerhäusern der Gotik und Renaissance, des Barock und des Zopfstils; zwischen Hochbauten und breiten Glasflächen, Kaufhäusern und Zweckgebäuden der Maschinen- und Textilindustrie. Hallen, Schornsteine, Silos. Und die Brunnen und schwäbischen Fachwerkbauten der Altstadt ... Hinter roten Kastanien und weißen Akazien die gotischen Türme der Kirchen am Markt und die Weinhänge im Hintergrund, über denen die Burg thront.
Auf einer Bank im Park saßen wir damals. Erinnerst du dich der Trauerweide, die uns schützte? Rote Kastanien. Weiße Akazien. Und irgendwoher ein Duft von Linden. Schwäne wieder, lautlos schwammen sie an uns

Blick von der Maille über den Roßneckar zur Inneren Brücke. Rechts das ehemals reichsstädtische Rathaus, das heutige Amtsgericht, im Hintergrund die Türme der Frauenkirche und der Stadtkirche.

vorüber. Wir schwiegen. Vergaßen den Abend. Vergaßen alles. Wie einst im Garten der Kindheit, wenn fleißige Hände die Blüten pflückten, wenn der Lindenduft über unsere Haare strich, stark und würzig im Fallen des Abends. Wiedererinnerungen dank der Wiederbegegnungen in und mit Esslingen.«

Glückliches Esslingen, das solche Freunde hat! Diese Stadt ist wahrhaftig kein weißer Fleck auf der literarischen Landkarte. Ihre Bürger können stolz und froh sein angesichts so mannigfacher Huldigung, die ihrer Heimat im Laufe der Jahrhunderte zuteil geworden ist.

Stadt der Schulen und Hochschulen

Schulen für »junge Cavalliers« und für »Burgers Söhne«

Esslingen am Neckar rühmt sich gern als Schulstadt. Diesen guten Ruf
untermauern nicht allein die heute fünfzehn Grundschulen, zehn Haupt-
schulen, vier Realschulen und vier Gymnasien. Esslingen darf auch
– noch – für sich in Anspruch nehmen, Standort der 1811 gegründeten
ältesten Lehrerbildungsanstalt des Landes zu sein. Hinzu kommen die
Fachhochschulen für Technik und für Sozialwesen, die Berufspädagogi-
sche Hochschule, die Evangelische Kirchenmusikschule, die Medizinisch-
Technische Akademie und die von Professor Otto Kögler gegründete
Technische Akademie Esslingen. Die älteste Bildungsanstalt der Stadt
aber ist die vor mehr als 700 Jahren gegründete Lateinschule, deren
Nachfolge das Georgii-Gymnasium angetreten hat.
Eine Urkunde aus dem Jahre 1267 gibt darüber Auskunft, daß es damals
in Esslingen einen »Marquardus scolasticus« gab, einen Lehrer also und
somit auch eine Schule. Im Jahre 1326 erhielt diese Lateinschule ein eigenes Haus und wurde von der Pfarrschule gelöst. Die »Alte Lateinschule«
steht heute noch in der Abt-Fulrad-Straße zwischen Agnesbrücke und
Marktplatz. Sie hat bis zum Bau des heutigen Georgii-Gymnasiums auf
dem Lohwasen im Jahre 1910 die Lateinschule, das spätere Gymnasium
– im Gegensatz zur damaligen Oberrealschule – beherbergt. Allein
schon der Standort dieses Gebäudes legt den Schluß nahe, daß die Esslinger Lateinschule von den Dominikanern gegründet wurde, die 1221
nach Esslingen gekommen waren und sich zwischen der Agnesbrücke,
dem heutigen Schwörhaus und St. Paul – der ehemaligen Dominikaner-
Klosterkirche – niedergelassen hatten. Aus geistlicher Obhut kam die
Schule im Laufe der Zeit in die Regie der Stadt. 1598 ließ der Esslinger
Stadtmagistrat ein Collegium Alumnorum, ein der Lateinschule ange-
gliedertes Internat für auswärtige Schüler, einrichten. 1614 ist von der
Schule als einem Paedagogium Latinum die Rede. 1803 übernahm der
württembergische Staat die Schule, die 1840 sogar »Württembergische
Landexamensschule« wurde.

Eine »Konkurrenz« erwuchs der Esslinger Lateinschule zur Zeit des Humanismus, als nämlich Nikolaus von Wile, von 1449 bis 1469 Stadtschreiber zu Esslingen, eine »Schule des Schreibens und Dichtens« eröffnete, an der Stadtschreiber für Süddeutschland, für die Schweiz und für Österreich ausgebildet wurden. Wile betrachtete diese Schule als eine Vorstufe zur Stadt- und Kanzleischule in Ulm. Er berichtet selbst, daß ihm »ehrbarer und frommer Leute Kinder, auch etlich baccalary (Studenten) von manchen enden her zu tisch in min cost wurden verdinget, damit ich sie in der Kunst des Schreibens und Dichtens lehre und unterweise.« Dabei hat natürlich auch in dieser Schule das Latein eine bedeutende Rolle gespielt.

Nicht als Konkurrenz zu einer dieser beiden Schulen ist wohl die Esslinger Meistersingerschule zu verstehen, die seit 1557 in den Ratsprotokollen erwähnt wird. Sie beschränkte sich auf Wettbewerbe im Singen, die mehrfach im Jahr stattfanden. Da wurde die »Schule für junge Cavalliers«, die der Tübinger Magister Christian Carl Müller in den zwanziger Jahren des 18. Jahrhunderts gegründet hat, schon eher als Konkurrenz zur traditionsreichen Lateinschule empfunden. Dabei hatte die im Benehmen mit dem Magistrat festgelegte Schulordnung dieser neuen Lehranstalt ausdrücklich festgelegt, »daß zum Unterricht aller Art, der im Esslinger Gymnasium nicht geboten werde, auch honnete Herren und Burgers Söhne« zugelassen sind.« In erster Linie aber war die neue Anstalt dazu gedacht, »junge Adlige unter sicherer Aufsicht und unter der Leitung einer hochlöblichen Ritterschaft in allen anständigen und nötigen Wissenschaften und Exercitiis, d.i. Leibesübungen wie Reiten, Fechten, Schießen und Tanzen« zu unterrichten.

Es hatte seinen Grund und seinen Sinn, daß diese »Ritterakademie« in Esslingen gegründet werden sollte. Die − in ihrem Status den Reichsstädten vergleichbaren − reichsunmittelbaren Grafen und Edelleute hatten sich im Schwäbischen Kreis zu Kantonen zusammengeschlossen, die vom Rhein bis zur Donau, vom Kraichgau bis zum Allgäu reichten. Einer dieser Kantone, der Ritterkanton Kocher, hatte seinen Sitz in Esslingen, und zwar in dem 1722−25 erbauten Direktoriumsgebäude, dem heutigen Ritterbau in der Ritterstraße. Den jungen Leuten dieses Ritterkantons sollte nun auch in Esslingen eine angemessene, standesgemäße Erziehung zuteil werden. Der Magister Müller tat sich aber gar nicht so leicht, sich dem Esslinger Magistrat gegenüber durchzusetzen. Und auch der Ritterkanton selbst hatte am Ende Sorge, das so hoffnungsvoll begonnene Institut könnte sich zu einer − nicht zuletzt auch finanziellen − Last entwickeln. Und so ließ man die Schule bereits 1733 stillschweigend wieder einschlafen.

Eine Alternative zu Pfarr-, Latein-, Meistersingerschule gab es bis zur Reformation in Esslingen nicht. Von öffentlichen Schulen für die Kinder einfacher Leute, die nicht unbedingt Latein lernen sollten, ist bis zum Beginn des 16. Jahrhunderts nichts bekannt. Dann aber entstanden nach und nach eine Reihe von sogenannten deutschen Schulen, etwa den späteren Volksschulen zu vergleichen, und zwar für Mädchen ebenso wie für Knaben, nur eben streng getrennt. Die Knabenschulen wechselten mehrfach ihren Platz. Eine wird genannt bei der Frauenkirche, andere fanden Unterkunft in den verschiedenen Klöstern der Stadt, im Augustiner-, im Karmeliter- und im Barfüßerkloster. Später nannte man sie die obere und die untere Schule. 1580 wurde eine Ordnung für die deutschen Schulen erlassen. Sie erklärte gleichsam zum Schulziel, daß »die Jugend gleich von Kind auf im Lesen und Schreiben, Katechismus, in Sprüchen und Psalmen und in der Rechenkunst fleißig geübt, zur wahren Gottesfurcht und zu einem christlichen, ehrbaren und tugendlichen Leben geführt werde«.

Älteste Lehrerbildungsanstalt des Landes

230 Jahre nach der Festlegung dieser Ordnung für die deutschen Schulen wurde in Esslingen ein neuer Anfang gemacht, der die Weichen gestellt hat nicht nur für das Schul- und Hochschulwesen dieser Stadt, sondern des ganzen Landes. Am 20. Mai 1811 wurde das Esslinger Lehrerseminar, die älteste Lehrerbildungsanstalt des Landes, gegründet. König Friedrich hatte verfügt, eine solche Einrichtung zu schaffen. Das 1598 gegründete Esslinger Alumneum bot sich dafür an. Es stand in enger Verbindung mit dem Pädagogium, der städtischen Lateinschule, vermittelte jedoch als Schwerpunkt seinen Schülern eine solide musikalische Ausbildung. Im Gebäude der heutigen Blarerschule, der ehemaligen Knabenschule bei der Hinteren Kirche, nahm das erste »Königliche Hauptschullehrer-Seminar« die Arbeit auf. Als erster Rektor wurde der württembergische Theologe Bernhard Gottlieb Denzel nach Esslingen berufen, ein Anhänger und Verfechter der Pädagogik Pestalozzis, der den Schweizer Pädagogen persönlich kennengelernt hatte und ihm zeitlebens freundschaftlich verbunden blieb. Fünfzehn Jahre nach ihrer Gründung erhielt die Esslinger Lehrerbildungsanstalt den ersten Neubau: den Konviktbau in der Beblingerstraße. Ihm folgte 1843 das angrenzende Gebäude, der am 3. November 1843 in Gegenwart des württembergischen Königs und des Kronprinzen eingeweihte Seminarbau.
In diesen beiden Häusern wurde der Grund gelegt für die gesamte spätere Lehrerbildung in Württemberg. Man übertreibt nicht, wenn man Bern-

hard Gottlieb Denzel den »württembergischen Pestalozzi« nennt. Denzel hat die von Pestalozzi formulierte Idee der Elementarbildung entscheidend ergänzt »im Sinne einer Volksbildung, die ihr Ziel in der Vorbereitung der Schüler auf die beruflichen und gesellschaftlichen Anforderungen versteht. Sein Ansatz besteht darin, den Anschauungsunterricht in die Realfächer hinein weiterzuführen. So kommt Denzel neben der elementarischen Sprach-, Zahl- und Größenlehre zur vorliegenden Fächer-Trias für die Volksschule: elementarische Religionslehre, Geschichte, Naturkunde«. So steht es zu lesen in dem Katalog zur Ausstellung »170 Jahre Lehrerbildung in Esslingen 1811–1981«.

Unter Denzels Nachfolger Gustav Adolf Riecke wurde 1840 in Esslingen der Württembergische Volksschullehrerverein gegründet, eine wichtige berufsständige Organisation, die wesentlichen Anteil hatte an der Emanzipation der Schule und der Lehrerbildung von der Kirche. Zum Konviktbau und dem 1843 erstellten Seminarbau gesellte sich 1894 der – mittlerweile abgebrochene – Backsteinbau der Präparandenanstalt jenseits der Beblingerstraße. Während des ersten Weltkrieges wurde das Seminar, die Esslinger Lehrerbildungsanstalt, ergänzt und vervollständigt um Mensa, Turnhalle und Aula. In diesen Gebäuden arbeiteten im Laufe eines guten halben Jahrhunderts die Hochschule für Lehrerbildung (1935–1941), die Lehrerbildungsanstalt (1941–1945), das Pädagogische Institut und schließlich die Pädagogische Hochschule, die 1974 ihren Neubau in den Roten Äckern bezogen hat. Dort war ihr gerade noch ein Jahrzehnt Arbeit an der württembergischen Lehrerbildung vergönnt. Die Ausstellung und die Festlichkeiten zum 170-jährigen Bestehen der ältesten Lehrerbildungsanstalt des Landes, der Esslinger PH, waren zugleich der Abgesang auf 170 Jahre fruchtbarer Arbeit. 1984 soll die PH Esslingen auf Beschluß des Landtags von Baden-Württemberg geschlossen werden. Erhalten bleibt der Stadt das 1965 gegründete Seminar für Studienreferendare.

Von der Maschinenbauschule zur Fachhochschule für Technik

Dagegen kann die kaum weniger traditionsreiche Staatliche Ingenieurschule Esslingen, die heutige Fachhochschule für Technik, von Glück sagen. Ihre weitere Existenz in Esslingen ist nicht gefährdet. Schwieriger war es da schon, vor nahezu siebzig Jahren diese Institution überhaupt nach Esslingen zu holen. 1968 hat die »Maschinenbauschule« in Esslingen ihr 100-jähriges Bestehen gefeiert in Erinnerung an den Tag, an dem in Stuttgart die »Schule für Maschinenbauer« eröffnet wurde. Sie war ebenso wie die Baugewerkschule aus der 1829 gegründeten Polytechnischen Schule hervorgegangen. Von rund sechzig Schülern im Gründungsjahr

1868 wuchs die Schule für Maschinenbauer bis 1902 auf mehr als 300 Studierende. In Stuttgart wurde der Platz knapp. Da stellte Esslingen, die aufstrebende Industriestadt, 1910 unentgeltlich ein großes Baugelände für einen Neubau zur Verfügung. Im Verein mit dem damaligen Oberbürgermeister von Mülberger setzten sich weitblickende Esslinger Fabrikanten, an ihrer Spitze Paul Dick, für die Verlegung der Schule ein. Zahlreiche Bittschriften, Spenden und persönliche Vorsprachen in Stuttgart waren nötig, bis Esslingen endlich »seine« Maschinenbauschule bekam. Im Juli 1913 fiel in Stuttgart der Beschluß, in Esslingen eine selbständige »Königlich Württembergische Höhere Maschinenbauschule« zu errichten. Noch im selben Jahr wurde mit dem Neubau begonnen.

Techniker und Kirchenmusiker kommen aus Esslingen

In der Zeit zwischen den beiden Weltkriegen nahm die Maschinenbauschule einen großen Aufschwung. Zu den klassischen Maschinenbaufächern kamen 1927 eine Abteilung für Elektrotechnik sowie Abteilungen für Feinmechanik und Mengenfertigung, 1935 eine Abteilung für Flugzeugbau und Kraftfahrzeugwesen. 1938 erhielt die Schule den Namen Staatliche Ingenieurschule Esslingen. Hinzu kamen nach dem Neubeginn des Jahres 1945 die Abteilungen Heizung und Lüftung und Nachrichtentechnik. Mitte der fünfziger Jahre ging es erneut ans Bauen. Neue Hörsäle, Werkstätten und Labors entstanden. Den Schlußpunkt setzte 1967 die Einweihung der Aula an der Obertorstraße. Heute werden an der Fachhochschule für Technik in Esslingen rund 2000 Studenten unterrichtet. Verglichen damit ist die Kirchenmusikschule der Evangelischen Landeskirche in Württemberg klein. Ihr Wirkungsbereich aber ist kaum geringer. Diese Schule wurde im Oktober 1945 gegründet als Ausbildungsstätte für Organisten und Kantoren und als Fortbildungszentrum für Kirchenmusiker und Laienkräfte aus dem ganzen Land. Länger als ein Jahrzehnt mußte sich die Schule mit einer provisorischen Unterkunft im Evangelischen Gemeindehaus am Esslinger Blarerplatz begnügen, bis sie 1958 in die von dem Stuttgarter Architekten Paul Bonatz erbaute Eberspächer'sche Villa in der Mülbergerstraße umziehen konnte. Dieses Domizil wurde 1970 durch einen Neubau erweitert. Und bis heute fühlt sich die Esslinger Kirchenmusikschule dem Auftrag verpflichtet, den ihr langjähriger Leiter, Professor Hans-Arnold Metzger, so formulierte: »Tradition und schöpferischen Fortschritt der Kirchenmusikpflege in unserem Land weiterzuführen und auszubauen.«

Esslinger Namen — Esslinger Spezialitäten

Wer sich mit Esslinger Flur- und Straßennamen beschäftigt, der wird gern auf das 1969 von der Stadt Esslingen herausgegebene Lexikon der Flur-, Straßen- und Gebäudenamen der Stadt Esslingen am Neckar, gesammelt und bearbeitet von Friedrich Fezer, zurückgreifen. Er hat in unermüdlicher Sammel- und Forschertätigkeit mit einem hohen Maß an Sachkenntnis, Fleiß und Behutsamkeit ein Werk geschaffen, das eine wahre Fundgrube ist für jeden, der über vertraute, ausgefallene, eigentümliche Namen in und um Esslingen nachdenkt. Eine kleine Auswahl solcher Namen soll hier genannt und erklärt werden. Dieses Kapitel schöpft aus dem Werk von Friedrich Fezer und aus den Quellen, die er benutzt hat.

Alte Schiffahrt

Dieser Straßenname in Mettingen, früher Mettinger Schiffahrt genannt, erinnert an die Zeit, als die Landwirte und die Arbeiter aus Mettingen ihre Felder jenseits des Neckars und ihre Arbeitsplätze auf dem Brühl nur mit einer Fähre erreichen konnten.

Beutau

Die Beutau war neben Pliensau- und Obertorvorstadt eine der drei Vorstädte im mittelalterlichen Esslingen. Die »drei Beuten«, wie sie mitunter auch genannt wurden, nämlich die Untere, die Mittlere und die Obere Beutau liegen zu beiden Seiten des — früher natürlich noch nicht verdolten — Beuten- oder Geiselbachs und waren früher vor allem von Weingärtnern bewohnt. Der Name erscheint erstmals in einer Urkunde aus dem Jahre 1279, als ein »Bertold in der Bitun« dem Kloster Bebenhausen Teile seines Besitzes schenkte. Auch die Schreibweise Bytun und Biten war früher gebräuchlich. Der Deutung dieses Namens kommt wohl der am nächsten, der nicht nach heutigem Sprach- und Schreibgebrauch von der Beutau, sondern wie die alten Esslinger auf gut schwäbisch von der Beute spricht. Der Name hat nämlich nichts mit einer Au oder eine Aue zu tun. Friedrich Fezer hält es mit der Erklärung von Paul Eberhardt, der annahm, die »Bytun Mulin« habe der Vorstadt ihren Namen gegeben. In dem Wort bitun − Beuten könnte das mittellateinische Wort batannum stecken, das wiederum von batuere − schlagen kommt und Stampfmühle bedeutet. In diesem Zusammenhang weist Eberhardt auf eine Urkunde hin, in der von »Mal- und Beuttenmüllinnen« die Rede ist. Demnach wäre eine Beutenmühle etwas anderes als eine Mahlmühle, der Beutenmüller − ein noch heute gebräuchlicher Familienname − der Müller in der Stampfmühle und der Beutenbach der Bach, an dem eine solche Mühle steht. Diese mittelalterliche Beutenmühle am Geiselbach hätte demnach der Beutau ihren Namen gegeben.

Ebershalde

Diesen Namen trägt heute nur noch der Straßenzug von der Augustinerstraße bis zum Anfang der Mülbergerstraße. Früher galt die Bezeichnung dem ganzen Hang von den Lantelen (Landolinsteige) und der heutigen Ebershaldenstraße über Mülbergerstraße und Grünen Weg bis zu den Roten Äckern und den Rübgärten. Man unterschied zwischen Unterer, Mittlerer und Oberer Ebershalde. Im Mittelalter war dieser ausgedehnte Hang fast ganz mit Reben bepflanzt, die erst im 19. Jahrhundert nach und nach durch Obstbäume ersetzt wurden. Auch in dem 1844 eröffneten Ebershaldenfriedhof ist dieser alte Name bis heute bewahrt. Der Name Ebershaldun taucht bereits in Urkunden vom Ende des 13. Jahrhunderts auf. Das Wort Halde − haldun, verwandt mit Huld = Neigung −, bezeichnete seit jeher einen geneigten Hang. Das Bestimmungswort Eber weist wohl auf den Herrn hin (Eber = Kurzform von Eberhard), der dort Besitz hatte.

Heppächer

So heißt eine Gasse im östlichen Teil der Altstadt. Man wohnt − wohlgemerkt − heute wie früher nicht etwa in der Heppächerstraße, sondern Im Heppächer. Dieses Wohngebiet erhielt seinen Namen von einer alten, aus Heppach stammenden Esslinger Patrizierfamilie, die durch Heirat in die Stadt gekommen war und hier bereits im 14. Jahrhundert urkundlich nachgewiesen ist. Im Heppächer standen zu jener Zeit schon die Niederlassungen der Begharden und der Beginen, Bruderhaus, Regel- oder Nonnenhaus genannt. Diese frommen Brüder und Schwestern lebten nach der 3. Regel des Heiligen Franziskus, legten aber kein Gelübde ab und galten deshalb als Laienbrüder und -schwestern. Im Heppächer standen auch (1493 genannt) die Zunfthäuser der Kürschner und der Schneider, die Herberge zum Roten Leuen (1580) und die »alte hintere Schuel« (1594) an der Einmündung der Milchgasse in den Heppächer.

Holgenburg

Wenn in der Vorweihnachtszeit auf Esslingens Straßen und Plätzen die Christbäume angezündet werden, dann steht auch einer auf der Holgenburg, der Anhöhe zwischen Hellerweg und Neckarhalde. Holgenburg war ursprünglich nur der Name für ein kleines Weinberghaus, das Johannes Ferdinand Schreiber, Verleger und Besitzer einer bedeutenden Lithographischen Werkstatt, 1844 hatte bauen lassen. Holgen, das heißt Bilderbogen für Kinder, waren damals eines der Haupterzeugnisse seines Hauses. Sie gaben dem nach und nach weiter ausgebauten Landhaus seinen Namen. Das Wort Holgen kommt übrigens von Heiligen, denn Heiligenbilder waren es vor allem, die schon im Mittelalter in großer Zahl vervielfältigt wurden.

Kesselwasen

Er ist nicht der einzige Wasen in Esslingen. Ein Wasen war ursprünglich eine nicht parzellierte, meist ebene und freie Fläche, die wie die Allmand von den Bewohnern eines Ortes gemeinsam genutzt wurde, früher häufig als Weide. Der Kesselwasen hieß früher Brückenwasen. Während des 30-jährigen Kriegs wurde dort eine Musterung der wehrfähigen Mannschaft abgehalten; zusammen kamen damals 280 Mann aus der Stadt und ihren Filialorten, dazu weitere 120 aus den Spitaldörfern Möhringen, Vaihingen und Deizisau. Auf dem Brückenwasen standen im Laufe der Zeit eine Ölmühle, eine Pulvermühle, eine Lohmühle, eine Sägemühle und vier Schleifmühlen. Der Name Kesselwasen erscheint erst um das Jahr 1600 und hat seinen Ursprung wahrscheinlich in den mittlerweile dort eingerichteten Kupfer- und Kesselschmieden. Der Esslinger Hauptwasen lag jenseits der Pliensaubrücke vor dem Heiligkreuztor bei der Richtstätte und war schon im 17. Jahrhundert teilweise mit Obstbäumen bepflanzt. Das Gelände des Hauptwasens erwies sich als willkom-

*Dieser alte Giebel auf dem Kies ermöglichte einen gründlichen Einblick in Bau-
weise und Baumaterial des alten Esslingen, bis er der Sanierung im Bereich Kies/
Kanalstraße weichen mußte. Im Hintergrund die Fachhochschule für Technik.*

mener Baugrund für die neue Pliensauvorstadt von 1865. Jenseits des
Neckars lagen auch der Gänswasen und der Hirschwasen, deren Namen
auf ihren ehemaligen Verwendungszweck und auf die Nachbarschaft mit
dem Berkheimer Wald hinweisen. Aus dem alten Pulverwasen sind erst
neuerdings die Pulverwiesen geworden. Auf dem − in jüngster Zeit in
einen Park verwandelten und somit wie ein Wasen von ehedem der Öffentlichkeit wieder zu gemeinsamer Nutzung übergebenen − Pulverwasen
zwischen Wasserhaus und Alicensteg stand die 1594 erstmals erwähnte
Pulvermühle. Daneben lag der Schützenwasen. Einem ganz anderen
Zweck diente der Bleichwasen zwischen Hammerkanal, Wehrneckar und
der heutigen Ulmer Straße. Auf dem Bleichwasen stand − wie konnte es
anders sein − das Weberhaus. Ein anderer Berufsstand, nämlich die
Gerber, waren auf dem Lohwasen jenseits des Mauerzugs zwischen Mettinger Tor und Schelztor zuhause.

Kies

Auf dem heutigen Stadtplan steht zwar Kiesstraße, aber nach Esslinger
Sprachgebrauch wohnt man nicht in der Kiesstraße, sondern »auf dem
Kies«, und man geht oder fährt auch nicht durch die Kiesstraße, sondern
»übers Kies«. Und das aus gutem, durchaus einleuchtendem Grund. Fezer spricht davon, daß auf dem Kies einst ein mit Sand und Kies bedeckter

Turnierplatz gewesen sei, aus dem im Laufe der Zeit »das Kies« wurde. Wahrscheinlicher aber ist wohl die Erklärung, daß dort wie an anderen ebenso benannten Stellen im Stadtgebiet der Neckar Schotter, Geröll, Kies abgeladen hat.

Landolinsplatz, Landolinsteige, Landolinshof

Den Heiligen Landolin hat es in Esslingen nie gegeben, auch wenn diese Namen danach klingen mögen. Richtiger, wenn auch nicht so vornehm, klingt es, wenn ein alter Esslinger sagt, einer wohne in den Lantelen, oder er gehe die Lantelen hinauf zur Burg. Einen Heiligen Landelin hat es zwar Mitte des 7. Jahrhunderts im Hennegau gegeben; von einer Verehrung dieses Heiligen aber – so stellte schon Paul Eberhardt fest – ist im ganzen Schwabenland nichts bekannt. Wohl aber gibt es bei uns zulande da und dort Lehmgruben, auf Schwäbisch Loimedella, Loatale, Lantele. So deutet Helmut Dölker diesen Namen. Paul Eberhardt ist auf derselben Spur, wenn er die Lantelen mit Lehmtaläckern erklärt. Er beruft sich dabei auch auf Urkunden, die von Weinbergen »in Laimtal« oder vor dem »Laimtalen Tor« sprechen. Es ist sehr wohl denkbar, daß es in der in nord-südlicher Richtung eingeschnittenen Talmulde zwischen dem Schönenberg und der Ebershalde Lößablagerungen gab, Lehm also, auf schwäbisch Loima, so wie auch bei den alten Ziegeleien an der Sulzgrieser Steige und in Oberesslingen. Den Flurnamen Lantelen gibt es übrigens auch, nur weniger bekannt, in Oberesslingen, und um ein Haar hätte man sich auch dort einen Heiligen Landolin zugelegt. Vom 14. bis 19. Jahrhundert ist dort von Lantellun, Lantellen, Lantelenäckern die Rede, und zwar gegenüber der alten Ziegelei an der Schorndorfer Straße zwischen Zimmerbach und Hegensberger Kirchweg. Diesen Loima oder auch Löß hat seit der Mitte des 19. Jahrhunderts die Brinzinger'sche Ziegelei abgebaut, auf deren Areal in den sechziger Jahren des 20. Jahrhunderts die John F. Kennedy-Schule gebaut wurde. Es ist also durchaus richtig – und keineswegs ungehobeltes Schwäbisch –, wenn man bis heute – unter Verzicht auf den Heiligen Landolin – in Esslingen von den Lantelen spricht.

Maille

»Natürlich kann man lügen, man kann sogar Papiere fälschen«, wenn es um den Nachweis geht, ob einer ein echter Esslinger ist, schreibt Friederike Dann im Merian-Band über Esslingen am Neckar. Und sie fährt fort:

»Aber irgendwann einmal kommt der Tag, an dem ein Esslinger Bürger das Wort Maille aussprechen muß, und spätestens dann stellt sich heraus, ob er echt ist oder reingeschmeckt. Mállje muß man nämlich sagen − so wie Taille und Kanaille (laut Helmut Dölker). Wer's anders probiert, ist auf der Stelle durchgefallen. Hinter dem Wort Maille verbirgt sich eine Grünanlage mitten in der Stadt zwischen dem Roßneckar und dem Wehrneckar − nichts anderes als die Londoner Pall Mall. Dort wie hier nämlich spielte man im 17. und 18. Jahrhundert Paille maille, ein dem heutigen Krocket ähnliches Spiel, bei dem es galt, eine hölzerne Kugel − möglichst aus Buchsbaumwurzel − durch eine lange Allee in einen eisernen Torbogen am Ende der Bahn zu treiben. Der Ritterbau, die ehemalige »Kadettenanstalt« des Ritterkantons Kocher, der seinen Verwaltungssitz in Esslingen hatte, steht noch heute neben der Maille. Und der Name des Spiels ist am Spielplatz, der Maille, hängen geblieben.«

Pliensau

Dieser Name zählt zu den ältesten in Esslingen. Er erscheint im 13. Jahrhundert als Blineshowe, Bliensowe, Blinzowe, um die Mitte des 14. Jahrhunderts als Plensow und Blenso. Friedrich Fezer hält es mit Paul Eberhardt, der Pliensau als einen Besitzernamen erklärt hat, als die Aue (Owe) des Pleono oder Plieno. Eberhardt spricht von einem uralten Namen, der in die Zeit der alemannischen Besiedlung Mitte des ersten Jahrtausends zurückweist. Im Jahre 861 siedelten in unserer Gegend, im oberen Filstal, die Pleonunge, die Leute des Pleono. Fezer hält es für wahrscheinlich, daß die Pliensau-Insel bereits bewohnt war, als Esslingen noch keine Stadt war und daß der Name dieser älteren Siedlung Mitte des 13. Jahrhunderts auf die mittelalterliche Pliensauvorstadt zwischen Wehrneckar und Pliensaubrücke übertragen wurde. Heute, da der im 19. Jahrhundert gegründete Stadtteil jenseits des Neckars den Namen Pliensauvorstadt trägt, hört man wieder häufiger das alte Wort Pliensau für die mittelalterliche Vorstadt. Man geht »in die Pliensau«, trifft jemand »in der Pliensau«, eine zwar magere, aber doch brauchbare Unterscheidung der mittelalterlichen und der modernen Pliensauvorstadt.

Schwanengraben

Dieser Name − damals noch: am Schwanengraben − ist vermutlich im Laufe des 18. Jahrhunderts aufgekommen. 1723 ließ der Esslinger Rat

»des Nutzens wegen und zur Freude der Bürger Schwäne von Biberach kommen und hier einsetzen«. Doch schon im Jahr 1768 wurden die Esslinger Stadtgräben trocken gelegt, und die Schwäne mußten vom Graben in den Kanal umziehen. Die heutige Bezeichnung des Sträßchens im Zuge des alten Grabens hat seinen Namen bewahrt.

Vogelsang

Dieser Name, bis in die siebziger Jahre unseres Jahrhunderts lediglich als Straßenname gebräuchlich, ist wieder besonders im Schwange, seit die zur Entlastung der historischen Pliensaubrücke gebaute »Brücke Stadtmitte« bei ihrer Einweihung im Jahre 1973 nach ihrer Lage den Namen Vogelsangbrücke erhielt. Auch Vogelsang ist ein sehr alter Flurname; er bezeichnete seit etwa 1300 das Gelände vom Wasserhaus bis zur Vogelsangstraße, seitlich begrenzt etwa durch den Alicensteg und das alte Schwätzbrückle. Der Name erscheint abwechselnd als Vogelsang und Vogelsand. Das Grundwort dieses Namens – so Fezer – »hat wohl kaum etwas mit dem Gesang der Vögel zu tun, sondern bezieht sich wahrscheinlich auf die Art der Urbarmachung wie Asang, kommt also von sengen, d.h. absengen, abbrennen. Das Gebüsch an solchen abgesengten Flächen in der Nähe von Siedlungen wurde häufig zum Aufenthalt von Vögeln. Der Name stammt wohl aus der Ritterzeit. Als man das Wort dann nicht mehr recht verstand, wurde der Name als Vogelsand gedeutet. Im Vogelsang gab es zwischen dem 14. und dem 18. Jahrhundert Obstwiesen und Weingärten.«

Ziegelhüttenweg

Eine Ziegelhütte in Esslingen wird erstmals um 1300 erwähnt als Eigentum der Stadt, die einen Ziegler mit der Herstellung von Dachziegeln beauftragt hat. 1580 kaufte Endris Wern die Ziegelhütte vor dem Obertor, die von da an in Privatbesitz blieb und vom jeweiligen Inhaber auf eigene Rechnung betrieben wurde. Diese Ziegelhütte blieb vermutlich in Betrieb bis zum Bau der großen Ziegelei an der Schorndorfer Straße in Oberesslingen. Der Ziegelhüttenweg beim Charlottenplatz zwischen Blumenstraße und Olgastraße erinnert bis heute an die Ziegelei des Mittelalters vor dem Obertor.

Esslinger Ehrenbürger

Hochverdient um ihre Stadt

Am 23. Februar 1841 hat die Stadt Esslingen am Neckar dem Chronisten und Sängervater Karl Pfaff das Ehrenbürgerrecht verliehen. Mit seinem Namen beginnt die Ehrentafel im Alten Rathaus, auf der die Ehrenbürger der Stadt Esslingen am Neckar verzeichnet sind. Bis heute sind es acht Esslinger Bürger, denen diese Ehrung zuteil wurde: nach Karl Pfaff waren es Paul Kapff (1882), August Ehrhardt (1897), Oscar Merkel (1907), Ernst Schwarz (1921), Max von Mülberger (1926), Paul Dick (1931) und Georg Deuschle (1952).

Karl Pfaff (1795—1866)

Die Ehrung für Karl Pfaff galt gewiß in erster Linie dem Esslinger Archivar, Historiker und Geschichtsschreiber, dem Redakteur der ersten Esslinger Zeitung und dem Verfasser der ersten umfangreichen Esslinger Stadtgeschichte. Zu ehren galt es aber auch den »Sängervater« Karl Pfaff, den Gründer des Schwäbischen und des Deutschen Sängerbundes. Karl Pfaff wurde am 22. Februar 1795 in Stuttgart geboren. Sein Weg führte über das Tübinger Stift zuerst nach Maulbronn und dann im Jahre 1818 an die Esslinger Lateinschule, wo Pfaff schon ein Jahr später zum Conrector ernannt wurde. In Esslingen ist Karl Pfaff geblieben bis zu seinem Tod am 6. Dezember 1866. Hier bot sich ihm ein reiches Betätigungsfeld. Die gründliche, gewissenhafte Arbeit, die er bei der Ordnung des städtischen Archivs geleistet hat und seine »Geschichte der Reichsstadt Esslingen« von 1840 wurden in der Ehrenbürgerurkunde rühmend hervorgehoben. Der kenntnisreiche Historiker, der eifrige Sammler, der sachkundige und redliche Chronist machte an der Esslinger Stadtgrenze keineswegs halt. Erwähnung verdienen auch seine »Geschichte der Stadt Stuttgart«, das »Württembergische Gedenkbuch auf alle Tage des Jahres«, eine württembergische Weinchronik und das »Teutsche Lesebuch« für

Schülerinnen und Schüler im Alter zwischen zehn und vierzehn Jahren, aus dessen Vorrede man deutlich den Geist des Esslinger Konrektors spürt: »Es sollte nichts aufgenommen werden, was nicht für Verstand und Gemüt der Schüler belehrend und heilsam, nichts, was für ihre Fassungskraft zu hoch wäre ... Jedes einzelne Stück wird auch Gelegenheit geben, irgendeine, für sittliche Bildung oder praktische Lebensweisheit heilsame Lehre dem Schüler einzuprägen.«

Wo freilich Karl Pfaff heute gerühmt wird, da gelten Dank und Ehre in erster Linie dem »Sängervater«, dem Vorstand des von ihm mitbegründeten »Esslinger Liederkranz«, dem Präsidenten des Schwäbischen Sängerbundes, dem Mitbegründer des Deutschen Sängerbundes. Alle diese Aufgaben hatte Pfaff übernommen im Bewußtsein der sozialen und nationalen Bedeutung der Pflege des deutschen Liedes. Unvergessen sind bis heute die von ihm geleiteten und von seinem Geist getragenen Liederfeste – das erste schwäbische Liederfest im Jahre 1827 in Plochingen, das Esslinger Liederfest 1828 in der Paulskirche, bei dem Gustav Schwab seinen berühmt gewordenen Prolog sprach und bei dem Karl Pfaff in seiner Festrede sagte, was so charakteristisch ist für seine Persönlichkeit und für seine geistige Haltung: »Mögest du nie wiederkehren, du gute, alte Zeit, wie man dich wohl auch zu nennen pflegt. Wir wollen uns begnügen mit der neuen Zeit, die uns ein freies, frisches, kräftiges Leben wiedergebracht hat. Wenn sie auch neue Lasten mit sich führte, so hat sie doch auch die alten Fesseln gesprengt.« Am 28. Juni 1868 wurde auf der Esslinger Maille zu Ehren von Karl Pfaff ein Denkmal errichtet mit der Inschrift: »Vom Schwäbischen Sängerbund seinem Sängervater auf der Stätte der ersten deutschen Liederfeste errichtet.«

Paul Kapff (1810–1891)

Sein 50-jähriges Doktorjubiläum im März 1882 war der Anlaß, dem Esslinger Oberamtsarzt Dr. Paul Kapff die Ehrenbürgerwürde seiner Stadt zu verleihen. Paul Kapff war am 14. Juni 1810 in Brackenheim geboren. Nach seinem Studium arbeitete er als Assistenzarzt am Katharinenhospital in Stuttgart, im schweizerischen Hofwyl, als praktischer Arzt in Neckartailfingen und in Kirchheim unter Teck. 1847 wurde er Oberamtsarzt in Neuenbürg im Schwarzwald, und knapp ein Jahrzehnt später, 1856, kam er als Oberamtsarzt nach Esslingen. Bei der Ehrung von Paul Kapff nach 50-jährigem ununterbrochenem Wirken als Arzt wurden besonders sein reiches Wissen und sein Charakter gerühmt. Stadtschultheiß Rick betonte die Verdienste des Jubilars um das »Neue Krankenhaus«, das nachmalige »Alte Krankenhaus« in der Ebershalde, an dessen Platz heute die Esslinger Stadthalle steht.

August Ehrhardt (1811–1904)

Nach dem Lehrer und dem Arzt erscheint noch im vorigen Jahrhundert, 1897, mit August Ehrhardt erstmals ein Industrieller in der Reihe der Esslinger Ehrenbürger. Aus Anlaß des 50-jährigen Jubiläums der 1846 gegründeten Maschinenfabrik Esslingen wurde ihr langjähriger technischer Direktor geehrt, nicht mit dem Ehrenbürgerbrief allein, sondern auch mit einem großen Fackelzug und drei Musikkapellen. August Ehrhardt war im Jahre 1811 in Schiltigheim bei Straßburg geboren. Er besuchte die Lateinschule in Kork bei Kehl, ging in Straßburg bei einem Schlosser in die Lehre und arbeitete dort bis 1830 in einer Mechaniker-Werkstatt. Im selben Jahr führte ihn seine Wanderschaft nach Paris, wo er Arbeit fand in den Reparaturwerkstätten der Messagerie Royale und der Militärschule. Ehrhardt arbeitete noch in verschiedenen Werkstätten und Betrieben in Nantes, in Niort und in Paris, ehe er 1838 nach Deutschland zurückkehrte. In Karlsruhe lernte er Emil Keßler kennen, den späteren Gründer der Maschinenfabrik Esslingen. Keßler stellte August Ehrhardt ein als Meister der Schlosserei und Dreherei für seine neugegründete Fabrik in Karlsruhe, in der wenig später die erste Dampfmaschine in Baden und die erste Lokomotive gebaut wurden.

Im Herbst 1846 holte Keßler August Ehrhardt nach Esslingen als Technischen Direktor der neu gegründeten Maschinenfabrik Esslingen. Diesen Posten hatte Ehrhardt inne bis zum Jahre 1881. Die Maschinenfabrik Esslingen war ein Jahr nach dem Bau der ersten württembergischen Eisenbahnstrecke von Cannstatt nach Esslingen gegründet worden. Ihr Gründer und erster Leiter, Emil Keßler (1813–1867), stammte aus einer seit dem Beginn des 18. Jahrhunderts nachweisbaren Handwerkerfamilie aus Marburg an der Lahn. Er selbst wurde als Sohn eines Offiziers in Baden-Baden geboren. In Esslingen ist es ihm zusammen mit seinem Technischen Direktor August Ehrhardt gelungen, innerhalb von nur zwanzig Jahren einen Betrieb mit nicht weniger als tausend Arbeitern aufzubauen, zu jener Zeit eines der größten deutschen Unternehmen überhaupt. Den Lokomotiven aus den Werkstätten der Maschinenfabrik Esslingen sagte man technische Perfektion nach. Bei der Ernennung August Ehrhardts zum Ehrenbürger wurde seitens der Stadt darauf hingewiesen, wie eng die Geschicke der Maschinenfabrik mit denen der Stadt verbunden seien. Der reichen Sachkenntnis und »unveränderlichen

Wirksamkeit« Ehrhardts wurde es nicht zuletzt zugeschrieben, »daß die Maschinenfabrik siegreich den industriellen Wettkampf aufnehmen konnte«.

Oscar Merkel (1836–1912)

Mit Oscar Merkel erhielt am 27. Mai 1907 erstmals ein gebürtiger Esslinger den Ehrenbürgerbrief der Stadt. Neben der Villa Merkel bewahren bis heute der Alicensteg und das Merkel'sche Schwimmbad die Erinnerung an ihn und seinen Namen, auch wenn die angesehene Firma Merkel & Kienlin im Jahre 1971 ihre Pforten schließen mußte. Die beiden Wolle wickelnden Wollweiblein mit den gebauschten Röcken gehörten lange Zeit zu den weit über Esslingen hinaus bekannten Symbolen und Signets der hiesigen Industrie. Die Vorfahren der Firmengründer Johannes Merkel und Ludwig Tobias Kienlin stammten aus Ravensburg und aus Ulm. Zusammen mit dem aus Weil der Stadt stammenden Werkmeister Conrad Wolf gründeten sie 1830 die Firma Merkel & Wolf, die schon ein Jahr später mit ihren vierzig Webstühlen zu den größten Gewerbeunternehmen in Esslingen zählte. Das erste Kontor der Firma wurde in der Heugasse 19 eingerichtet. 1832 zog die Firma an den Neckar auf den Pulverwasen. Wenig später wurde die Tuchfabrik eingestellt, und das Unternehmen verlegte sich ganz auf die Kammgarn-Spinnerei. 1845 drehten sich auf dem Pulverwasen bereits 1600 Spindeln, und 150 Arbeiter fanden dort ihr Auskommen. 1851 kaufte Johannes Merkel das mittlerweile abgebrochene stattliche Haus Fabrikstraße 22, das bald ein Zentrum der Gesellschaft wurde, nicht allein für die weitverzweigte Familie, sondern auch für viele Freunde, unter ihnen Friedrich Silcher und Karl Pfaff. Kein Wunder, wenn im Hause Merkel viel musiziert wurde. Johannes Merkel gründete 1851 einen »gemischten Chorverein«, den späteren Oratorienverein, der seine Singstunden unter Leitung von Seminarmusikdirektor Frech im Saal des Merkel'schen Hauses abhielt.
1836 wurde Oscar Merkel geboren. Nach der Schulzeit in Esslingen und Neuchâtel und der Lehre in einem Cannstatter Handelshaus ging er als 20-jähriger für einige Jahre nach London. 1858 trat Oscar Merkel in die väterliche Fabrik ein, deren tätiger Teilhaber und Geschäftsführer er bis zu seinem Tod im Jahre 1912 blieb. Die musische Ader hatte er vom Vater, der dem Sohn zu seinem fünfzehnten Geburtstag eine kostbare silberne Flöte schenkte. Unter der Leitung von Oscar Merkel wurde der Betrieb auf dem Pulverwasen weiter vergrößert und modernisiert. In der Zeit von 1870 bis zu seinem Tod stieg die Zahl der Spindeln in der Fabrikstraße

von 7400 auf 18 000, und die Zahl der Beschäftigten erreichte knapp das erste Tausend. Die Kammgarnspinnerei am Neckar mit Wäscherei, Kämmerei, Färberei und Zwirnerei hatte sich zu einem soliden schwäbischen Unternehmen entwickelt. Ehrungen und weitere Pflichten konnten da nicht ausbleiben. Oscar Merkel war Vorsitzender des Schulrats der Gewerblichen Fortbildungsschule Esslingen, Vorstandsmitglied im Württembergischen Dampfkesselrevisionsverein, Ausschußmitglied des Deutschen Handelstages, Mitbegründer und Aufsichtsratsvorsitzender der Esslinger Aktienbank, Mitbegründer und Aufsichtsratsmitglied der Portlandzementfabrik Blaubeuren und – nicht zuletzt – Präsident und Ehrenmitglied des Schwäbischen Sängerbundes. 1893 wurde Oscar Merkel zum Kommerzienrat, zehn Jahre später zum Geheimen Kommerzienrat ernannt.

1873 hatte er »die Villa« bauen lassen, die heutige Villa Merkel, in der seit 1974 die Galerie der Stadt Esslingen und die Graphische Sammlung der Stadt ihr Domizil haben. Dort haben ihm am Abend seines 70. Geburtstags acht Vereine des Schwäbischen Sängerbundes einen Fackelzug und ein Ständchen gebracht. Am 23. Juni 1891 wurde in nächster Nähe der Villa der von Oscar Merkel gestiftete Alicensteg eingeweiht und der Stadt zum Geschenk gemacht. Der von der Maschinenfabrik Esslingen gebaute eiserne Steg tat 76 Jahre lang gute Dienste, bis er 1967 dem Ausbau der B 10 und des Neckarkanals weichen mußte. Sein Nachfolger – etwa fünfzehn Meter oberhalb des alten Alicenstegs errichtet – trägt weiterhin den Namen Alicensteg und erinnert damit an die Tochter des Stifters, Alice Merkel. Dankbarkeit über die Genesung dieser Tochter von schwerer Krankheit habe, so erzählt man, Oscar Merkel bewogen, diesen Steg zu bauen. Sicher hatte er dabei auch das Wohl seiner vielen Arbeiter im Sinn, die allmorgendlich und abends wieder den Weg von Berkheim und noch weiter her von den Fildern an ihre Arbeitsstätte zurücklegen und dabei stets den Umweg über die Pliensaubrücke machen mußten. Dieser Umweg wurde ihnen durch den 106 Meter langen und 21 500 Goldmark teuren Alicensteg erspart – und nicht nur ihnen: froh über den Steg waren auch die Frauen der vielen Arbeiter, die jeden Mittag mit Wägele und Tragen ihren Männern die »Essenskübele« in die Fabrik brachten. Eine weitere großherzige Stiftung, die Kommerzienrat Merkel seiner Vaterstadt machte, gab den Anlaß zur Verleihung des Ehrenbürgerbriefes: der Bau des 1907 vollendeten »Merkel'schen Schwimmbads« in der Mühlstraße. 400 000 Goldmark hat sich Oscar Merkel dieses noble Geschenk kosten lassen, dessen Schaffung der damalige Oberbürgermeister Max von Mülberger »einen hervorragenden Markstein in der Entwicklung der Stadt« nannte.

Ernst Schwarz (1852—1922)

Weitgehend in Vergessenheit geraten ist Ernst Schwarz, dem die Stadt
Esslingen im Jahre 1921 die Ehrenbürgerwürde verliehen hat. Mit Ernst
Schwarz wurde ein Mann geehrt, der sich als Vertreter der Bürgerschaft
im Gemeinderat viele Jahre lang um seine Heimatstadt verdient gemacht
hat. Der gelernte Flaschnermeister betrieb um die Jahrhundertwende ein
Messer-, Stahlwaren- und Haushaltsartikelgeschäft in seinem Geburts-
haus in der Inneren Brücke 16. Noch im ersten Jahrzehnt dieses Jahrhunderts zog er sich als »Privatmann« in die Katharinenstraße zurück. Die
Bezeichnung Privatmann konnte freilich nur seinen Rückzug aus dem
Geschäftsleben meinen. Umso stärker wurde nun sein kommunalpoliti-
sches Engagement. Er war ein überzeugter Demokrat, Anhänger der
deutschen Turnerbewegung und gehörte später der Württembergischen
Volkspartei an, auf deren Liste er mehrfach mit höchsten Stimmenzahlen
in den Esslinger Gemeinderat gewählt wurde. Wie hoch sein Ansehen bei
seinen Esslinger Mitbürgern, wie groß das in ihn gesetzte Vertrauen war,
beweist die Tatsache, daß man Stadtrat Ernst Schwarz dazu bestimmte,
Oberbürgermeister von Mülberger zu vertreten, als dieser im ersten
Weltkrieg zum Kriegsdienst eingezogen wurde.

Max von Mülberger (1859—1937)

Der, den der verdiente Stadtrat Ernst Schwarz so gut vertreten hat, Oberbürgermeister Dr. Max von Mülberger, erhielt wenige Jahre später selbst
den Esslinger Ehrenbürgerbrief, und zwar im Jahre 1926 bei der Einweihung des Alten Rathauses nach seiner grundlegenden Erneuerung durch
Rudolf Lempp. Nahezu vier Jahrzehnte lang hat Max von Mülberger die
Geschicke der Stadt Esslingen geleitet, von 1892 bis 1929, zuerst als
Stadtschultheiß, dann als erster Oberbürgermeister der Stadt Esslingen.
Max Mülberger war am 12. Juni 1859 in Stuttgart geboren. Seine Familie
stammte aus dem Elsaß und war verwandt mit der angesehenen Tübinger
Familie Cotta. Nach der Reifeprüfung am Eberhard-Ludwig-Gymnasium
in Stuttgart studierte Mülberger Jura in Leipzig, Zürich und in Tübingen.
Nach der Promotion in Heidelberg war er stellvertretender Amtsrichter
in Stuttgart, Neuenbürg und Esslingen und Amtsrichter in Biberach, ehe
er am 7. April 1892 zum Stadtschultheißen von Esslingen gewählt wurde.
Zu seinem 34. Geburtstag verlieh ihm ein Jahr später sein Korpsbruder,
König Wilhelm II. von Württemberg, den Titel Oberbürgermeister. An
diesem festlichen Tag versprach Mülberger, er wolle »Esslingen mit sei-

nen Filialen auf die Höhe bringen, welche es bei seiner Bedeutung in der Reihe der württembergischen Städte beanspruchen darf.« Tatsächlich hat Esslingen in der Ära Mülberger einen bedeutenden Aufschwung genommen. In diese Zeit fiel die Eingemeindung von Oberesslingen, Oberhof, Hegensberg und Kimmichsweiler nach Esslingen, der Bau der Straßenbahnlinien Obertürkheim—Mettingen—Oberesslingen und Esslingen—Nellingen—Denkendorf, der Bau der späteren Fachhochschule für Technik, der Bau der Panorama-, der heutigen Mülbergerstrasse, und der Agnesbrücke (1893) neben dem alten St. Agnes-Steg von 1575. Eine ganze Reihe von Schulhäusern sind in dieser Zeit entstanden: die beiden Schulen an der Klara-Anlage (1892/93), das Georgii-Gymnasium (1910), die Mädchenrealschule (heute Mörike-Gymnasium, 1906) in der Neckarstraße, die Schillerschule (1910) und die Pliensauschule. In Oberesslingen wurden Stauwehr und Kraftwerk gebaut. Die Einwohnerzahl der Stadt Esslingen hat sich während Mülbergers Amtszeit verdoppelt. Der Ruf Esslingens als Industrie- und Schulstadt ist in der Ära Mülberger gewachsen. Mülbergers besondere Aufmerksamkeit galt aber auch dem Sozialwesen und dem kulturellen Leben in der Stadt. In Esslingen wurden das erste deutsche Arbeitsamt (1894) und das erste Jugendamt in Württemberg eingerichtet. Mülberger ließ das städtische Altenheim im Obertor ausbauen und den Bau des neuen Krankenhauses in den Hirschländern vorbereiten. 1909 wurde mit dem Bau der Heimstättenkolonie auf der Neckarhalde begonnen. Mit dem Bau der Becelaere-Kaserne gab Mülberger Esslingen wieder Bedeutung als Garnisonsstadt. Es war ein festlicher Tag, als am 12. Juni 1893 König Wilhelm II. von Württemberg mit seiner Gemahlin vierspännig von Weil nach Esslingen fuhr, um seinem Bundesbruder Mülberger zum Geburtstag zu gratulieren und ihn zu Ehren dieses Tages zum Oberbürgermeister zu ernennen. Böller krachten, Kirchenglocken läuteten, und von der Markungsgrenze an fuhren die Majestäten durch ein Spalier von Schülern und Schülerinnen aller Lehranstalten, Gesangvereinsdeputationen mit Fahnen und Standarten, Turnverein und Turnerbund, Feuerwehren, Krieger- und Militärvereinen. Hochrufe ertönten, und vor dem geschmückten Rathaus erwarteten zwölf Ehrenjungfrauen den hohen Besuch. Der Kronenwirt Pfähler hatte ein viergängiges »Frühstücksmahl« bereitet, das – wie die »Esslinger Zeitung« berichtete — »die lobende Anerkennung seitens Ihrer Majestäten fand«. Am Nachmittag besichtigte der König mit seinem Gefolge sechs Esslinger Industriebetriebe: Merkel und Kienlin, Carl Deffner, die Maschinenfabrik Esslingen, Friedrich Dick, J. F. Schreiber und die Sektkellerei Kessler, wo der Tag bei »feenhafter Beleuchtung« im Champagnerkeller ausklang.

Die Esslinger hatten Grund zu Jubel und Freude – ihre Stadt »war wieder wer«. Rund ein Jahrhundert nach dem Ende der Reichsstadt rückte nun die aufstrebende Industrie- und Schulstadt ins Licht der Öffentlichkeit und errang sich einen respektablen Platz unter den Städten des Landes. Ein Jahr später wurde in Esslingen erneut ein glanzvolles Fest gefeiert: Oberbürgermeister Mülberger heiratete am 19. Juli 1894 die gefeierte Sopranistin und Königlich-preußische Kammersängerin an der Berliner Hofoper Elisabeth Leisinger. Sie war es, die in den folgenden Jahren das kulturelle, vor allem das musikalische Leben in der Stadt in hohem Maße förderte, nicht allein in ihrem Haus in der Panoramastraße, sondern in der ganzen Stadt. Auch Elisabeth Leisinger hat die Ära Mülberger in Esslingen mit geprägt. In Anerkennung seiner Verdienste verlieh König Wilhelm II. von Württemberg dem Esslinger Oberbürgermeister das Ehrenkreuz des württembergischen Kronordens und erhob ihn in den persönlichen Adelsstand. Mülbergers Wirken blieb nicht auf Esslingen beschränkt. Achtzehn Jahre lang war er Abgeordneter für die Nationalliberale Partei im württembergischen Landtag, nach 1919 für die Demokratische Partei. Und er war Vertreter Württembergs im Vorstand des Deutschen Städtetags.

Paul Friedrich Dick (1851–1938)

Mit Paul Friedrich Dick wurde 1931 wieder ein Esslinger Industrieller mit dem Ehrenbürgerbrief seiner Heimatstadt ausgezeichnet, und dies an seinem achtzigsten Geburtstag, nach jahrzehntelangem Wirken nicht nur für sein Unternehmen, sondern nicht minder für Ansehen und Fortentwicklung der Stadt Esslingen. Otto Borst nennt Paul Dick einen der »Alten«, eine »jener schwäbischen Unternehmerpersönlichkeiten, die Fürsorge ebenso wie übergeordnete Verantwortlichkeit mit jedem ihrer Mitarbeiter verband, die etwas von der patriarchalischen Führung und Geborgenheit ausstrahlten, die im immer schneller werdenden Tempo und im immer lauter sich gebärdenden politischen Stil allmählich verschwinden sollten. Dick hat für die Gründung der Esslinger Maschinenbauschule, die Errichtung der Filderbahn, für die Heimstätten-Siedlung auf der Neckarhalde, für den Bau des Rhein-Neckar-Kanals, für die Erhaltung der Pliensaubrücke und vieles andere die Stadt Esslingen unmittelbar Berührende Unersetzliches getan. Wie kaum einer hat er die Tradition des politisch verantwortlichen, führenden Esslinger Fabrikanten in der Zeit vor und nach dem Ersten Weltkrieg weitergeführt.«
Paul Friedrich Dick (1851–1938) stammte aus einer Familie, die schon

mehr als drei Jahrhunderte lang in Esslingen ansässig war. Nach seinen Lehr- und Wanderjahren, die ihn auch in die Schweiz und nach Frankreich geführt hatten, übernahm er im Alter von vierundzwanzig Jahren, am 1. Juli 1875, den väterlichen Handwerksbetrieb. Er hat aus diesem Betrieb eine Fabrik gemacht, ein modernes Unternehmen, das maschinell zu arbeiten begann. 1881 holte er aus der Schweiz die erste Feilenhaumaschine für sein Unternehmen. Man darf Paul Dick mit Fug und Recht als den ersten Feilenfabrikanten in Deutschland betrachten. 1890 wurde der Betrieb in das neue Industriegebiet beim Bahnhof verlegt. Heute ist die Feilen-, Stahlwaren- und Werkzeugfabrik Friedrich Dick in aller Welt bekannt.

Paul Friedrich Dicks Wirken erschöpfte sich jedoch keineswegs in dieser großen Aufgabe, aus einem Handwerksbetrieb ein modernes Industrieunternehmen zu machen. Er nahm zugleich regen Anteil an den Geschicken seiner Vaterstadt Esslingen und hat sie oft genug zum Guten beeinflußt. Das gilt für den Bau der Heimstättenkolonie auf der Neckarhalde, die zu einem gut Teil seiner Initiative und seinem Engagement zu danken war. Sie ist bis heute der Beleg für eine gesunde Wohn- und Siedlungspolitik, wie sie Paul Dick am Herzen lag. Neben der Schaffung des guten Neuen lag ihm nicht minder die Bewahrung des guten Alten am Herzen. Ein Beispiel dafür ist sein Eintreten für die Erhaltung des Pliensauturms bei der Lösung des Pliensauübergangs.

Eine Einrichtung aber ist ganz besonders mit Dicks Namen verbunden, eine Einrichtung, deren Esslingen sich bis heute aus gutem Grund rühmt, die aber ohne den persönlichen Einsatz von Paul Dick gar nie nach Esslingen gekommen wäre: die heutige Fachhochschule für Technik, die ehemalige Maschinenbauschule. Zu Beginn dieses Jahrhunderts bot sich die Chance, diese Lehranstalt von Stuttgart nach Esslingen zu verlegen. Auf Anregung von Paul Dick hat die Stadt 1910 ein großes Areal für einen Neubau zur Verfügung gestellt. In der Landeshauptstadt war man begreiflicherweise an einer Übersiedlung der Schule nach Esslingen überhaupt nicht interessiert. Doch Paul Dick vertrat unverdrossen und mit großer Hartnäckigkeit den Standpunkt, daß »nicht alles in Stuttgart zu sein brauche«, daß gerade der aufblühenden Industriestadt Esslingen diese Institution gut zu Gesicht stehen und daß sie dort auch gut aufgehoben sein würde. Die Zahl der Briefe, in denen Dick diesen Standpunkt vertrat und sich dafür verkämpfte, geht in die Tausende. Eine Denkschrift, die Dick an 394 Esslinger Bürger schickte, brachte Spenden in Höhe von 100 000 Goldmark für den Bau der Maschinenbauschule ein. Dicks Einsatz hatte zuguterletzt Erfolg: im Oktober 1914 begann der Unterricht im Neubau der Esslinger Maschinenbauschule in der Kanalstraße.

Die Ehrenbürgerurkunde, die Paul Dick im Jahre 1931 verliehen wurde, faßt die verschiedenen Aspekte seines Wirkens in und für Esslingen zusammen: »Jahrzehnte hindurch haben Sie in edlem Streben und rastlosem Fleiß Werke geschaffen, die mit der Geschichte der Stadt für immer verbunden sind. Ob Sie die Erzeugnisse Ihrer Industrie über alle Meere senden, ob Sie der Allgemeinheit Ihre Dienste leihen, stets ist der Trieb zu all Ihrem Tun die Liebe zur Heimat und tatkräftiger Bürgersinn.«

Georg Deuschle (1877–1973)

Liebe zur Heimat und tatkräftigen Bürgersinn kann man auch dem derzeit letzten in der Reihe der Esslinger Ehrenbürger bescheinigen, dem Bürgermeister und Stadtpfleger Georg Deuschle, der im März 1973 hochbetagt gestorben ist. Zu seinem 75. Geburtstag am 5. Februar 1952 hatte ihm die Stadt den Ehrenbürgerbrief verliehen. Georg Deuschle wurde 1877 in Köngen geboren. 1899 bestand er mit Auszeichnung die Verwaltungsprüfung. Erste Stationen seines beruflichen Wirkens waren Kornwestheim und Rottenburg, doch schon im Januar 1900 holte man ihn als Verwaltungsaktuar ins Esslinger Landratsamt. Aus dieser Position bewarb er sich, als die Oberesslinger im Jahre 1903 einen neuen Schultheißen suchten – und war im Alter von sechsundzwanzig Jahren Schultheiß auf Lebenszeit. Damit hatte Georg Deuschle seine Lebensaufgabe gefunden, an der auch die Tatsache nichts änderte, daß Oberesslingen im Jahre 1913 nach Esslingen eingemeindet wurde. Dadurch wuchsen lediglich seine Aufgaben und sein Wirkungskreis, die Pfarrer Wilhelm Berner in seiner Grabrede für Georg Deuschle im März 1973 auf einen trefflichen Nenner brachte, als er sagte, die drei Dinge, für die Georg Deuschle gelebt habe – die Heimat, seine Arbeit und die Stadt Esslingen – hätten bei ihm als völlige Einheit zusammengehört. Im Ehrenbürgerbrief von 1952 liest sich das so: »Seit über 50 Jahren ist Ihr Leben der Arbeit für die Bürgerschaft unserer Stadt und unseres Kreises gewidmet.«
Diese Arbeit begann in Oberesslingen, das sich in dem einen Jahrzehnt von 1903 bis 1913 sprunghaft entwickelte und vergrößerte. In die Wirkungszeit von Georg Deuschle fallen der Bau der Gas- und Wasserversorgung und der Kanalisation, die Ansiedlung von Industriebetrieben und die Schaffung neuen Wohnraums, wobei der zu jener Zeit aufsehenerregende Bau der Gartenstadt besondere Erwähnung verdient. Nach der Eingemeindung von Oberesslingen setzte sich der seitherige Schultheiß, dem solches durchaus zugestanden hätte, keineswegs zur Ruhe, sondern stellte vielmehr seine Tatkraft, seine Erfahrung und seinen hohen Sach-

Esslinger Impressionen – die mittelalterliche Neckarbrücke und die Innere Brücke mit der Nikolauskapelle, staufische Buckelquader an Pliensauturm, Wolfstor und Schelztor, der filigrane Turm der Frauenkirche, die beiden Türme von St. Dionys, die Dachreiter der Bettelordenskirchen, Altes und Neues Rathaus – und über allem die Burg mit Hochwacht und Dickem Turm.

verstand in den Dienst des größeren Gemeinwesens, zuerst als Leiter des Liegenschaftsamtes und der Krankenhausverwaltung und von 1917 bis 1947 als Stadtpfleger. Das war eine Aufgabe nach seinem Herzen und ein reiches, fruchtbares Betätigungsfeld für das kommunalpolitische Geschick, die gründliche Verwaltungserfahrung und den unbestechlichen Wirklichkeitssinn von Georg Deuschle. Er hatte die Zügel in der Hand, er wußte Schwerpunkte zu setzen, Weichen zu stellen, den Hebel an der richtigen Stelle anzusetzen, um Dinge zu bewegen und Ziele zu erreichen. Dabei verstand er sich doch nie als kühler Rechner und Taktiker, sondern als Vater seiner Stadt, der er von Herzen zugetan war. Diese Zuneigung freilich bewies er nie durch große Reden, sondern, wie es seinem Wesen entsprach, zeitlebens durch rastlose Arbeit und redliches Tun zum Wohle der Stadt und ihrer Bürgerschaft.

Esslinger Persönlichkeiten

Von Theophil Aeckerle bis Christian Zeyer

Den einen großen Esslinger hat es nicht gegeben, den berühmten Sohn der Stadt, neben dem alle anderen Namen verblassen. Esslingen tut sich da nicht so leicht wie etwa Marbach mit »seinem« Schiller, wie Reutlingen mit Friedrich List, Husum mit Theodor Storm oder Calw mit Hermann Hesse. Es hätte Mühe, müßte es sich für einen einzigen berühmten Esslinger entscheiden, könnte es einem nur ein Denkmal setzen. Dabei fehlt es in der Stadt nicht an Denkmälern und ähnlichen Hinweisen auf »grosse Söhne«: auf der Maille stehen die Büsten von Karl Pfaff und Theodor Georgii, beim Schelztor der Deffner-Stein, auf dem Kirschenbuckel das Salzmann-Camerer-Denkmal. Halbreliefs und Gedenktafeln erinnern an Hermann Kurz und an Ferdinand von Hochstetter. Es gibt eine Breitinger- und eine Kandlerstraße, eine Lenau-Anlage und ein Mülberger-Brünnele und im neuen Schelztor-Gymnasium ein Michael-Stifel-Zimmer.

Zu den berühmten Esslingern aus vielen Jahrhunderten zählen Wissenschaftler, Künstler, Pädagogen, Literaten, Forscher und Politiker. Die einen sind in Esslingen geboren wie Johannes Böschenstein, Rolf Nesch und Anna Schieber. Andere haben in dieser Stadt wichtige Jahre ihres Lebens verbracht, wenn nicht gar ihr Lebenswerk geschaffen wie Karl Pfaff und Bernhard Gottlieb von Denzel. Andere blieben nur eine Spanne Zeit und hinterließen doch nachhaltige Wirkungen wie Imanuel Gottlob Brastberger, Konrad Fyner oder Gustav Schönleber. Aller Namen aber bleiben mit Esslingen verbunden, auch wenn es verkehrt und überheblich wäre, sie kurzerhand und ausschließlich als berühmte Esslinger in Anspruch zu nehmen.

Die Liste dieser Esslinger Persönlichkeiten, die irgendwann einmal für diese Stadt wichtig waren oder umgekehrt: in deren Leben Esslingen eine wichtige Station war, diese Liste ist lang. Sie kann sich deshalb − und dies ohne jeden Anspruch auf Vollständigkeit − nur auf die Lebensdaten und auf wenige Stichworte beschränken.

Theophil Aeckerle, 1892 Esslingen–1966 Esslingen.
Maler und Zeichner: »Nicht eingeschworen bin ich auf eine bestimmte
Malrichtung: ich male, was mich freut, begeistert und zwingt.« Lehre als
Lithograph bei J. F. Schreiber. Studium an der Stuttgarter Kunstakade-
mie 1920–1927. Atelier in Esslingen.

Albrecht Appelhans, 1900 Frankfurt/Main–1975 Göppingen-Barten-
bach. Nach dem Studium an der Maschinenbauschule Esslingen Besuch
der Kunstgewerbeschule und der Kunstakademie in Stuttgart. 1928–
1933 Arbeit als Pressezeichner, Graphiker und Maler in Berlin. 1962–
1969 Professor an der Stuttgarter Kunstakademie. 1971 Umzug nach
Esslingen.

Otto Baum, 1900 Leonberg–1977 Esslingen.
Bildhauer, seit 1946 Professor an der Stuttgarter Kunstakademie. Atelier auf der Neckarhalde in Esslingen seit 1948. Wie Hans Arp suchte
auch Baum die organischen Frühformen. Sein Ideal: die Bildhauerei, die
gleichsam magnetisch schwebend gehalten wird.

Ambrosius Blarer, 1492 Konstanz–1564 Winterthur.
Reformator der Stadt Esslingen. Bis 1522 Mönch und Prior im Kloster
Alpirsbach. Ab 1525 Reformator in Konstanz. Nach 1530 Reformator
der Städte Geislingen, Ulm, Esslingen (1531), Lindau und Isny. Später
Pfarrer in der Schweiz.

Volker Böhringer, 1912 Esslingen–1961 Stuttgart.
Sohn eines Esslinger Realschullehrers. Studium an der Württ. Staatlichen
Kunstgewerbeschule und an der Kunstakademie in Stuttgart. Im Dritten
Reich Ausstellungs- und Malverbot. Später trotz schwerer Krankheit er-
hebliche Erfolge als Maler. Religiöse Themen und Motive aus der Welt
der Technik.

Johannes Böschenstein, 1472 Esslingen–1540 Nördlingen.
Studium der hebräischen Sprache als Schüler Reuchlins in Tübingen. Seit
1498 Lehrtätigkeit in Ingolstadt, Augsburg, Wittenberg, Zürich und Antwerpen. Verdienste um die Wiedererweckung der hebräischen Sprache.
Kontakte zu allen bedeutenden Humanisten seiner Zeit.

Imanuel Gottlob Brastberger, 1716 Sulz am Neckar–1764 Nürtingen.
Garnisonsprediger in Ludwigsburg. 1745–1756 Pfarrer in Oberesslingen. Seine Predigtbücher, u.a. die »Zeugnisse der Wahrheit«, wurden in

ganz Deutschland gelesen. Die evangelische Gemeinde von Oberesslingen und Hegensberg hat er nachhaltig geprägt; die »Stund'« lebt weiter in der Altpietistischen Gemeinschaft. 1756–1764 Dekan in Nürtingen.

Karoline Breitinger, 1852 Künzelsau–1932 Esslingen.
Erste praktizierende Ärztin in Württemberg. Studium in der Schweiz. Staatsexamen in Zürich, in Straßburg wiederholt. Zwanzig Jahre lang in Esslingen praktiziert.

Johannes Braungart, 1803 Rottenacker bei Ebingen–1849 Esslingen.
Maler und Zeichner (viele Esslinger Motive). Nach ärmlicher Jugend im Stuttgarter Waisenhaus Lehrzeit in der 1809 von Johann Ulrich Rudy aus Neuwied in Esslingen gegründeten, später Deffner'schen Blechlackierfabrik. Wanderjahre und Ausbildung zum Maler in Augsburg und Wien.

Ernst Camerer, 1836 Reutlingen–1919 Esslingen.
Rechtsanwalt in Esslingen. Mitbegründer und nach Salzmanns Tod 24 Jahre lang Vorsitzender des Schwäbischen Albvereins. Verheiratet mit der Tochter von Oberamtsarzt Kapff.

Johann Philipp Datt, 1654 Esslingen–1722 Stuttgart.
Rechtshistoriker und bedeutender Vertreter der Esslinger Historischen Schule. Studium in Straßburg. 1684 Esslinger Stadtschreiber und Archivar. 1689 Ratskonsulent in Esslingen.

Carl Christian Ulrich Deffner, 1789 Ludwigsburg–1846 Esslingen.
Pionier und Begründer der württembergischen Metallwarenindustrie. Freund von Friedrich List. Württembergischer Landtagsabgeordneter 1832–1846. Mitbegründer der Bürgergesellschaft, der Vorläuferin des Gewerbevereins. Vorstand des württembergischen Fabrikantenvereins. Um 1830 ließ er durch den württembergischen Hofbaumeister Giovanni Salucci seine Villa am Neckarufer (bei der heutigen Vogelsangbrücke, 1976 abgebrochen) bauen. Dort verkehrten die Künstlerin Luise Duttenhofer und der Stuttgarter Dichter Karl Mayer. Mayers Sohn war mit Deffners Tochter Bertha Karoline verlobt, die im Alter von 20 Jahren gestorben ist. Deffners Enkelin Luise hat 1882 den Maler Gustav Schönleber geheiratet.

Carl Deffner d.J., 1817 Esslingen–1877 Esslingen.
Nachfolger seines Vaters in der Metallwarenfabrik Deffner. Mitglied der württ. Gesellschaft für die Beförderung der Gewerbe. Landtagsabgeord-

neter 1855–1870. Abgeordneter im deutschen Zollparlament 1868–1870. Mitbegründer des »Steigen-Clubs« zur Erforschung der Juraformationen der Schwäbischen Alb (Deffnerstein!). Freund Valentin Salzmanns.

Bernhard Gottlieb von Denzel, 1773 Stuttgart–1838 Esslingen.
Erster Rektor des Esslinger Lehrerseminars (1811–1838). »Schwäbischer Pestalozzi«. Mit seiner »Einleitung in die Elementar-Schulkunde und Schulpraxis für Lehrer in deutschen Elementarschulen« und der »Einleitung in die Erziehungs- und Unterrichtslehre für Volksschullehrer« beeinflußte er entscheidend die Reform des Volksschulwesens in Württemberg.

Georg Deuschle, 1877 Köngen–1973 Esslingen.
Siehe »Esslinger Ehrenbürger«.

Paul Friedrich Dick, 1851 Esslingen–1938 Esslingen.
Siehe »Esslinger Ehrenbürger«.

Albert Dulk, 1819 Königsberg–1844 Stuttgart.
Dramatiker und Publizist. Begründer der ersten Freireligiösen Gemeinde in Deutschland (1882). Beteiligung an der Revolution von 1848. Briefpartner von Julius Motteler. 1878 Kandidatur für den Reichstag (Dulk in Stuttgart, Motteler in Esslingen). 1880–1884 häufige Aufenthalte im Dulk-Häusle an der Römerstraße. 1885 Enthüllung einer Gedenktafel.

August Ehrhardt, 1811 Schiltigheim bei Straßburg–1904 Esslingen.
Siehe »Esslinger Ehrenbürger«.

Eberhard Emminger, 1808 Biberach–1885 Biberach.
Maler und Lithograph. Schöpfer zahlreicher Städtebilder. Hat häufig in Esslingen gearbeitet. Verbindung zum Lithographen Ferdinand Schreiber. Auf der Grenze zwischen Romantik und Realismus. Schuf rund zwei Dutzend biedermeierliche Esslingen-Ansichten.

Immanuel Faißt, 1823 Esslingen–1894 Stuttgart.
Orgelvirtuose, Dirigent und Komponist. Mitbegründer und Direktor der Stuttgarter Musikhochschule.

Christian Fink, 1831 Dettingen OA. Heidenheim–1911 Esslingen.
Komponist und Orgelvirtuose. Seit 1860 Professor am Esslinger Lehrerseminar. Schuf rund 100 Kompositionen, darunter fünf Orgelsonaten.

Ernst Fischle, 1897 Esslingen–1969 Esslingen.
Der gebürtige Liebersbronner arbeitete nach seiner Ausbildung im Basler Missionshaus lange Zeit in der Chinamission. Von August 1929 bis Dezember 1930 wurde er von chinesischen Räubern gefangen gehalten. 1939 Rückkehr nach Deutschland. Später Pfarrer in Wendlingen.

Adolf Fleischmann, 1892 Esslingen–1968 Stuttgart.
Maler vorwiegend abstrakter Werke. Sohn eines Esslinger Kaufmanns. Studium an der Kunstakademie in Stuttgart. 1924–1936 Reisen im Tessin, in Italien, Spanien und Frankreich. 1938–1952 lebte und arbeitete er in Frankreich (Südfrankreich, Paris) und entwickelte dort seinen eigenen Stil. 1953–1962 wissenschaftlicher Zeichner an der Columbia University New York. 1965 endgültige Rückkehr nach Stuttgart.

Johann Georg Frech, 1790 Stuttgart-Kaltental–1864 Esslingen.
1820–1860 erster Musikdirektor des Esslinger Lehrerseminars. Organist und Kantor an der Stadtkirche. Mitbegründer des Esslinger Liederkranzes und des Oratorienvereins. Zusammen mit Friedrich Silcher gab er das Württembergische Orgel-Spielbuch heraus.

Karl Fuchs, 1872 Stuttgart–1968 Esslingen.
Maler und Zeichner. Hat viele Esslinger Motive im Bild festgehalten. Vor 1900 Illustrationen der Landesbeschreibung »Das Königreich Württemberg«. Um 1900 Atelier in Buoch. Seit 1907 in Esslingen.

Konrad Fyner, 15. Jh. Gerhausen bei Blaubeuren–1481 Urach.
Einer der ersten Buchdrucker des Landes, der erste Drucker in Neckarschwaben. Nach der Lehre in Straßburg kam er 1471 nach Esslingen und gründete hier eine Werkstatt. Zur gleichen Zeit, vier Jahre nach Gutenbergs Tod, begann man in Paris, Florenz und Mailand zu drucken, in Leipzig erst zehn Jahre später. Rund dreißig Bücher sind in Fyners Esslinger Druckerei entstanden, darunter Schriften von Niklas von Wile und Peter Niger (Schwarz). 1479/80 Umzug nach Urach.

Theodor Georgii, 1826 Esslingen–1892 Wilhelmsdorf.
In Esslingen Schüler von Philipp Wackernagel, einem Jünger Jahns. Jurastudium in Tübingen. Seit 1851 als Rechtsanwalt in Esslingen niedergelassen. Ihm gelang die Einigung aller deutschen Turnergruppen zum Deutschen Turnerbund, dessen Vorsitzender er 1848 wurde. Am 21. Juli 1895 wurde anläßlich des Deutschen Turntages von der Deutschen Turnerschaft das Georgii-Denkmal auf der Maille enthüllt.

Carl von Häberlin, 1832 Esslingen−1911 Stuttgart.
Kunststudium in München. 1866 Heirat in Esslingen mit Emma Nagel.
In den siebziger und achtziger Jahren Lehrer an der Stuttgarter Kunstschule. Historienmaler, Schöpfer großer Geschichtspanoramen. Besonders bekannt machte ihn sein Bilderzyklus im Konstanzer Insel-Hotel.

August Halm, 1869 Groß-Altdorf/Württ.−1929 Saalfeld/Thüringen.
Komponist, Musikpädagoge und Musikschriftsteller. 1916−1920 Musiklehrer am Esslinger Lehrerseminar. Verfasser einer »Kleinen Harmonielehre« und einer Violin- und Klavierschule für Studenten. Verdienste um die deutsche Landerziehungsheim-Bewegung. Bedeutendster Musiklehrer der musikalischen Jugendbewegung.

August Hochberger, 1824 Esslingen−1891 Stuttgart.
Als siebtes Kind von Moses Hochberg in ärmlichen Verhältnissen geboren und aufgewachsen. Metalldreher in der Metallwarenfabrik Deffner. Vorsitzender des 1848 gegründeten Esslinger Arbeitervereins und des 1865 gegründeten Esslinger Konsumvereins. 1862 gründete er den zweitältesten und zweitgrößten Arbeiterbildungsverein in Württemberg.

Ferdinand Ritter von Hochstetter, 1892 Esslingen−1884 Döbling bei Wien.
Geologe, Reiseschriftsteller, Erforscher Neuseelands. 1857 Teilnehmer an einer vom österreichischen Erzherzog Ferdinand Maximilian, dem späteren Kaiser von Mexiko, unterstützten Erdumsegelung. Seit 1860 in Wien. Hauslehrer des Kronprinzen Rudolph. Von Kaiser Franz Joseph in den erblichen Adelsstand erhoben. 1875 Rektor der Technischen Hochschule in Wien, 1876 Intendant des k.k. Naturhistorischen Hofmuseums.

Johann Eberhard Ihle, 1727 Esslingen−1814 Nürnberg.
Porträtmaler. 1751 Mitglied, seit 1711 Direktor der Nürnberger Kunstakademie.

Johann Gottlieb Kandler, 1738 Esslingen−1796 Esslingen.
Sohn des mit Tobias Mayer befreundeten Schuhmachers und Mathematikers Gottlieb David Kandler. Feldmesser in Esslingen. Er leistete die Hauptarbeit am sogenannten Kandler'schen Riß, einem 1774 erschienenen umfangreichen Kartenwerk über die Vermessung des gesamten Esslinger Gebiets.

Paul Kapff, 1810 Brackenheim−1891 Esslingen.
Siehe »Esslinger Ehrenbürger«.

Fritz Alexander Kauffmann, 1891 Denkendorf—1945 Ebersbach/Fils.
Kunsterzieher und Schriftsteller (»Leonhard, Chronik einer Kindheit«).
Kindheit im ehemaligen Kloster Denkendorf. Schulzeit in Esslingen. Studium der Romanistik, Anglistik und Kunstgeschichte in Tübingen und im Ausland. 1931—1933 Professor für Kunst- und Zeichenunterricht an der Pädagogischen Akademie Halle. 1933—1945 freier Schriftsteller.

Emil Keßler, 1813 Baden-Baden—1867 Esslingen.
Erster Direktor der 1846 gegründeten Maschinenfabrik Esslingen. Besuch der Polytechnischen Schule in Karlsruhe. Gleichzeitig mit August Borsig gelang es ihm 1841, erstmals in Deutschland eine Lokomotive zu entwickeln, die für den öffentlichen Eisenbahnverkehr geeignet war. Für seine Verdienste um den Aufbau der Maschinenfabrik Esslingen verlieh ihm König Wilhelm I. 1854 das Ritterkreuz des Württembergischen Kronordens und damit den persönlichen Adel. Der Unternehmer Emil von Keßler gilt als einer der fortschrittlichsten Fabrikanten seiner Zeit.

Christian Knayer, 1876 Esslingen-Berkheim—1932 Stuttgart.
Als Lehrerssohn im heutigen »Alten Rathaus« in Berkheim geboren. Nach dem Besuch der Seminare Schöntal und Urach Jurastudium, dann Besuch des Konservatoriums in Stuttgart. Arbeit als Komponist (mehr als 1600 Werke, darunter zahlreiche Chorsätze), Musikpädagoge und Musikkritiker am Stuttgarter Tagblatt.

Johann Conrad Kreidenmann, 1577 Lindau—1655 Esslingen.
1602 Ratsadvokat in Esslingen. 1624 städtischer Syndikus und Syndikus des Ritterkantons Kocher in Esslingen. 1652 zum »Pater patriae« erhoben, eine Ehre, die außer ihm nur dem im 30-jährigen Krieg hochverdienten Esslinger Bürgermeister Georg Wagner zuteil wurde. Sein Hauptwerk »Tractat von des Reichs Ritterschaft Staat, Rechten und Freyheiten«.

Hermann Kurz, 1813 Reutlingen—1873 Tübingen.
Theologiestudium im Tübinger Stift. Schriftsteller in Stuttgart. 1851 Heirat mit Marie von Brunnow in Oberesslingen. 1859—1862 sorgenvolle Jahre in Oberesslingen (»Oberesslingen war die Sandbank, auf die politische Verfemung und literarisches Nichtverstandensein meinen Vater geworfen hatten.«) Ab 1863 Bibliothekar an der Tübinger Universitätsbibliothek. Hauptwerke: Schillers Heimatjahre (1843), Der Sonnenwirt (1855).

Isolde Kurz, 1853 Stuttgart—1944 Tübingen.
Tochter von Hermann Kurz. 1859—1862 in Oberesslingen (Aus meinem Jugendland, 1918). Lebte als Übersetzerin und freie Schriftstellerin 1877—1904 in Florenz, 1915—1943 in München. Werke: Florentiner Novellen (1890), Italienische Erzählungen (1895), Vanadis (1931), Die Pilgerfahrt nach dem Unerreichlichen (1938).

Nikolaus Lenau, 1802 Csatad bei Temeschwar im Banat—1850 Ober-Döbling bei Wien. Nikolaus Franz Niembsch Edler von Strehlenau. Nach der Schulzeit in Pest Studium der Philosophie, der Medizin und der Rechte in Preßburg und Wien. 1830 Abbruch des Studiums, erste Gedichte. 1831 Reise nach Süddeutschland, wo er Gustav Schwab kennenlernte und Freundschaft schloß mit Kerner, Uhland, Karl Mayer und dem Grafen Alexander von Württemberg (Schwäbischer Dichterkreis im Kernerhaus zu Weinsberg und im Schlößle Serach bei Esslingen). 1832 Schilflieder, 1833—1836 Faust-Dichtung, 1837 Savonarola (Epos). 1844 Geistiger Zusammenbruch.

Tobias Mayer, 1723 Marbach—1762 Göttingen.
Berühmter Astronom und Mathematiker. Verfertigte 1739 den ältesten bekannten Plan der Stadt Esslingen. 1751 als Professor der Mathematik und Direktor der Sternwarte nach Göttingen berufen.

Oscar Merkel, 1836 Esslingen—1912 Esslingen.
Siehe »Esslinger Ehrenbürger«.

Julius Motteler, 1838 Esslingen—1907 Leipzig.
In der Heugasse 15 geboren. Schulzeit in Esslingen, Tuchmacher- und Kaufmannslehre. Gründer der ersten Fabrikarbeitergewerkschaft in Deutschland (1869), Mitbegründer der Sozialdemokratischen Arbeiterpartei (1869 in Eisenach) und ihres Esslinger Ortsvereins (1872). 1874 Reichstagsabgeordneter.

Max von Mülberger, 1859 Stuttgart—1937 Stuttgart.
Siehe »Esslinger Ehrenbürger«.

Wilhelm Nagel, 1871 Ludwigsburg—Hoheneck—1955 Esslingen.
Kirchenmusikdirektor, Komponist und Organist. Schüler von Christian Fink. Organist und Kantor an der Stadtkirche St. Dionys. Leiter von Oratorienverein und Liederkranz. 1904—1936 Musikdirektor am Esslinger Lehrerseminar. Bundeschormeister des Schwäbischen Sängerbundes.

Rolf Nesch. 1893 Esslingen—1975 Oslo.
Maler und Radierer. In der Schwertmühle in Oberesslingen geboren.
Studium, später Meisteratelier an der Kunstakademie Dresden. 1924 Begegnung mit Ernst Ludwig Kirchner in Davos. 1929—1933 Hamburg.
1933 Emigration nach Norwegen. Begegnung mit Edvard Munch. 1946
norwegischer Staatsbürger. 1950 Heirat mit der norwegischen Schauspie-
lerin Ragnhild Hald. 1951 Erwerb des Bauernhofes Ragnhildrud in Aal
bei Hallingdal. Metalldrucke, Materialbilder. Zahlreiche Ausstellungen
im In- und Ausland, die letzte kurz vor seinem Tod im Herbst 1975 in der
Villa Merkel in Esslingen.

Karl Pfaff, 1795 Stuttgart—1866 Esslingen.
Siehe »Esslinger Ehrenbürger«.

Gustav Adolf Riecke, 1798 Stuben (Ungarn)—1883 Esslingen.
Zweiter Rektor am Esslinger Lehrerseminar (1838—1851). Bedeutender Pädagoge. Mitbegründer des Württembergischen Volksschullehrer-
vereins. Wegen »extrem demokratischer« Gesinnung 1851 nach Lof-
fenau in Baden strafversetzt. 1861 Stadtpfarrer in Neuffen. Nach der
Pensionierung und bis zu seinem Tod wieder in Esslingen (1871—1883).

Theodor Rothschild, 1876 Buttenhausen—1944 Theresienstadt.
1899— 1939 Leiter des israelitischen Waisenhauses Wilhelmspflege in
Esslingen, zuerst im heutigen Kinderheim Ecke Entengraben und Hindenburgstraße, seit 1913 im Neubau in der Mülbergerstraße, dem heutigen Staatlichen Waisenheim. Die Wilhelmspflege galt als eine der besten
israelitischen Schulen in ganz Südwestdeutschland. Rothschild war Vorsitzender der jüdischen Gemeinde in Esslingen und des Vereins israeliti-
scher Lehrer in Württemberg und seit 1936 Mitglied des israelitischen
Oberrats in Württemberg. Nach der Schließung der Wilhelmspflege im
August 1939 Leiter der israelitischen Schule in Stuttgart. Von dort aus
wurde Theodor Rothschild zusammen mit seiner Frau Ina am 22. August
1942 in das Konzentrationslager Theresienstadt deportiert. Dort ist er
am 10. Juli 1944 gestorben.

Olaf Saile, 1901 Weitingen bei Horb—1952 Esslingen.
Seit 1934 Feuilletonist und freier Schriftsteller in Esslingen. Gründer und
Chefredakteur der »Esslinger Allgemeinen«. Verheiratet mit der Schrift-
stellerin Käthe Lambert.

Valentin Salzmann, 1821 Esslingen—1890 Esslingen.
Gründer des Schwäbischen Albvereins (1888). Sohn eines Esslinger
Apothekers. Seit 1847 praktischer Arzt in Esslingen. Vorstand des ärztlichen Landesvereins. Gründer und langjähriger Vorsitzender des Esslinger Verschönerungsvereins (1867). Unter Salzmanns Führung fand am
30. Mai 1889 die erste Wanderung des Schwäbischen Albvereins statt,
und zwar auf das Randecker Maar und auf den Breitenstein.

Anna Schieber, 1867 Esslingen—1945 Tübingen.
Als Tochter eines Küfermeisters am Ottilienplatz in Esslingen geboren
(»Doch immer behalten die Quellen das Wort«). 1890 Umzug nach
Stuttgart. Mitarbeiterin im Kunsthaus Schaller. Nach mehrjährigen Aufenthalten in Uhingen und Alpirsbach 1920 Umzug nach Stuttgart-Degerloch, wo sie bis zur Zerstörung ihres Hauses 1944 lebte. Volksbildungsarbeit, zahlreiche Vortragsreisen und Veröffentlichungen.

Gustav Schönleber, 1851 Bietigheim—1917 Karlsruhe.
Maler und Professor für Landschaftsmalerei an der Karlsruher Kunstakademie (seit 1880). Durch seine Heirat mit Luise Deffner (1882) der
Stadt Esslingen eng verbunden. Im selben Jahr Gründung einer Stillebenklasse in Freilichträumen in der Karlsruher Akademie, die Maler
aus ganz Deutschland angezogen hat. Häufige Studienreisen nach Italien,
an Nordsee und Ostsee, nach England. Studienaufenthalte im Neckartal
und in Hohenlohe. Zahlreiche Esslingen-Motive.

Ernst Schwarz, 1852 Esslingen—1922 Esslingen.
Siehe »Esslinger Ehrenbürger«.

Hermann Sohn, 1895 Esslingen—1971 Esslingen.
Als Sohn eines Weingärtners in Mettingen geboren. Lehrzeit als Lithograph und Studium an der Stuttgarter Kunstgewerbeschule. 1916—1922
Studium an der Stuttgarter Kunstakademie. 1922—1946 freischaffender
Maler. 1937 Berufsverbot. 1946—1962 Professor an der Kunstakademie in Stuttgart.

Andreas Jakob Spieth, 1856 Esslingen—1914 Esslingen.
Der gebürtige Hegensberger ging 1880 im Dienste der Bremer Mission
nach Westafrika. Dort erforschte er Leben und Sprache des Ewe-Stammes. Für seine Übersetzung der Bibel in die Ewe-Sprache ehrte ihn die
Evangelisch-theologische Fakultät der Universität Tübingen mit dem
Grad des Dr. theol. h.c.

Heinrich Steinhövel, 1412 Weil der Stadt—1478 Ulm.
Studium in Wien und Padua. 1449/50 Stadtarzt in Esslingen. Neben Niklas von Wile der bedeutendste Übersetzer des 15. Jahrhunderts (Boccaccio, Petrarca, Aesopus, Apollonius von Tyrus).

Johann Gottlieb Steudel, 1743 Esslingen—1790 Esslingen.
Apotheker und Naturforscher. Aufenthalt in Straßburg und Berlin. Begegnungen mit Kant und Lessing. Vorlesungen über Chemie und Astronomie in Mannheim. Nach schwerer Krankheit Rückkehr nach Esslingen.

Michael Stifel, 1487 Esslingen—1567 Jena.
Ab 1511 Augustinermönch in Esslingen. 1522 Flugschrift »Von der christförmigen, rechtgegründeten Lehre Doctoris Martini Lutheri«. Verfechter der Reformation. Nach Auseinandersetzung mit Thomas Murner mußte er Esslingen verlassen. Von 1555 an Professor der Mathematik in Jena. Mitbegründer der Algebra.

Emma Waiblinger, 1897 Düsseldorf—1923 Esslingen.
Tochter eines Buchhändlers. 1905 Umzug in die Heimat ihrer Mutter, nach Esslingen. Erzieherin und Hebamme. Ihr erster und einziger Roman, »Die Ströme des Namenlos« (1920), ein Entwicklungsroman, wurde von zeitgenössischen Kritikern Gottfried Kellers »Grünem Heinrich« zur Seite gestellt.

Gottfried Weigle, 1816 Esslingen-Zell—1855 Mangalur/Ostindien.
Als Pfarrerssohn in Zell geboren und dort bis zu seinem elften Jahre aufgewachsen. Stiftler in Tübingen. Dort regte ihn Friedrich Silcher dazu an, zu einer bereits vorhandenen Melodie einen Text zu dichten. So entstand das Lied »Drunten im Unterland«, das Silcher 1859 in einem Brief an Hoffmann von Fallersleben ausdrücklich Weigle zugeschrieben hat. Weitere Ausbildung im Basler Missionshaus. 1840—1855 als Missionar in Mangalur in Ostindien.

David Friedrich Weinland, 1829 Grabenstetten—1915 Hohen-Wittlingen. Studium der Theologie und der Naturwissenschaften in Tübingen. Wissenschaftliche Arbeit in Berlin, Cambridge bei Boston und auf Haiti. Nach der Rückkehr nach Deutschland 1858 längerer Aufenthalt bei seiner Mutter im Gelben Haus am Esslinger Hafenmarkt. 1859—1863 Direktor des neuen zoologischen Gartens in Frankfurt am Main. Aus gesundheitlichen Gründen Rückkehr auf das heimatliche Gut Hohen-Wittlingen bei Urach. Längere Aufenthalte in Esslingen. Bis heute bekannt durch seine Romane »Rulaman, Erzählung aus der Zeit des Höhlenmenschen und Höhlenbären« (1878) und den in Esslingen entstandenen »Kuning Hartfest« (1879).

Niklas von Wile, 1415 Bremgarten – 1479 Zürich.
1448 – 1469 Stadtschreiber in Esslingen. Humanist. Lehrer der Rhetorik und Stilistik. 1469 württembergischer Kanzler. Zahlreiche Übersetzungen italienischer Humanisten (siehe auch Seite 140).

Christian Zeyer, 1805 Esslingen – 1881 Stuttgart.
Studium in Tübingen. Kanzleirat in Stuttgart. Als Künstler Autodidakt.
Skizzenbuch-Blätter mit zahlreichen Esslinger Motiven.

Gastliches Esslingen

Vom »Sternen« bis zur »Friedrichsau«

Rund 150 Gaststätten zählt man heute in Esslingen, Cafés, Schnellgast-
stätten und Ausflugslokale in den Vororten mit eingerechnet. Rund die
Hälfte davon finden sich im Stadtkern. Das erscheint auf den ersten Blick
viel, ist es aber nicht, wenn man weiß, daß es noch zu Beginn dieses Jahrhunderts in der Stadtmitte gerade doppelt so viele Wirtschaften, also rund
fünf Dutzend mehr als heute gegeben hat.

Vor gut 350 Jahren, im Juli 1628, gab es in Esslingen — nachweislich —
etwa zwei Dutzend Gasthäuser. Der »Goldene Adler« in der Küferstraße
führt diesen Schild seit 1622 bis heute; er ist besonders durch die Sage
von Mélac und dem Mädchen von Esslingen bekannt geworden. Der
»Schwarze Adler« stand in der Mitte der Strohstraße; er hat traurige Berühmtheit dadurch erlangt, daß dort die große Feuersbrunst von 1701
ausgebrochen ist. »Löwen« gab es einst nicht weniger als drei: den »Goldenen Löwen« gegenüber der schon 1491 genannten Herberge »Zum
Kopf«, dem hoch aufragenden Haus Küferstraße 7, den »Weißen Löwen«,
ebenfalls in der Küferstraße gegenüber dem heutigen Gasthaus »Zwiebel«, dem früheren »Blumenstrauß«, und schließlich den bereits 1456 genannten »Roten Löwen« Ecke Stroh- und Milchgasse. Auf dem Krautmarkt, dem heutigen Hafenmarkt, stand die »Herberge zum Rebstock«,
nicht weit davon das »Weiße Rößlin«. Nicht überliefert ist, wo zu jener
Zeit der »Hirsch« und der »Engel« standen. Der »Schwarze Bären« hatte
seinen Platz in der äußeren Pliensau, wo auch der »Strauß« zu finden war.
In der Obertorvorstadt stand die »Sonne«, auf dem Roßmarkt die »Herberge zum Hammel«, das spätere »Goldene Lamm«. Bereits 1456 wird
ein »Roter Ochsen« beim Brottor, dem heutigen Wolfstor, genannt. Sehr
alt ist auch der noch heute bestehende »Goldene Ochsen« in der Pliensaustraße; ein Vorgänger gleichen Namens stand um 1569 am »Athleteneck«, der Kreuzung Pliensau/Metzgerbach. Die frühere »Crone« in der
Schmidgasse gab dem Crongäßle zwischen Strohstraße und Ritterstraße,
aus dem später die Grunstraße wurde, seinen Namen. Ebenfalls schon

im 16. Jahrhundert erwähnt werden der »Pfauen« in der Küferstraße (heute Haus Seifen-Koch), der »Spieß« auf dem Hafenmarkt und das »Goldene Kreuz« in der Pliensau.

Im Jahre 1749 gab es nach Eberhardt in Esslingen zwölf Schildwirtschaften. Neu entstanden waren mittlerweile die »Traube« am Mettinger Tor, der »Hirsch« beim Pliensauturm, der »Grüne Baum« und der »Schwarze Ochsen«. Dazu kamen im Laufe des 18. Jahrhunderts noch die »Rose«, der »Schatten« (1780) und der »Krug« (1790). Die »Traube«, später auch als »Maxim« bekannt, stand bis zum Jahre 1971, als sie samt der alten Esslinger Kelter dem Bau der Ringstraße weichen mußte. Ihr fiel auch der wohlbekannte »Hirsch« in der Mittleren Beutau zum Opfer.

Im Zusammenhang mit den Gasthäusern der Vergangenheit verdienen auch die Zunfthäuser Erwähnung, da man sich dort ja auch in geselliger Runde traf und gern Familienfeste abhielt. Am vornehmsten, ja am exklusivsten von allen war die »Bürgerstube«, die ihr Haus am Kornmarkt, dem heutigen Rathausplatz, hatte. In der Bürgerstube wurden nur Ratsherren und ihrem Rang vergleichbare Honoratioren aufgenommen. Aus dem Hause der Bürgerstuben-Gesellschaft wurde später das Museum und danach die »Reichsstadt«. Die Häuser der Zünfte sollen um das Jahr 1360 erbaut worden sein. Im 18. Jahrhundert standen von den ursprünglich dreizehn Zunfthäusern noch sieben: das Zunfthaus der Weingärtner (Heugasse 19), das Kärcher-Zunfthaus im Unteren Metzgerbach 18, die Zunfthäuser der Metzger (Oberer Metzgerbach 6), der Schneider (Im Heppächer 3), der Schuhmacher (Landolinsgasse 1), der Tucher (neben dem Wolfstor) und der Kürschner (Im Heppächer 27). Das ursprüngliche Kärcher-Zunfthaus (Hafenmarkt 5) gilt heute als eine baugeschichtliche Rarität wegen seines spätgotischen Giebelfachwerks aus dem frühen 16. Jahrhundert. 1664 übersiedelte die Zunft in den sogenannten Bläsi- oder Blasiushof, den ehemaligen Pfleghof des Klosters St. Blasien im Unteren Metzgerbach. Im früheren Zunfthaus der Schneider, dem heutigen Jugendhaus Stadtmitte im Heppächer, wurde 1819 eine Synagoge eingerichtet. Die Zunfthäuser der Krämer, Schmiede, Weinschenken, der Küfer, Gerber und der Bäcker, insgesamt sechs an der Zahl, fielen dem großen Brand von 1701 zum Opfer. Sie standen alle in der Nähe des Hafenmarkts – in der Milchgasse, der Hirschgasse und der Strohstraße. Keins der sechs wurde nach dem Brand wieder aufgebaut. Die Küfer fanden Unterschlupf bei den Weingärtnern, die Weinschenken bei den Schuhmachern und die Schmiede bei den Tuchern. Allein die Krämer, Bäcker und die Gerber mußten von dieser Zeit an ohne Zunfthaus auskommen.

Einst feierte man in Kugels Saal

An manchen Häusern der Esslinger Innenstadt künden bis heute Wirtshausschilder und -zeichen von ihrem ehemaligen Verwendungszweck, so der »Schwanen« auf dem heutigen Blarerplatz, die »Sonne« Ecke Küferstraße und Blarerplatz, der »Neue Ritter« Ecke Bahnhofstraße und Roßmarkt. Alte Esslinger erinnern sich auch noch an den »Alten Ritter« – er stand bei der Frauenarbeitsschule in der Ritterstraße –, an die »Harmonie« und den »Schillerhof« in der Neckarstraße und an den »Tiroler« in der Bahnhofstraße. In der Bahnhofstraße stand auch der Vorgänger der Esslinger Stadthalle, Kugels Saal, der nachmalige Städtische Saalbau. Nur rund siebzig Jahre stand er an der Ecke Bahnhof- und Martinstraße (heute Kaufhaus Hertie), aber er ist vielen Esslingern in dieser Zeit zu einem festen Begriff geworden, und die Erinnerung an Kugels Saal – oder wie die Esslinger sagten: an den Kugels Saal – ist lebendig bis heute.

Der rote Backsteinbau war immerhin jahrzehntelang das Zentrum der Geselligkeit, Schauplatz kultureller Ereignisse, politischer Veranstaltungen, rauschender Feste und ungezählter Vereinszusammenkünfte. Der Bierbrauer Martin Kugel aus Oberjettingen bei Herrenberg hat es gewagt, in einer Stadt, die damals ca. 17 000 Einwohner zählte, einen Saal für rund tausend Menschen zu bauen, dazu Kegelbahn, Gartenwirtschaft und verschiedene Gaststuben. Am 4. Dezember 1889 war Einweihung, und die »Eßlinger Zeitung« berichtete tags darauf, daß beim Schein von »überaus reichlichen Gasflammen gegen tausend Personen, augenscheinlich dem besten und intelligentesten Teile der Einwohnerschaft angehörend, das Parterre und die Galerien des weiten Lokales füllten. Maestro Schlay mit dem Streichorchester des 7. Stuttgarter Infanterieregiments eröffnete das Konzert. Der wohlgeschulte Männerchor des Bürgergesangvereins unter Meister Bäuchlen folgte.« Berühmte Musiker wie Sigrid Onegin, Lore Fischer, Helge Lindberg, Wilhelm Kempff waren »im Kugels Saal« ebenso zu Gast wie prominente Politiker – August Bebel, Konrad Haußmann, Matthias Erzberger, Philipp Scheidemann und Robert Schumann. Und zwei heute fast weltberühmte Schwaben – Häberle und Pfleiderer – verdanken ihre Existenz, so erzählt man, Kugels Saal in der Esslinger Bahnhofstraße. Dort nämlich war Willy Reichert in den zwanziger Jahren bei einem Bunten Abend aufgetreten, und beim anschließenden Vesper in der »Post« fragte er die damalige Wirtin, Frau Füller, ob sie ihm nicht zwei Stammtischbrüder mit guten schwäbischen Namen nennen könne. Ein Blick durchs Lokal, ein kurzer Wortwechsel – Herr Häberle und der Herr Pfleiderer waren geboren.

In der »Post« wie im benachbarten »Württemberger Hof« kann heute nur noch Einkehr halten, wer in einer städtischen Amtsstube zu tun hat. Beide waren bis zur Mitte dieses Jahrhunderts renommierte Häuser, beliebt nicht zuletzt wegen ihrer Gärten mit schattigen Kastanien, Laubengängen und Musikpavillon. Der Esslinger Konditormeister Otto Geiger berichtet in seinen »Erinnerungen aus früheren Zeiten« auch von dem nicht minder renommierten Hotel »Krone« in der Bahnhofstraße (heute Telegraphenamt), in dessen Garten Italienische Nächte gefeiert wurden und der zur Zeit der Pferderennen in Weil immer besonderen Zulauf hatte. Er erinnert sich auch an die Frühschoppenkonzerte im Garten des »Württemberger Hofs«, in dem früher des Abends auch Sänger und Zauberkünstler aufgetreten sind. Der Vater des Konditormeisters, Gottfried Geiger, hat übrigens anno 1911 die »Königstorte« kreiert, als Königin Charlotte von Württemberg zu einem Rot-Kreuz-Bazar in den »Kugels Saal« kam.

Damals reihte sich in der Pliensau noch eine Wirtschaft an die andere: Goldenes Fäßle, Goldener Apfel, Hasen und Schwarzes Rössle, Fiaker und Krokodil. Hinter der Stadtkirche konnte man damals noch in der »Sakristei« (heute Haus Rett) einkehren oder im Café Martin beim Fischbrunnen. Spaziergänger zog es vielleicht in den »Frühlingsgarten« an der Sulzgrieser Steige, in die »Froschweid'« in der Grabbrunnenstraße (Ecke Urbanstraße) oder auch ins Nord-Ost-Café Ecke Blumen- und Ottilienstraße (heute Richard-Hirschmann-Straße). In der Ritterstraße gab es damals noch den »Goldenen Löwen«, auf dem Kies die »Alpenrose«, in der Oberen Beutau das »Bahnhöfle« und in der Schelztorstraße die »Au«. Die »Neue Welt« in der Milchgasse gehörte dem Reichstagsabgeordneten Louis Schlegel. In der Obertorstraße standen die »Nagelschmiede« und – Ecke Katharinenstraße – der »Sternen«, in dessen weitläufigen Stallungen noch Anfang der fünfziger Jahre auch einmal Zirkus-Elefanten im Quartier waren. Wer gern im »Schwarzwald« einkehren wollte, hatte es in die Franziskanergasse, die frühere Hintere Kirchgasse, nicht weit. Gleich daneben, im »Kleinen Träuble«, fühlten sich die Schauspieler vom benachbarten Theater besonders wohl. Als Künstlerlokal galt in den letzten Kriegsjahren auch der »Pflug« in der Landolinsgasse; Barnabas von Gezy und der Cellist Ludwig Hoelscher, Albrecht Schönhals und Anneliese Born waren gern dort zu Gast. Und noch gar nicht lange ist es her, da konnte man noch gute Einkehr halten im »Kronenhof«, in »Geisels Weinstuben« am Landolinsplatz, im »Wilden Mann« (heute Wienerwald) und im schattigen Wirtsgarten des »Fürstenfelder Hofs«.

Esslinger Partnerstädte

Partner und Freunde in sieben Ländern

Partner der Welt nennt Esslingen sich nicht, auch wenn die Stadt sich mit Fug und Recht weltweiter Kontakte rühmen kann. Handel und Wandel brachten schon im Mittelalter Esslingens Namen, die Bürger und die Erzeugnisse der Stadt in vieler Herren Länder. Später war es die Industrie, die Esslingen weltweit bekannt gemacht, die Verbindungen geknüpft hat zu vielen Ländern in Europa und darüber hinaus. Esslingen ist stolz darauf. Doch hätte all dieser Ruhm allein den Europarat in Straßburg vor einem Jahrzehnt, anno 1972, noch nicht bewogen, die Stadt mit der Ehrenfahne – Drapeau d'Honneur – des Europarates auszuzeichnen. Esslingen, so hieß es damals in der Laudatio, habe europäischen Geist in Taten bewiesen, habe durch die verständnisvolle Zusammenarbeit und durch laufende Zusammenkünfte mit anderen Städten Europas unterstrichen, wie sehr seiner Bürgerschaft daran gelegen sei, durch den Austausch von freundnachbarlichen Ideen, Auffassungen und Zielsetzungen an Europa mitzuarbeiten.

Esslingen am Neckar hat heute insgesamt sieben Partnerstädte, sechs in Europa und eine in den Vereinigten Staaten, in Wisconsin. Und alle diese Partnerschaften stehen nicht nur auf dem Papier, erschöpfen sich nicht im Austausch von Dokumenten und in gegenseitigen Besuchen offizieller Delegationen. Diese Partnerschaften leben durch unzählige Bürger, Vereine, Schulen, Interessengruppen, die sie tragen. Den Esslingern sind sie geläufig, ihre Partnerstädte, und viele kennen mindestens eine davon aus eigener Anschauung. Wer mit einem Esslinger Autokennzeichen in eine dieser Städte kommt, der muß anhalten und aussteigen, der wird als Freund begrüßt – und wäre es auch nur auf der Durchreise. Die ältesten dieser Städtepartnerschaften haben sich nun schon ein Vierteljahrhundert lang bewährt. Und im Laufe dieser Zeit sind die Esslinger Partnerstädte fast ein Stück Esslingen geworden, ein Stück dieser Stadt, das jeder kennenlernen sollte, der hier Heimat sucht und empfindet.

In Vienne soll die Reise durch die Esslinger Partnerstädte beginnen, in der alten, traditionsreichen Römergründung an der Rhône, 28 km südlich von Lyon. Im Jahre 1958 reisten zum erstenmal junge Esslinger nach Vienne; am 16. Oktober 1969 wurde die Partnerschaft zwischen den beiden Städten offiziell besiegelt. Vienne liegt im Departement Isère, auf halbem Weg zwischen Paris und Nizza, auf dem linken Ufer der breit dahinströmenden Rhône; jenseits des Flusses dehnen sich die Vorstädte Sainte-Colombe und Saint-Romain-en-Gal aus. Zur Zeit Cäsars war Vienne die Hauptstadt der Allobroger, seit Augustus römische Kolonie, die »Colonia Julia Augusta Florentia Vienna«. In der blühenden Stadt lebten damals rund 20 000 Einwohner — heute sind es rund 40 000. Handwerk und Künste blühten. Von der glanzvollen römischen Periode zeugen noch heute der gut erhaltene Tempel des Augustus und der Livia, die Pyramide des Zirkus, die im Volksglauben lange Zeit als Grabstätte des Pontius Pilatus galt, das Theater der Kybele und das römische Theater. Es war nicht poetische Übertreibung, sondern entsprach durchaus den Tatsachen, wenn der römische Dichter Martial die Stadt »Vienna pulchra« — das schöne Vienne — nannte.
Mit der Dauphiné kam Vienne 534 zum Frankenreich, 888 zu Burgund. Die aus dem Mittelalter überkommenen Bauwerke haben an Schönheit und Qualität feil mit den Monumenten der Römerzeit. Die im 12. Jahrhundert begonnene, im 16. Jahrhundert vollendete Kathedrale St. Maurice gilt als die bedeutendste mittelalterliche Kirche zwischen Lyon und dem Mittelmeer. Als die älteste Kirche des christlichen Gallien gilt die romanische Eglise Saint-Pierre, in der heute das städtische Lapidarium untergebracht ist. Eindrucksvoll ist auch die ehemalige Klosterkirche Saint-André-le-Bas mit ihrem römischen Kreuzgang.
Mittelpunkt der Stadt ist heute das 1771 erworbene, nach dem Brand von 1854 umgebaute Rathaus mit seinem auf drei Seiten von Kolonnaden umstellten Hof. Unvergeßlich ist ein Besuch des großen Marktes, der jeden Samstag in der Innenstadt abgehalten wird. Und nicht minder einprägsam ein Dîner in der mit drei Michelin-Sternen ausgezeichneten »Pyramide« des unvergessenen Meisters französischer Kochkunst, Fernand Point. Zum guten Essen gehört guter Wein — er wächst auf den Hügeln gleich bei Vienne. Den Roten von der Côte Rôtie rühmen Kenner als einen der besten Weine der Welt. So wie im benachbarten Lyon blühte auch in Vienne lange Zeit die Textilindustrie. Maschinenfabriken, chemische Industrie und eine große Schuhfabrik kamen hinzu.

Nicht minder reich an Kunstschätzen und ehrwürdigen Baudenkmalen, aber auch an Schönheiten der Landschaft und kulinarischen Genüssen ist Esslingens italienische Partnerstadt Udine, die »Stadt Tiepolos«, das Herz des Friaul. Sie zählt mit rund 100 000 Einwohnern neben Schiedam und Norrköping zu den größten unter den verschwisterten Städten. Ausgrabungen haben erwiesen, daß schon die Römer dort gesiedelt haben. Erstmals urkundlich erwähnt wird Udine 983, als Kaiser Otto II. das damalige Kastell, das Castrum Utini, dem Patriarchen von Aquileia schenkte. Von 1238 bis 1752 hatten diese Patriarchen dann ihren Sitz in Udine. Besonders viel verdankt die Stadt den Patriarchen Bertoldo di Andechs (1218—1259) und Raimondo della Torre (1274—1299). Zu ihrer Zeit erhielt Udine das Marktrecht und wurde Sitz des Parlaments, eines der ältesten in Europa, das bis dahin in Cividale getagt hatte. 1420 kam die Stadt unter die Herrschaft Venedigs; 1797 wurde sie von den Franzosen besetzt. 1798 hat Napoleon Bonaparte in der Villa Manin bei Udine das Abkommen von Campoformido unterzeichnet — Udine kam nun unter österreichische Herrschaft. Erst am 24. Juli 1866 wurden Udine und das Friaul endgültig dem italienischen Königreich einverleibt.

Die Nähe und den Einfluß Venedigs spürt man in Udine allenthalben. Die Piazza Libertà im Herzen der historischen Altstadt gilt als der am meisten venezianische Platz nach dem Markusplatz von Venedig. Die Loggia del Lionello, die Loggia di San Giovanni, der Uhrturm und der monumentale Brunnen geben diesem Platz sein einzigartiges Gepräge. Sehr südlich wirkt die Piazza Matteotti mit der Chiesa di San Giacomo und dem bunten Treiben zwischen den Marktständen. Eindrucksvoll sind auch der Dom und das Erzbischöfliche Palais mit den berühmten Fresken von Tiepolo. Dieser große Maler des 18. Jahrhunderts wurde 1696 in Venedig geboren und hat wesentliche Perioden seines Schaffens in Udine verbracht. Im Schloß auf dem Hügel hinter der Piazza Libertà haben heute die städtischen Museen ihr Domizil, eine Fundgrube für alle Freunde der Kunst von Giambattista Tiepolo und seinen Zeitgenossen. Wer sich länger als nur einen Tag im Friaul aufhält, der wird dem großen italienischen Künstler auch in Pordenone und in San Daniele seine Aufwartung machen, und er wird von Udine aus sicher gern Abstecher unternehmen nach Aquileia, nach Palmanova oder nach Gemona del Friuli.

Udine ist — bei aller Tradition — auch eine sehr moderne Stadt mit großzügigen Sportanlagen, eleganten Geschäften, üppigen Märkten für ein weites Umland, mit Möbelfabriken und großen Betrieben der Nahrungsmittelbranche. Als die zwei bedeutendsten Unternehmen der Stadt gelten die 1959 gegründete Brauerei Moretti, die bekannteste in ganz Italien, und die Uhrenfabrik Solari, deren Erzeugnissen man auf Flughäfen und Bahnhöfen in der ganzen Welt begegnet.

Velenje – junge Stadt in Slowenien

Von Udine im Friaul sollte man eigentlich gleich weiterreisen in Esslingens jüngste Partnerstadt Velenje in Jugoslawien. Die Stadt mit ihren rund 23 000 Einwohnern ist in ihrer heutigen Gestalt eine Neugründung aus der Zeit nach dem zweiten Weltkrieg. Sie gilt als eine der schönsten Städte des Landes, idyllisch gelegen inmitten von Bergen, Wäldern und Seen in rund 400 Meter Höhe im Salek-Tal. Die österreichische Grenze ist knapp 40 km entfernt; nach Ljubljana und Maribor sind es jeweils rund 80 km. Am Platz des heutigen Velenje stand bereits im 13. Jahrhundert eine wehrhafte Burg, Sitz der Herren von Kunsperk. Den kleinen Marktflecken zu Füßen dieser Burg umgibt heute die wenige Jahrzehnte junge, großzügig angelegte Stadt mit modernen Wohnvierteln, weitläufigen Plätzen und Grünanlagen und mit einer beachtlichen Industrie, zu deren bekanntesten Erzeugnissen Kühlschränke, Waschmaschinen und Herde gehören. Die Produkte von »Gorenje« werden in viele Länder exportiert. Bekannt ist auch das Bergwerk von Velenje, in dem noch heute Kohle gewonnen wird. Die Musiker der bekannten Bergknappen-Kapelle sind in Esslingen gern gesehene Gäste, seit 1970 die Partnerschaft zwischen den beiden Städten begründet wurde.

Neath – Idylle und Industrie

So alt wie Esslingens Partnerschaft mit Vienne ist auch die ebenfalls 1958 begonnene Freundschaft mit Neath in Großbritannien. Viele Esslinger haben seitdem Freunde in Wales gewonnen. Neath liegt an der Einmündung des gleichnamigen Flusses in den Bristol-Kanal. Es zählt heute rund 40000 Einwohner. Große Kupfer-, Zinn- und Kohlevorkommen in der Umgebung der Stadt waren die Grundlage für ihren wirtschaftlichen Aufschwung lange vor der »industrial revolution«. Neath besaß schon früh einen Hafen. Bereits im 17. Jahrhundert wurden Schmelzöfen gebaut. Ein Bericht aus dem Jahre 1705 bezeichnete Neath als eine der bedeutendsten Handelsstädte in Süd-Wales. Noch heute wird dort Steinkohle abgebaut. Die Schwerpunkte der Industrie liegen auf Maschinenbau, Gießereien, Stahlblecherzeugung und Raffinerien.

Es wäre nun freilich ein Irrtum, sich dieses Neath nur als eine Stadt rauchender Schlote und rußiger Fabriken vorzustellen. Die Gemeinde Borough of Neath in der Grafschaft West Glamorgan ist auf drei Seiten von Bergen und Hügeln umgeben. Auf Mooren und Heiden weiden wilde Ponies. Man spürt den Atem des nahen Meeres. Auch Zeugen der Vergangenheit gibt es zu sehen: die Überreste römischer Militärstationen, zwei Torbogen aus dem römischen Nidum, die eindrucksvollen Ruinen einer Zisterzienserabtei aus dem 12. Jahrhundert und natürlich die trutzige Burg aus der gleichen Zeit. Die älteste Kirche der Stadt ist die St. David's Church, mit deren Bau schon zur Zeit der frühen Christianisierung begonnen wurde.

Neath besitzt eine Markthalle und viele lebhafte Geschäftsstraßen, ist die Stadt doch heute Einkaufszentrum und Verwaltungsmittelpunkt für ein großes Umland. Zu den Sehenswürdigkeiten gehören die in einem Wildpark gelegene Orangerie Margam und die Aberdulais-Mühle, die um die Wende zum 19. Jahrhundert ein junger Kunsthandwerker, Maler und Literat, William Weston Young aus Bristol, gepachtet hat. Er veröffentlichte 1835 einen Distriktführer mit Radierungen idyllischer Motive aus Neath und seiner Umgebung. Sie wurden auf diese Weise zu beliebten, ja beinahe unerläßlichen Motiven für die britischen Aquarellmaler jener Zeit. So wurde neben der erfolgreichen Industriestadt auch das idyllisch verklärte Neath mit seiner reizvollen Umgebung bekannt: Briton Ferry, die Aberdulais-Mühle, Wasserfälle und Abtei.

Schiedam (Niederlande) und Norrköping (Schweden) kamen im Jahre 1964 erstmals in den Kreis der seit dem Ende der fünfziger Jahre befreundeten Städte Neath, Vienne und Udine. Zu jener Zeit dachte man in Esslingen übrigens schon so europäisch, daß man beschloß, die lange Zeit übliche Schreibweise des Namens Eßlingen mit ß umzuwandeln in das heute gebräuchliche Esslingen mit ss. Dies geschah nicht zuletzt mit Rücksicht auf die Partnerstädte, nachdem man immer wieder die Schwierigkeiten der ausländischen Freunde – und damit auch der einheimischen Postler – mit dem ungewohnten »Dreierles-S« beobachtet hatte. Die vom Esslinger Gemeinderat am 1. April 1963 beantragte offizielle Umbenennung der Stadt in Esslingen mit ss wurde am 23. September 1964 vom Kabinett in Stuttgart genehmigt.

Schiedam liegt in unmittelbarer Nachbarschaft der großen Hafenstadt Rotterdam im Rheinmündungsgebiet an der »Nieuwe Maas«. Die Stadt zählt rund 90000 Einwohner und ist damit fast so groß wie Udine. Gegründet wurde die Stadt um die Mitte des 13. Jahrhunderts. Damals ließ Aleidis, Gräfin von Henegouwen, an dem kleinen Fluß de Schie den ersten Damm bauen und somit Teile seines Deltas einpoldern. Die Ruinen ihres Schlosses »Huis te Rivière« sind heute noch zu sehen. Bereits 1275 wurde Schiedam das Stadtrecht verliehen. Seitdem blühten Handel und Wandel in der Stadt. Neben der Leinen-Industrie war vor allem die Heringsfischerei bekannt. Sie hatte einen so guten Namen, daß Ende des 16. Jahrhunderts Hamburg, das damals den größten Heringsmarkt des Ostens besaß, mehrfach versuchte, die Fischfang-Reedereien von Schiedam nach Hamburg zu verlegen. Nach 1650 kam in Schiedam die Kornweinindustrie auf, die den Grundstoff für Spirituosen, vor allem für das bekannteste holländische Getränk, den Genever, herstellt. Sie wurde im 18. und 19. Jahrhundert zur wichtigsten Industrie dieser Stadt. Nicht von ungefähr hat das 1966 gegründete Niederländische Spirituosenmuseum seinen Sitz in Schiedam. Die dortigen Spirituosenfabriken — rund zwei Dutzend an der Zahl — sind auch heute noch weithin bekannt; sie erzeugen etwa die Hälfte aller Spirituosen, die in den Niederlanden hergestellt werden. Wie bekannt der Genever aus Schiedam ist, zeigt die Tatsache, daß englische Seeleute nicht selten von einem Gläschen »Schiedam« sprechen, wenn sie einen Genever meinen. Der wichtigste Industriezweig ist heute der Schiffsbau, wobei das schnelle Reparieren von Schiffen eine größere Rolle spielt als der Bau neuer Schiffe. Die bekanntesten Werften sind die 1903 gegründete Werft »De Gusto«, die sich auf den Bau von Bohrinseln spezialisiert hat, und »Wilton Feijenoord«, die 1966 das größte Dock Europas mit einer Länge von mehr als 300 m in Betrieb genommen hat.

Wasser, Werften, Schiffe, Lagerhäuser prägen das Bild von Esslingens holländischer Partnerstadt Schiedam. Hinzu kommen die Windmühlen, die höchsten in ganz Holland. Sie arbeiten heute zwar nicht mehr, aber sie sind noch funktionsfähig und vermitteln einen Eindruck davon, wie einst das Getreide für die Brennereien gemahlen wurde. Vier stehen noch von den 32 Kornmühlen, die früher in Betrieb waren. Zu den Sehenswürdigkeiten gehören auch die zwischen 1335 und 1445 erbaute St. Jacobikirche, das Sackträgerhaus an der Alten Schleuse und die alte Kornbörse.

Norrköping – Hafenstadt im Grünen

Großzügige Sport- und Freizeitanlagen, ein Strom, ein bedeutender Hafen prägen auch das Bild von Esslingens nördlichster Partnerstadt: Norrköping in Schweden, 170 km südlich von Stockholm. Die Stadt zählt heute rund 100000 Einwohner. Trotz ihrer bedeutenden Industrie und ihres lebhaften Handels – der Hafen gilt als einer der größten und modernsten der schwedischen Ostküste – ist Norrköping eine Stadt im Grünen geblieben. Der Motala-Strom, die Wälder von Kolmarden mit dem Tierpark und dem städtischen Freizeithof Sörsjön und die ausgedehnten Sport- und Erholungsgebiete Vrinneviskogen und Himmelstalund Park machen das Leben in Norrköping angenehm. Beliebte Ausflugsziele sind auch die Glashütte Reijmyre und das im 18. Jahrhundert erbaute Schloß Löfstad mit seinem englischen Park. Norrköping besitzt ein eigenes städtisches Symphonie-Orchester, ein Theater und ein Museum. Es darf mit Stolz für sich in Anspruch nehmen, daß es die erste skandinavische Stadt war, in der 1766 Shakespeares »Romeo und Julia« aufgeführt wurde.
Die Geschichte der Stadt beginnt mit einem Sammelplatz der Östergotländer, die von dort alljährlich zu ihren Seezügen aufbrachen. 1384 hat Albrecht von Mecklenburg Norrköping Stadtrechte verliehen. 1550 hat Gustav Vasa dort ein Mustergut für Viehzucht und ein königliches Provianthaus errichten lassen. Die wirtschaftliche Blüte der Stadt begann, als sich Anfang des 17. Jahrhunderts der Amsterdamer Bankier und Industrielle Louis de Geer, der »Vater der schwedischen Industrie«, in Norrköping niederließ und dort um 1620 eine Messinghütte und Waffenwerkstätte, aber auch Textil- und Papierfabriken gründete.

Sheboygan in Wisconsin am Michigan-See

Sehr viel jünger als die meisten der europäischen Partnerstädte von Esslingen ist Sheboygan im US-Bundesstaat Wisconsin am Michigan-See. Der Esslinger Rechtsanwalt Dr. Hans Rues hat in den sechziger Jahren Verbindung aufgenommen mit der amerikanischen People-to-People-Organisation. Sie war nach dem zweiten Weltkrieg von Präsident Eisenhower gegründet worden mit dem Ziel, auf privater Ebene freundschaftliche Beziehungen zwischen allen Völkern zu knüpfen. Es kam zu Kontakten zwischen der Esslinger People-to-People-Gruppe und ihren Freunden in Sheboygan. 1968 haben die beiden Städte beschlossen, offiziell eine Partnerschaft einzugehen.
Auch Sheboygan ist eine Hafenstadt. 1699 sind dort Missionare aus

Quebec gelandet. Noch zu Beginn des vorigen Jahrhunderts war der Ort nur ein kleiner Pelzhandelsposten. 1818 erschien dort der erste weiße Siedler, William Farnsworth. Er gilt als der Gründer der Stadt, mit deren Bau 1836 begonnen wurde. 1853 erhielt Sheboygan Stadtrechte. In jenen Jahren kamen fast täglich Schiffe aus Buffalo und Chicago nach Sheboygan. Sie brachten zahlreiche Holländer und noch mehr Deutsche, die sich am Michigansee ansiedeln und dort ihr Glück machen wollten. Vielen ist das wohl auch gelungen; sie wurden seßhaft und sind es bis heute geblieben. Das beweist die große Zahl deutscher Namen, denen man in Esslingens amerikanischer Partnerstadt noch heute begegnet – im Telefonbuch, auf Türschildern, über Ladentüren.

Aus der Gründerzeit der Stadt blieb bis heute das Wade House in Greenbush, eine ehemalige Posthalterei, erhalten. Heute ist Sheboygan eine regsame Industriestadt mit rund 50 000 Einwohnern. Nach wie vor spielt die holzverarbeitende Industrie eine große Rolle, aber auch rostfreier Stahl, Motoren und Maschinen werden hergestellt. Die Bürger der Stadt sind stolz auf ihre sozialen Einrichtungen, auf Krankenanstalten, Sportstätten und auf das seit jeher eifrig gepflegte kulturelle Leben. Seit 1970 besitzt Sheboygan ein Theater und ein Kulturzentrum, das John Michael Kohler Arts Center, in dem vor allem die Bildenden Künste eine Heimstatt gefunden haben. Die Stadtbücherei verfügt über rund 190 000 Bände; das sind – bei nahezu halb so großer Einwohnerzahl – weit über die Hälfte mehr als in den Büchereien der Stadt Esslingen am Neckar.

Für Esslingen und all seine sieben Partnerstädte gilt, was bei der offiziellen Verschwisterung mit Neath im Sommer 1978 in einer Urkunde festgehalten wurde: »Es wird gelobt, ein freundschaftliches Verhältnis zu entwickeln und zu pflegen, ebenso gegenseitiges Verständnis zwischen den Bürgern. Aus diesem Grund unterstützen wir Besuche, den Austausch von Ideen und Informationen, den gegenseitigen Austausch aller Arten und auf allen Ebenen zwischen Schulen, Jugendorganisationen, Vereinen, Organisationen und allen Gruppen, Interessenten und Personen der beiden Gemeinden, so daß menschliche und kulturelle Beziehungen sich entwickeln können und zur Freundschaft auf der festen Grundlage der Achtung und des Verständnisses zwischen den Einwohnern für alle Zeiten werden.«

Fünferlei Esslingen

Von den Namensvettern der Neckarstadt

Nicht jeder, der in Esslingen daheim ist, wohnt zwangsläufig auch am Neckar. Zwar ist die Stadt Esslingen mit ihren rund 90 000 Einwohnern die größte Ansiedlung dieses Namens weit und breit. Ihren Namen jedoch muß sie mit anderen teilen. Fünf Orte gibt es insgesamt, die Esslingen heißen, Orte zumeist, deren Einwohnerzahl sich zwischen einigen hundert und einigen tausend bewegt, Orte, die längst Teil einer größeren Verwaltungseinheit geworden sind. Das schweizerische Esslingen gehört zur Gemeinde Egg hoch über dem Zürichsee. Im Altmühltal liegt Esslingen über Treuchtlingen, heute ein Teil der Gemeinde Solnhofen. In der Südeifel, nicht weit von Echternach und Trier, findet man Esslingen über Bitburg in der Eifel, Teil der Verbandsgemeinde Bitburg-Land. Ein Stadtteil von Tuttlingen schließlich ist Esslingen am Rande der Baar, idyllisch gelegen im Krähenbachtal, nicht weit von Karpfen und Lupfen.

Esslingen am Rande der Baar

Dieses Esslingen im Tale des Krähenbachs, acht Kilometer westlich von Tuttlingen gelegen zwischen Hegau, Baar und Schwäbischer Alb, ist gut zu erreichen über die Bodensee-Autobahn (Ausfahrt Tuningen). Der Ort ist umgeben von Wiesen und ausgedehnten Wäldern. Er zählt heute rund 300 Einwohner und kam am 1. Juli 1972 freiwillig als neuer Ortsteil zur Stadt Tuttlingen, dem wirschaftlichen und kulturellen Mittelpunkt des »Berglandes Junge Donau«. Im Tuttlinger Heimatbuch schreibt Karlheinz Dold: »Esslingen wurde erstmals im Jahre 1225 genannt. Die erste urkundliche Erwähnung finden wir 1275 als Ezzelingen. Dieser Name läßt sich von dem alemannischen Sippenführer Ezzilo ableiten, der sich mit seiner Sippe hier ansiedelte. Esslingen liegt in der Ostbaar. Die Ortsmitte liegt 718 m über dem Meeresspiegel, der höchste Punkt ist beim Flachhans am Winterberg mit 927 m. Bis 1969 hatte Esslingen einen eigenen, 1969 bis 1972 einen gemeinsamen Bürgermeister mit der Stadt Möhringen.« Die Eingliederung in die Stadt Tuttlingen brachte dem Ort einen Wechsel vom bisherigen Landkreis Donaueschingen in den Landkreis Tuttlingen und damit vom Regierungsbezirk Südbaden in den Regierungsbezirk Südwürttemberg-Hohenzollern. Die Stadt Tuttlingen hat sich verpflichtet, das örtliche Brauchtum in Esslingen zu erhalten und das kulturelle Eigenleben des Ortes zu pflegen.

Esslingen über dem Zürichsee

Wer das am südlichsten gelegene Esslingen besuchen will, darf den Personalausweis nicht vergessen – es geht nämlich über die Grenze. Das schweizerische Esslingen, Filialort der Gemeinde Egg, liegt in rund 500 m Höhe über dem Zürichsee. Man erreicht den Ort auf dem kürzesten Weg von Stäfa oder von Männedorf nach Norden in Richtung Greifensee und Uster. Von Zürich fährt man über die Forch oder den Pfannenstiel, zwei Aussichtsstraßen durch das reizvolle Hügelland nördlich des Zürichsees. Die Forchbahn, eine Schmalspurbahn, fährt geradewegs nach Esslingen. Wo einst inmitten von Wiesen und Wäldern nur ein halbes Dutzend Bauernhöfe standen, leben heute rund tausend Menschen, die zumeist im 20 Kilometer entfernten Zürich arbeiten. Im gesamten Gemeindegebiet von Egg, zu dem auch Esslingen gehört, zählt man rund 6000 Einwohner. Ganz besonders stolz sind die Esslinger auf ihr Postamt nebst eigener Postleitzahl. Und für einen Esslinger vom Neckar ist es bei einem Besuch in der Schweiz immer wieder ergötzlich, plötzlich vor Häusern zu stehen mit der Aufschrift: Post Esslingen, Milchgenossenschaft Esslingen, Tankstelle Esslingen.

Der urkundlich erstmals als Ezzelinga genannte Schweizer Ort wurde 775 von einem Mönch gegründet und später dem Kloster St. Gallen als Schenkung vermacht. Esslingen bei Zürich konnte also schon 1975, zwei Jahre vor Esslingen am Neckar, sein 1200-jähriges Bestehen feiern. Der Gemeinderat hat im schweizerischen Esslingen lediglich eine Entscheidungsbefugnis für Projekte, die weniger als 30 000 Franken kosten. Geht es über diesen Betrag hinaus, dann ist die Gemeindeversammlung zuständig, der alle wahlberechtigten Bürger der Gemeinde angehören. Sie gibt den Ausschlag, wann immer wichtige Entscheidungen für den Ort zu treffen sind. Der Gemeinschaftssinn der Egg-Esslinger richtet sich aber nicht allein auf die Angelegenheiten der eigenen Gemeinde. Egg hat eine Art Patenschaft über drei arme, lawinenbedrohte Bündener Berggemeinden übernommen. Diese »innerschweizerische Entwicklungshilfe« wird nicht nur in Form finanzieller Unterstützung geleistet, sondern auch durch handgreifliche Eigenleistungen, wenn etwa Vereine aus Egg über ein Wochenende in eine der Bündener Gemeinden fahren, um dort beim Straßenbau zu helfen.

Esslingen in der Eifel

Esslingens nördlichster Namensvetter liegt bei Bitburg in der Eifel. Man erreicht den Ort über die Autobahn von Kaiserslautern oder von Saarbrücken. Echternach ist 20 Kilometer, Trier 23 Kilometer von Esslingen entfernt. Schon die Römer haben sich in diesem südlichen Teil der Eifel, nahe der Mosel, wohl gefühlt. Zahlreiche Funde und zum Teil wohlerhaltene Überreste von Kastellen, Villen und Gutshöfen geben davon Kunde. Auch die Kreisstadt Bitburg mit ihren heute rund 12 000 Einwohnern geht auf einen römischen Truppenstandort zurück. Im Mittelalter war Bitburg der Hauptort des Bidgaues. Im 13. Jahrhundert kam es als Lehen an das Erzstift Trier und bald darauf an die Grafschaft Luxemburg. 1261 hat Bitburg Stadtrechte erhalten, 1815 wurde es preußisch. In dieser traditionsreichen Stadt wird heute auch Esslingen verwaltet als Teil der Verbandsgemeinde Bitburg-Land. Dieses Esslingen zählt derzeit 22 Häuser, 30 Haushaltungen und 97 Einwohner. Seinen ländlich-dörflichen Charakter hat es bewahrt bis heute. Die Esslinger Bauerngehöfte haben Betriebsflächen zwischen 10 und 170 Hektar.
Nicht weit entfernt führt die alte, 5,75 Meter breite, in napoleonischer Zeit wiederhergestellte regina viarum, die römische »Königin der Strassen«, von Lyon über Trier, Zülpich nach Köln an Esslingen vorbei. Ernst Wackenroder schreibt in seinem Buch »Kunstdenkmäler des Kreises Bitburg« über Esslingen: »Der Ort wird urkundlich erstmals in einem Tauschvertrag aus dem Jahre 909 als Ensilinga im Bedgau in der Grafschaft Wigerichs (Ahnherr des Luxemburger Grafenhauses) erwähnt. In diesem Tauschvertrag zwischen dem Kloster St. Maximin in Trier und dem trierischen Vasallen Rorisch kommen 216 Morgen an den Grafen Wigerich. Aus einer Urkunde des Jahres 1140 geht hervor, daß die Villa cum ecclesia zu St. Maximin in Trier gehört.«

Esslingen im Altmühltal

An der Deutschen Ferienstraße, die von der Ostsee zu den Alpen führt, liegt im Tale der Altmühl zwischen Pappenheim und der alten Bischofsstadt Eichstätt das fünfte Esslingen, heute ein Ortsteil der Gemeinde Solnhofen. Die 100-Seelen-Gemeinde wurde mit ihrem Gemeindeteil Hochholz auf eigenen Wunsch 1971 nach Solnhofen eingemeindet. Esslingen liegt an der Stelle, an der schon in vorrömischer Zeit eine Straße die Altmühl überquert hat. Man muß die Hauptstraße verlassen, wenn man den kleinen Ort im grünen Wiesental näher kennenlernen will. Ein Spaziergang durch dieses Esslingen ist eine Sache von wenigen Minuten. Auffallend sind die breit ausladenden flachen Schieferdächer, und man erinnert sich: Esslingen liegt in einer weltberühmten Schiefergegend. Die Steinbrüche von Solnhofen sind eine Fundgrube für Versteinerungen aus prähistorischer Zeit. Solnhofer Schiefer wird heute vorwiegend für Bodenbeläge, Fenstersimsen und Tischplatten verwendet. Besondere Berühmtheit erlangten die Schieferbrüche im Fränkischen Jura Ende des 18. Jahrhunderts, nachdem Aloys Senefelder die Technik der Lithographie entwickelt hatte. Solnhofen gilt als der einzige Ort der Welt, wo diese lithographischen Schiefer in solcher Reinheit, Dichte und Mächtigkeit vorkommen.

Der Solnhofer Ortsteil Esslingen besteht aus wenigen größeren Gehöften. Ein Meierhof und zwei andere große Höfe waren seit jeher solnhofisch. Das Wirtshaus dagegen und drei Kleingüter gehörten früher zum Fürstbistum Eichstätt. Die Gemarkung des Esslinger Ortsteils Hochholz ist auf allen Seiten von Wald umgeben – das Musterbeispiel einer mittelalterlichen Rodung. Erheblich älter als die Höhensiedlungen Hochholz und Ochsenhart ist Esslingen, auch wenn es erst im Jahre 1266 urkundlich erwähnt wird. Die Endung des Ortsnamens auf -ingen läßt darauf schliessen, daß die Siedlung im Altmühltal schon vor dem Jahre 800 entstanden ist. 1266 ist ein Fridrich von Ezzilingen als Zeuge aufgetreten, ein Mönch aus jenem Kloster Kaisheim bei Donauwörth, das einst in Esslingen am Neckar einen stattlichen Pfleghof unterhielt. Ums Jahr 1300 besaß der Marschall von Pappenheim Güter zu »Esilingen« und der Graf von Hirschberg ein halbes Fischwasser bei »Ezzelingen«. 1337 gab Graf Berthold von Graisbach dem Kloster Solnhofen die Vogteirechte über den Meierhof in Esselingen. Seit dem 15. Jahrhundert aber wuchs in Esslingen wie in Solnhofen der Einfluß der Markgrafen von Brandenburg-Ansbach.

Im Nordwesten, im Süden und im Osten von Esslingen am Neckar liegen die vier »Namensgeschwister« der Stadt. Sind sie auch längst nicht so geschichtsträchtig und reich an bedeutenden Bauwerken wie die ehemalige Reichsstadt im Neckartal – einen Besuch lohnen sie doch alle. Vier Esslingen laden ein – sie selbst und ihre reizvolle Umgebung sind es wert, ihre Bekanntschaft zu machen.

ABC für angehende Esslinger

A = Athleteneck	Ecke Pliensau und Metzgerbach, einzige Straßenkreuzung im mittelalterlichen Esslingen, heute beliebter Standort für Wahlwerbung und Blasmusik.
B = Beutau	Untere, Mittlere und Obere Beutau, früher auch die drei Beuten genannt. Neben Pliensau- und Obertorvorstadt eine der drei Vorstädte des Mittelalters.
C = Cimbria	Vorgängerin der Holzbrücke bei der Kunsteisbahn. Nachdem die einzige Neckarfähre im Esslinger Raum 1918 nach einem Fußballspiel auf den Sirnauer Wiesen gekentert war, wurde der Betrieb eingestellt.
D = Dulkhäusle	Haltepunkt an der Römerstraße am Schurwaldrand zwischen Jägerhaus (Ausflugsziel) und Katzenbühl (Städt. Müllkippe). Benannt nach dem Dramatiker und »Freidenker« Albert Dulk (1819–1884).
E = Eisberg	Prallhang am Neckarufer, der seit Menschengedenken die Leute zu Fuß, zu Roß, zu Wagen zwang, bei Esslingen den Neckar zu überqueren, erst über eine Furt, dann über die Pliensaubrücke, die zweitälteste Steinbrücke diesseits der Alpen.
F = Fulrad	Abt von Saint-Denis bei Paris, der anno 777 in seinem Testament für den Fall seines Todes seine Cella am Neckar bei Hetsilinga seinem Kloster vermachte. Insofern Verursacher der Esslinger 1200-Jahrfeier im Jubeljahr 1977.
G = Georgii	Ruhmreicher Esslinger des 19. Jahrhunderts. Als »Turnvater« gern in einem Atemzug genannt mit dem – gleichfalls Esslinger – »Sängervater« Karl Pfaff und den Gründern des Schwäbischen Albvereins, Ernst Camerer und Valentin Salzmann.
H = Hafenmarkt	Sein Name stimmt nur noch am Bürgerfest, wenn dort auf dem Flohmarkt – auch – Häfen verkauft werden.

I = Ilgenplatz	Früher Gilgenplatz, heute Ottilienplatz. Schwerpunkt im Sanierungsgebiet Altstadt Ost gleich beim Wolfstor.
K = Kielmeyerhaus	Fachwerkhaus am Marktplatz. Ehemalige Kelter des St. Katharinen-Spitals und als solche Schauplatz der Sage vom Teufele im Spitalkeller (siehe dazu auch das »Schwarze Männle« am linken Hauseck).
L = Landolin	Wohlklingender Ortsname (Landolinsteige, Landolinsplatz, Landolinshof), wird bisweilen für einen Lokalheiligen gehalten. Der Name kommt jedoch von einer früheren Lehmgrube, auf Schwäbisch Loimadella – Loidele – Loadele – Landele – Landolin.
M = Maille	Esslingens »grünes Herz« heißt in London Pall Mall. Wer Maille richtig aussprechen kann, gilt als echter Esslinger (man sagt Mállje – wie Taille und Kanaille).
N = Neckarhalde	Unerläßlicher Bestandteil romantischer Stadtansichten. Dazu eine der besten Esslinger Weinlagen (Lerchenberg = weiß, Schenkenberg = rot).
O = Olfentenmühle	Spätere Bäckermühle in der Mettinger Straße, unlängst abgebrochen. Gehörte im Mittelalter den Grafen von Helfenstein, deren Wappentier der Elefant (Olifant) war.
P = Postmichel	Esslinger Sagenfigur par excellence. Die Sage ist erfunden, wird aber von allen Esslingern geglaubt. Ihr Held war ein rechtschaffener Postreiter, der unschuldig hingerichtet wurde und so lange den Esslingern nächtens erschien, den Kopf unter dem Arm und sein Horn in der Hand, bis den wahren Täter die gerechte Strafe ereilte.
Q = Quaglio	Domenicus Quaglio (1786–1837), Königlich-bairischer Hofmaler. Hat in seiner »Sammlung denkwürdiger Gebäude des Mittelalters in Teutschland, nach der Natur und auf Stein gezeichnet« (München 1818) auch Esslingen ein Blatt gewidmet. Es zeigt die Einbringung des ersten Erntewagens nach der großen Hungersnot von 1816/17 vor dem Mettinger Tor und der Frauenkirche.
R = RSKN	Gilt in Esslingen nicht als Abkürzung, sondern als Eigenname und steht für Rüdern – Sulzgries – Krummenacker – Neckarhalde, allesamt Teile des ländlichen Filials der ehemals Freien Reichsstadt.

S = Seilergang	Teil des Wehrgangs auf der Burg zwischen Dickem Turm und Wächterhäusle (Hochwacht). Heißt so nach den Seilern, die dort früher ihre Erzeugnisse gezwirbelt haben.
T = Theophrastus	Paracelsus von Hohenheim. Der berühmte Naturforscher und Arzt soll in Esslingen geboren sein. Auf jeden Fall steht am Athleteneck (siehe A) das sogenannte Paracelsus-Haus.
U = Unterriker	Lange Zeit Wirt des Goldenen Adlers in der Küferstraße, in dem zur Zeit der Franzosenkriege die – nach dem Postmichel berühmteste – Esslinger Sage von Mélac und dem Mädchen von Esslingen ihren Anfang genommen haben soll.
V = Villa	Korrekt: Galerie der Stadt Esslingen Villa Merkel. Eines der Zentren des kulturellen Lebens in einer ehemaligen Fabrikanten-Villa (»Esslinger Wolle«) am Neckarufer.
W = Wolfstor	Hieß früher Brottor, und die Wölfe sind in Wirklichkeit Löwen, genau genommen echte Stauferlöwen mit geflochtenen Mähnen.
X = Xangvereine	Mehr als drei Dutzend in der Stadt Esslingen. Die Reihe kann fortgesetzt werden mit
Y = Yachtclub	Auch das gibt es in Esslingen, angesiedelt auf der Neckarinsel nicht weit vom Bechtle-Haus in der Zeppelinstraße. Er ist einer von weit über 300 Vereinen, die es in Esslingen gibt.
Z = Zwiebel	Wichtigster Bestandteil der Esslinger Sage Nr. 3, der den Esslingern obendrein ihren Necknamen Zwiebel oder Zwieblinger eintrug. Eine beherzte (es gibt nur solche) Marktfrau soll einst auf dem Esslinger Wochenmarkt dem Teufel statt des erbetenen Apfels eine (auf gut Esslingerisch: einen) Zwiebel gegeben haben, worauf dieser nach dem ersten Bissen Esslingen spornstreichs den Rücken kehrte – wie man sagt: in Richtung Stuttgart . . .

Literaturverzeichnis

850 Jahre Liebersbronn. Festschrift zum Stadtteil-Jubiläum.
  Hrg. Bürgerausschuß Hegensberg-Liebersbronn-Kimmichsweiler-Oberhof. Esslingen 1980.
Agner, Lisel: Geschichten aus Alt-Esslingen.
  Verlag Bechtle Esslingen 1981.
Arnold, Hans: Die Stadtkirche St. Dionysius in Esslingen am Neckar.
  Veröffentlichungen des Württ. Landesamtes für Denkmalpflege, Band 7 Verlag Konrad Triltsch, Würzburg-Aumühle 1935.
Baedeker, Karl: Esslingen am Neckar – Kurzer Stadtführer.
  Karl Baedeker Freiburg 1975.
Barth, Alfred: Münster St. Paul Esslingen.
  Verlag Schnell & Steiner, München und Zürich 1974.
Bauer, Ernst u.a.: Schurwald – Esslingen – Filder.
  Hrg. Schwäbischer Albverein (Reihe: Natur – Heimat – Wandern). Konrad Theiss Verlag, Stuttgart und Aalen 1977.
Bayer, Dorothee (Hrg.): Esslingen am Neckar in alten Ansichtskarten.
  Flechsig Verlag Frankfurt am Main 1979.
Berner, Wilhelm: Oberesslingen – Geschichte und Gegenwart.
  Hrg. Evang. Martinsgemeinde Oberesslingen, Esslingen 1978.
Bernhardt, Walter: Esslingen und das Reich.
  Katalog zur Ausstellung des Stadtarchivs, Esslingen 1978.
Bernhardt, Walter: Esslingen und Württemberg.
  Katalog zur Ausstellung des Stadtarchivs. Esslingen 1980.
Bernhardt, Walter: Krummenacker – Sulzgries – Rüdern.
  Katalog zur Ausstellung des Stadtarchivs. Esslingen 1980.
Bernhardt, Walter: Mettingen 1299–1979.
  Katalog zur Ausstellung des Stadtarchivs. Esslingen 1979.
Bernhardt, Walter: 450 Jahre Reformation in Esslingen.
  Katalog zur Ausstellung des Stadtarchivs. Esslingen 1981.
Beschreibung des Oberamts Esslingen. Hrg. Königliches statistisch-topographisches Bureau. Cotta'sche Buchhandlung Stuttgart 1845. Photomechanischer Nachdruck: Horst Bissinger, Magstadt 1973.
Blum, Dieter/Borst, Otto: Esslingen am Neckar (Bildband).
  Verlag Bechtle Esslingen 1981.
Böhringer, Wilhelm: Die Deutschen Schulen der Reichsstadt Esslingen.
  In: Esslinger Studien 4/1958.
Borst, Otto/Bayer, Dorothee/Uhland-Clauss, Traute:
  Esslingen (Bildband). Konrad Theiss Verlag Stuttgart 1974.
Borst, Otto: Die Esslinger Altstadt – Materialien zu ihrer Erneuerung.
  Verlag W. Kohlhammer Stuttgart 1972.
Borst, Otto: Die Esslinger Pliensaubrücke.
  Esslinger Studien – Schriftenreihe Band 3. Esslingen 1971.
Borst, Otto: Buch und Presse in Esslingen am Neckar.
  Esslinger Studien – Schriftenreihe Band 4. Esslingen 1975.
Borst, Otto: Esslingen am Neckar – Geschichte und Kunst einer Stadt.
  Verlag Bechtle Esslingen, 3. Auflage 1974.

Borst, Otto/Kollmer, Gerd: Fabrikanten und Arbeiter. Dokumente zur Esslinger Industrie- und Sozial-
geschichte 1800–1900.
Katalog zur Ausstellung des Stadtarchivs. Esslingen 1974.
Borst, Otto: Geschichte der Stadt Esslingen am Neckar.
Verlag Bechtle Esslingen 1977.
Borst, Otto: Karl Pfaff, der deutsche Sängervater.
Verlag Bechtle Esslingen 1966.
Borst, Otto: Selbstverwaltung – ein unerledigtes Thema.
Katalog zur Ausstellung des Stadtarchivs. Esslingen 1977.
Borst, Otto: Über Alt-Esslingen. Wandlungen eines Stadtgesichts.
Hrg. Kulturamt der Stadt Esslingen am Neckar 1969.
Dölker, Helmut: Geschichte der Gemeinde Hegensberg und Liebersbronn.
In: 50 Jahre Evangelische Kirchengemeinde Hegensberg-Liebersbronn. Hrg. Evang. Kirchenge-
meinde Hegensberg-Liebersbronn. Hrg. Evang. Kirchengemeinderat. Esslingen 1977.
Dreher, Alfons: Zwischen Krypta und Glockenturm. Aus dem Alltag eines Mesners.
Eugen Salzer Verlag Heilbronn 1978.
Eberhardt, Paul: Aus Alt-Esslingen
Verlag Bechtle Esslingen 1924.
Esslingen am Neckar (Bildband). Reihe Deutsche Städte Band 3.
Verlag Die schönen Bücher. Dr. Wolf Stracke Stuttgart 1963.
Fehring, Günther P.: Frühmittelalterliche Kirchenbauten unter St. Dionysius zu Esslingen am Neckar.
Sonderdruck aus Germania 44, 1966, 2. Halbband.
Fezer, Friedrich: Lexikon der Flur-, Straßen- und Gebäudenamen der Stadt Esslingen am Neckar.
Hrg. Stadt Esslingen am Neckar 1969.
Fischer, Karl J.: Unsere Heimat – Beiträge zur Heimatkunde und Geschichte von Stadt und Kreis
Esslingen. Verlag Bechtle Esslingen 1949.
50 Jahre Südkirche. Hrg. Kirchengemeinde der Südkirche. Esslingen 1976.
Geiger, Otto: Erinnerungen aus früheren Zeiten – Rund um den Bahnhof Esslingen, Esslingen 1973.
Goll, Ernst: Heimatbuch der Gemeinde Zell am Neckar. Die Entwicklung unserer Gemeinde vom
bäuerlichen Dorf zur Industriegemeinde.
Hrg. Gemeinde Zell am Neckar 1970.
Grimm, Gunter: Das Mädchen von Esslingen. Wandlungen einer Sage.
In: Esslinger Studien 18/1979.
Haffner, Erwin/A. Peter: Sirnau, eine Jahrtausende alte Siedlung. Ein Beitrag zur Heimatkunde des
Esslinger Neckartals.
F. & W. Mayer, Esslingen o.J.
Haug, Werner: Das St.-Katharinen-Hospital der Reichsstadt Esslingen.
Esslinger Studien – Schriftenreihe Band 1. Esslingen 1965.
Industrie in Esslingen. Katalog zur Ausstellung der Industrie- und Handelskammer Mittlerer Neckar –
Hauptgeschäftsstelle Esslingen. Esslingen 1977.
Jaeger, Falk: Unmerklich wandelt sich das Stadtgesicht.
Katalog zur Ausstellung des Stadtarchivs. Esslingen 1979.
Jooß, Rainer: Esslingen im Mittelalter.
Katalog zur Ausstellung des Stadtarchivs. Esslingen 1976.
Jooß, Rainer u.a.: 150 Jahre Lehrerbildung in Esslingen 1811–1981.
Katalog zur Ausstellung der Pädagogischen Hochschule Esslingen, Esslingen 1982.
Keller, J.J.: Beschreibung des jährlichen Schwörtags der Reichsstadt Eßlingen.In Briefen an einen
Freund. Eßlingen 1789.
Faksimiledruck: Buchhandlung H. Th. Schmidt Esslingen 1979.
Kirche im Dorf, Menschen im Stadtteil.
Hrg. Evangelische Kirchengemeinde Mettingen. Esslingen 1974.
Klaiber, Hans Andreas: Die allegorischen Deckenbilder im Kaisersaal des reichsstädtischen Rathauses
in Esslingen.
In: Esslinger Studien 3/1957.
Klass, Gert von: Die Wollspindel: Ein schwäbisches Familienporträt.
Rainer Wunderlich Verlag Hermann Leins, Tübingen 1955.
Koepf, Hans: Die Esslinger Frauenkirche und ihre Meister.
In: Esslinger Studien 19/1980.

Krabbe, Helmut/Rublack, Hans-Christoph: Akten zur Esslinger Reformationsgeschichte.
Esslinger Studien − Schriftenreihe Band 5. Esslingen 1981.
Der Kreis Esslingen. Hrg. Landkreis Esslingen, vertreten durch Landrat Dr. Hans-Peter Braun.
Konrad Theiss Verlag Stuttgart 1978.
Kubelka, Margarete (Hrg.:) Tauche ich in deinen Schatten. Autoren der Künstlergilde danken der Stadt
Esslingen anläßlich ihres 1200-jährigen Bestehens. Schriftenreihe der Künstlergilde − Band 19.
München 1977.
Lempp, Rudolf: Das Alte Rathaus in Esslingen.
Verlag Bechtle Esslingen 1969.
Merian: Esslingen. Das Monatsheft der Städte und Landschaften.
Hoffmann & Campe Verlag Hamburg: Heft 1/XXVII, 1973.
Mück, Hans-Dieter/Blum, Dieter: Dichter im Kreis Esslingen.
Hrg. Kreissparkasse Esslingen-Nürtingen. Esslingen 1979.
Pfaff, Karl: Geschichte der Reichsstadt Eßlingen. Eßlingen 1840.
Faksimiledruck: Buchhandlung H. Th. Schmidt, Esslingen 1979.
Pospiech, Friedrich: Julius Motteler − Der »rote Feldpostmeister«.
Hrg. Marxistische Arbeiterbildung Esslingen 1977.
Raisch, Herbert: Das Esslinger Urbar von 1304.
Esslinger Studien − Schriftenreihe Band 2. Esslingen 1966.
Reineke, Ina: Das rote Esslingen.
Hrg. Marxistische Arbeiterbildung Esslingen 1976.
Renner, Arthur: Die Barfüßerkirche (»Hintere Kirche«) in Eßlingen.
Verlag F. & W. Mayer Esslingen 1925.
Riebl, Reinhold/Kuhn, Axel: Die Anfänge der Gewerkschaften in Esslingen bis 1878.
Hrg. DGB Kreis Esslingen 1979.
Rudolph, Alfons, Esslingen am Neckar. Porträts der alten Reichsstadt.
Verlag Bechtle Esslingen 1965.
Schäfer, Volker/Bernhaardt, Walter: Rückblicke − Historische Momentaufnahmen aus der württember-
gischen Landesuniversität. Esslingen und die Universität Tübingen.
Katalog zur Ausstellung anläßlich der Tübinger Universitätstage in Esslingen am Neckar 1982.
Scheffler, Walter (Hrg.): Lenau in Schwaben. Eine Dokumentation in Bildern.
Marbacher Magazin 5/1977.
Schmidt, Werner: Esslingen. Begangen, beschrieben und gezeichnet.
Reihe: Wanderwege unserer Heimat. J. Fink Verlag Stuttgart 1973
Schüz, Paul: Eßlingen am Neckar. Stadt und Bezirk.
Paul Neff Verlag Esslingen 1908.
Schuster, Otto: Kirchengeschichte von Stadt und Bezirk Esslingen.
Calwer Verlag Stuttgart 1946.
Stadtkirche St. Vitalis und St. Dionysius Esslingen am Neckar.
Hrg. Evangelische Stadtkirchengemeinde. Esslingen 1963.
Gustav Ströhmfeld: Kleiner Führer durch Esslingen am Neckar.
Hrg. Verein für Fremdenverkehr. Esslingen o.J.
Supper, Walter: Die Frauenkirche zu Esslingen.
1939. Neuauflage 1971. Verlag Bechtle Esslingen.
Supper, Walter: Die Portalplastiken der Esslinger Frauenkirche.
Verlag Bechtle Esslingen 1950.
Uhland, Robert: Die Esslinger Klöster im Mittelalter.
In: Esslinger Studien 8/1961.
Zeller, Bernhard: Alexander Graf von Württemberg und seine Freunde.
In: Esslinger Studien 3/1957.

Dorothee Bayer

Esslinger Heimatbuch

H. Th. Schmidt

Liebe Esslinger,

immer wieder wurden wir in der Buchhandlung gefragt, ob es ein Esslinger Heimatbuch gäbe, in dem neben einer kleinen Stadtgeschichte auch die Sehenswürdigkeiten mit ihrer Bewandtnis, die Pfleghöfe, die Sagen, die Ehrenbürger – kurz – alles das, was man über Esslingen wissen sollte, enthalten sei.

Frau Dr. Dorothee Bayer hat dieses Buch nun geschrieben, sie kennt sich als „alte Esslingerin" gut aus. Mit Sorgfalt hat sie zusammengetragen, was wissenswert ist und nebenbei mit leichter Hand manche Begebenheit hinzugefügt, die nicht vergessen werden soll.

Die ansprechenden Illustrationen stammen aus Prof. Ernst W. Bauers Skizzenbuch, ebenso der Plan, der alle Namen der ehemaligen Kirchen, Klöster, Tore und Türme aufzeigt.

Wir empfehlen Ihnen dieses Buch, weil wir davon überzeugt sind, daß Sie es mit Gewinn lesen.

Mit freundlichem Gruß

Verlag der Buchhandlung
H. Th. Schmidt

Inhalt Teil des Inhaltsverzeichnisses

Das Buch hat 208 Seiten
und kostet 26,- DM

Über die Talaue des Neckars steigen die Hänge des Mittleren und Oberen Keupers bis auf die Höhe des Lias. Deutlich sichtbar wird die Bruchstufe zwischen Schurwald und Neckarhalde.

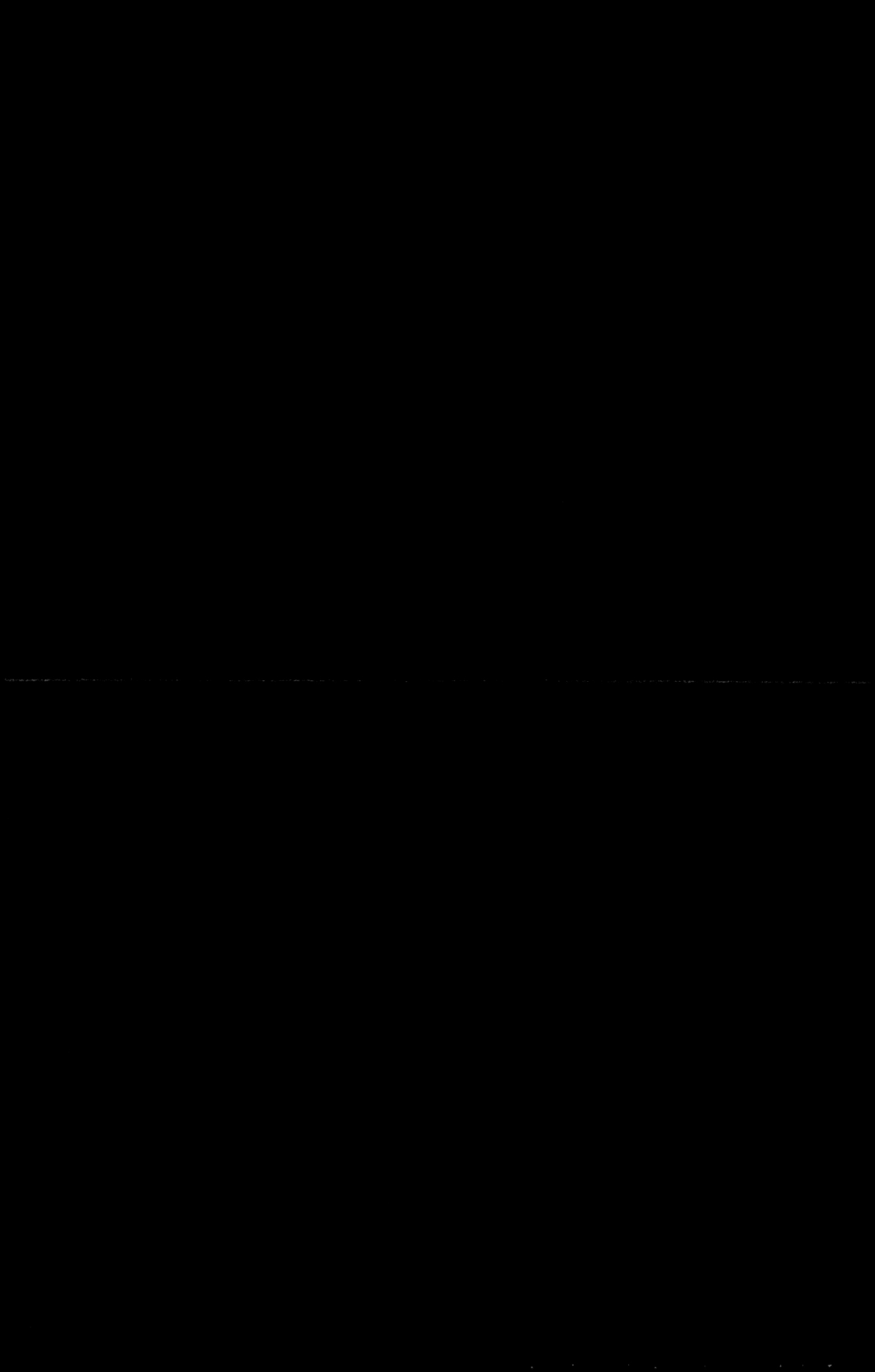